해외여행
비교문화

해외여행
비교문화

조동일

보고사
BOGOSA

머
리
말

나는 오랫동안 국내 곳곳을 넘어 외국에 많이 나다녔다. 여행이 취미
이고 생활이고 공부이다. 역마살이 끼었다고 할 수 있는 불운이 행운
이다. 한국문학사를 완성하고, 동아시아문학사 집필을 시도하고, 세
계문학사로까지 나아간 것이 여행 덕분이다. 독서보다 세상 구경이
더 큰 공부임을 거듭 깨닫고 각성의 지침으로 삼아왔다.

　지금까지 해외여행을 한 나라가 몇이나 되는지 헤아려보니 모두
38개국이다. 학술발표를 위해 간 나라가 16개국이다. 그 16개국에 구
경을 하려고도 거듭 갔으며, 다른 22개국에는 관광만 목적으로 하고
찾아갔다. 모두 합쳐 서너 번 정도만 단체관광에 참가하고, 다른 경우
에는 개인여행을 하면서 많은 것을 겪고 속속들이 살펴 할 말이 많다.

　학술발표를 하러 간 나라를 횟수가 많은 순서로 들어본다. 일본
11, 중국 9, 불국 6, 화란 4, 미국 3, 인도 2, 러시아 2, 영국 2, 독일 2,
대만 1, 카자흐스탄 1, 스웨덴 1, 스위스 1, 오스트레일리아 1, 이집트
1, 남아프리카 1이다. 총계 48회이다. 이 정도면 기록을 세웠다고 할
수 있지 않을까? 중국·일본·미국·영국·독일 등과 짝을 맞추어, 프
랑스는 불국, 네덜란드는 화란이라고 해야 더 가깝게 느껴진다.

　관광 목적으로 간 나라는 순서 없이 든다. 월남, 태국, 싱가포르,
말레이시아, 네팔, 터키, 서반아, 벨기에, 룩셈부르크, 덴마크, 노르웨

이, 핀란드, 폴란드, 체코, 슬로바키아, 헝가리, 오스트리아, 슬로베니아, 크로아티아, 이태리, 그리스, 멕시코이다. 스페인은 서반아, 이탈리아는 이태리라고 하는 오랜 이름을 사용한다. 이 가운데 몇 번 간 나라가 적지 않다. 네팔의 히말라야 연봉, 노르웨이의 피오르드, 그리스의 신전, 멕시코의 피라미드 같은 것들에서 강렬한 인상을 받아 마음속에서 영상물이 돌아간다.

끝없이 가보고 싶은 동화 수준의 소원을 이루고자 했다. 한번은 파리에 머무르면서 2개월분 유레일패스를 이용해 유럽 각국을 돌아다녔다. 이태리 최남단까지 가서 배를 타고 그리스를 다녀온 것이 환상적인 여행이었다. 파리에서 출발해 서반아로 가서 마드리드, 바르셀로나를 구경하고, 남불의 여러 명승지를 가로질러 이태리 나폴리까지 내려갔다가 북상해, 스위스를 거처 파리로 되돌아가기도 했다. 독일에서 시작해 불국을 거처 서반아까지 왕래하는 긴 여행을 계획하고 있다. 종횡무진이라는 말에 무한한 매력을 느낀다.

구경거리에 매혹되기만 하지 않고, 학자의 본업에 충실해 큰 도시에 들르면 서점을 찾아 책을 구하는 것이 오랜 버릇이다. 파리, 런던, 동경, 경도, 나하, 함부르크, 베를린, 레이던, 암스테르담, 룬드, 스톡홀름, 루벤, 브뤼셀, 코펜하겐, 오슬로, 델리, 북경, 대북, 보스턴, 뉴욕, 방콕, 프리토리아, 싱가포르, 쿠알라룸푸르, 시드니. 이것은 책 사냥을 한 도시 명단이다. 어디서든지 학술서적 보금자리인 신구서점을 찾아가 필요한 책을 샀다. 여러 곳에 가서 갖가지 책을 산 덕분에 용기를 가지고 세계문학사를 쓰는 엄청난 작업을 진행할 수 있었다.

학술발표를 하러 간 횟수 일본 11, 중국 9, 불국 6에는 체재하면서 강의를 한 것이 포함된다. 일본 동경대학에서 1년; 중국 연변대학에서 2주씩 두 번, 산동대학에서 2주, 중앙민족대학에서 2주, 북경외국어대학에서 2주; 불국 파리7대학에서 3개월 강의를 했다. 강의를 하는 전후 기간에는 그 나라에 체재하면서 관광을 일삼았다. 일본에 1년 있는 동안 매주 한 번 당일치기, 매월 한 번 숙박을 하고 오는 여행을 했다. 중국에서는 강의하고 있는 대학의 교수나 대학원생과 함께 가고 싶은 곳을 갔다.

일본·중국·불국은 관광 여행을 가장 많이 한 나라이기도 하다. 세 나라 모두 관광만 하려고도 10회 이상 갔으리라고 생각한다. 10회라고 하고 합계를 내면, 일본 21회, 중국 19회, 불국 15회 체재하면서 여러 곳을 돌아보는 여행을 했다. 웬만한 본국인들보다 그 세 나라 여행을 더 많이 했다고 할 수 있지 않을까? 중국은 너무 커서 가보지 못한 곳이 많지만, 일본과 불국은 전국을 거의 다 돌아보았다고 자부하고 싶다.

그 세 나라에 관해 특히 말을 많이 하려고 하고, 가까운 관계를 오래 지속한 것을 고려해 중국·일본·불국으로 순서를 정한다. 중국·일본·불국은 극단적이라고 할 만큼 서로 달라, 비교해 고찰하는 것이 아주 흥미롭다. 세 나라에 관해 고찰하면서 다른 여러 나라에 관한 논의를 곁들이면, 많은 것을 알고, 세계를 새로운 눈으로 볼 수 있다. 나날이 살아가는 사소한 모습에서 크고 중요한 문제까지 두루 관심을 가지고 다루고자 한다.

여행을 위한 안내서나 여행을 한 내력을 적은 여행기는 너무나도 많이 나와 있어 더 써낼 필요가 있는지 의문이다. 인터넷에 올라 있는 정보를 따르지 못해 그런 책은 효용이 줄어든다. 여행에서 얻은 바를 깊이 고찰하면서 저자의 생각을 펴는 여행론은 인터넷과 경쟁이 되지 않는 독자적인 저술이며 계속 다시 나와야 한다. 이 책이 너무나도 많아 미안한 내 저술 가운데 특히 빛나기를 바란다. 팔순이 되니 철이 들어 재미있고 알찬 책을 내놓는다고 알아주기를 바란다.

여행론은 비교문화론으로 나아가야 한다. 해외여행에서 얻을 수 있는 가장 큰 성과는 비교문화이다. 비교문화는 탁상공론일 수 없다. 수많은 나라를 나다니면서 절실하게 겪은 바가 있어야 생생한 내용을 갖출 수 있다. 여러 나라를 여행하고 돌아와서 우리는 어떤지 새삼스럽게 생각한다. 비교 고찰을 통해 한국문화를 재인식하고 재평가한다. 그런 체험을 거듭하면서 겹겹이 쌓여 응고될 지경에 이른 이야깃거리를 한 가닥씩 살살 풀어내, 해외에서 되돌아본 한국문화론이라고 할 수 있는 책을 쓴다.

옛사람들이 남긴 연행록 같은 저작은 여행기이면서 비교문화를 갖춘 여행론이었다. 朴趾源의 《熱河日記》는 그 가운데 특히 높이 평가된다. 以文爲戱(글을 놀이로 삼는다)라고 하면서, 놀이를 하듯이 글을 써서 세상을 풍자하는 방법으로 파격적인 주장을 전개한 것이 특이하기 때문이다. 그 전례를 본받아, 재미있게 읽으면서 웃다가 새로운 발견을 하는 충격에 이르는 책을 독자 여러분께 드리고자 한다.

이 책은 이은숙과 공저인 《한국문화, 한눈에 보인다》와 연결된다. 학문 연구를 쉽게 이해할 수 있게 다듬고 갖은 양념을 쳐서 누구나 함께 즐기자는 잔칫상을 좋은 동반자를 만나 계속 차린다. 외국인들이 한국을 좋은 나라라고 해온 내력을 정리하고 그 이유를 밝히는 《이 나라, 좋은 나라》를 다음에 내놓고자 한다. 인터넷 카페 "한국 신명나라"에 예고편을 조금씩 올린다.

차례

떠나면서

"중국이 크고 넓은 나라라고 자랑하는데, 가본 곳이 얼마나 되는가?"

중국에서 한 말이다.

가본 곳이 얼마 되지 않으면, 나라가 크고 땅이 넓은 것이 무의미하다. 동아시아는 중국보다 넓고, 동아시아 너머로 온 세계가 광대하게 펼쳐져 있다. 내가 가본 곳이 마음속으로 내 땅이라고 여기고 그영역을 넓히자. 아직 가보지 못한 곳은 상상 여행을 하면서 미리 돌아다니자.

중국 사람들은 다녀본 곳은 얼마 되지 않는다. 다니기 어렵고, 다닐 형편도 되지 않는다. 부자들은 해외여행을 시작해 법석이지만, 대다수는 자기 고장을 떠난 적이 없으며 북경 구경의 꿈이라도 이루려면 큰맘 먹어야 한다. 그러면서 중국이, 자기가 사는 곳이 천하의 중심이라고 믿는데, 여기저기 많이 다녀보면 중심이 없는 것을 확실하게 알게 된다. 지구는 중심이 없고 둥글다는 것을 실감한다.

중국은 땅이 넓어 주눅이 들게 한다. 헤어날 길 없는 수렁에 빠진 느낌이 생기게 한다. 강의를 하러 연변대학에 가야 하는데, 연길공항에서 공사를 하느라고 비행기는 이용할 수 없어 북경에서 기차를 타고 간 적 있다. 기차에서 이틀 밤 자고, 가도 가도 끝이 없었다. 이런 곳에서 어떻게 사나? 교통이 시간을 잡아먹어 절반만 사는 것이 아닌가?

산동대학에서 집중강의를 할 때, 정년퇴임을 하고 산동대학 교수로 와서 한국학과 대학원생들을 가르쳐 달라는 제안을 받았다. 산동대학 교수가 되면 무슨 이득이 있는지 물으니, 내 차를 배에 싣고 가서 상륙할 수 있다고 했다. 생각해보니 아득했다. 산동성만 해도 너무 넓다. 내 차와 함께 차를 운전하는 나도 개미만큼 축소되는 느낌이어서 아찔했다. 산동대학 교수를 하지 않겠다고 사양했다.

한국은 차를 몰고 다니기에 알맞은 크기여서 만만하다. 도로를 계속 더 잘 닦아 자동차 여행을 즐기라고 유혹한다. "대중교통을 이용하면 빠르고 편리합니다"라고 하는 것은 차 없는 사람들을 위로하려고 공연히 해보는 소리이다. 차가 많이 팔려야 경기가 살아난다고 한다. 여행 가서 돈을 쓰는 것은 내수 진작으로 나라를 위하는 일이라고 공휴일을 자꾸 만들어준다. 나라가 온통 여행의 나라가 되게 부추긴다.

식당이 인구 비례로 가장 많은 나라여서 굶고 다닐 염려는 전연 없다. 곳곳에 별별 이상한 숙소가 많이도 있어 잠자는 것도 걱정이 되지 않는다. 밥을 해주는 곳을 '펜션'이라고 하는 말을 가져와 반대로 쓴다고 나무랄 필요는 없다. 일정 등급 이상만 '호텔'이라고 해서 나머지는 위치와 관계없이 일제히 '모텔'이라고 하는 것도 시비하지 말자. 어느 것이든지 편리하게 이용하면 된다. 어지간한 날에는 예약 없이 가도 골라잡을 수 있다.

다니다 보면 더 다닐 곳이 없는 것 같이 생각된다. 북쪽이 막혀 있어 절해고도와 다름이 없다. 갑갑하게 생각하면 비행기를 타고 밖으로 나간다. 북경에서 연길까지 기차를 타고 가는 시간 절반이면 지구 끝까지 갈 수 있다. 중국을 포함한 몇 나라를 제외하면, 입국 비자를 받을 필요가 없다. 한국은 입국 비자를 면제받는 나라 가운데 으뜸을 차지한다. 비자가 필요해도 도착하면 주는 것이 예사이다.

한국 여권이 대인기여서 변조해 사용하려고 도둑이 노린다. 러시아에서 에스토니아나 라트비아로 넘어가는 입국심사장에서는, 한국 여권을 내밀면 가짜가 아닌지 의심해 한글로 쓴 문제지를 내놓고 시험을 치르라고 한다고 들었다. 예컨대 "나훈아는 (1) 가수이다, (2) 개그맨이다, (3) 축구선수이다, (4) 야구선수이다"라고 하는 것이다. 입국심사자는 한글을 전연 모르지만 정답이 어느 쪽인가는 알아 즉시 채점을 하고, 낙방을 하면 입국을 거절한다고 한다. 거기서 국경을 넘으면 한국 여권 소지자는 유럽 천지를 마음대로 돌아다닐 수 있다.

한국이 작은 나라인 불운은 오히려 행운이다. 이제는 자기 나라에만 머물러 사는 시대가 아니다. 가고 싶으면 어디든지 갈 수 있다. 가본 데가 많은 사람이 세상을 넓게 산다.

한국인은 세계 각국 가지 않는 곳이 없다. 해외여행을 극성스럽게 한다. 여행사들이 다투어 내놓는 여행의 종류가 많고 많다. 단체관광, 패키지여행, 개인여행, 에어텔, 자유여행, 배낭여행, 효도관광, 트래킹, 등산여행. 다이빙여행, 골프여행, 문화탐방, 역사기행, 명작기행, 미술기행, 사진테마기행, 음악기행, 이벤트기행, 성지순례, 선교활동, 해외봉사….

형편이 좋고 배운 사람들만 해외여행을 하는 것은 아니다. 농사 짓고 사는 산골 노친네들도 계를 모아 경비를 마련하고 관광회사를 부르면, 차를 가지고 가서 인천공항으로 모시고 여행 일정을 마친 다음에는 다시 마을까지 모시고 간다. 해외여행을 하지 않는 사람들은 거의 없다.

세계 제일의 규모를 자랑하는 인천공항이 항상 붐빈다. 연휴 때는 발 디딜 틈이 없을 정도이다. 별의 별 나라 84개 항공기가 55개국 185개 도시로 날아간다. 여행사 단체관광 상품에 전에는 모르던 나라로 가자고 유혹하는 것들이 적지 않다. 아프리카에 가서 야생 동물을 구경하는 여행이 인기이다. 달나라 관광이 시작되면 제일 먼저 몰려갈 것이다.

암스테르담역에 수많은 관광객이 앉아 기차를 기다리는데, 절반은 한국인인 것 같았다. 로마 콜로세움 근처, 석가모니가 설법을 했다는 인도의 靈鷲山(영취산, 영축산) 기슭에서 기념품을 파는 행상들이 한국말을 몇 마디씩 한다. 눈이 유난히 큰 아이들이 나이 좀 든 여자를 보면 무조건 "장모님" 하고 달라붙는 것이 가관이었다.

한국인은 어디 가서든지 으스대기를 좋아해 표를 낸다. 곳곳에 한글 낙서를 남긴다. "내가 왔노라"고 누구나 다 알게 알리려고, 엄청나게 소중한 문화재에다 한글로 자기 이름을 갈겨 빈축을 사고 있다. 호랑이는 죽어서 가죽을 남기고 사람은 죽어서 이름을 남긴다는 것인가? 이름을 남겨도 더럽게 남긴다.

해외여행을 하려면 외국어를 알아야 한다. 중국에 가려면 중국어를, 일본에서는 일본어를 어느 정도는 알아야 한다. 다른 여러 언어도 알고 가면 좋은 것은 말할 필요가 없다. 어느 나라에 가서든지 현지 말을 강아지 눈 뜬 만큼은 이해하는 것이 바람직하고, 영어를 대역으로 부려먹을 준비를 하는 것은 필수이다. 고등학교 때까지 공부한 것만 가지고도 영어를 이미 상당한 정도 알고 있으니 용기를 가지고 활용하면 된다. 실력보다 용기가 더 큰 밑천이다.

말은 그렇다고 치고, 음식이 더 큰 문제이다. 해외여행은 눈으로 보고, 말을 듣고 읽고, 음식을 즐기는 셋을 갖추어야 제대로 한다. 그런데 바쁘게 다녀 볼 것을 대강 보고, 말은 통하지 않은 데다 보태 현지 음식을 외면하기까지 하면, 구태여 수고를 하면서 돈과 시간을 낭비하고 마니 안타깝다.

호기심이 끝이 없어 모험을 하는 것 같지만, 음식에서는 국수주의가 심하다. 컵라면을 가지고 가서 끼니를 때우는 것까지는 길게 나무라지 않을 수 있다. 김, 고추장, 김치, 깻잎 따위를 겹겹으로 보따리에 싸서 구세주나 되는 듯이 모시고 다니면서 마귀를 물리치려는 사람들이 아직도 있다. 음식이 나오기 시작하면 그런 것들로 밥을 비며 얼른 먹고 일제히 일어서는 추태가 없어지지 않는다.

단체관광 인솔자는 한국음식점에 자주 들러 환심을 사고 수익을 올린다. 동남아시아 어디를 다녀온 사람이 말했다. "이번에는 음식이 아주 좋았다. 삼겹살을 구워 놓고 진로 소주를 마시고 왔다." 그러려면 왜 멀리까지 갔는가? 개인여행을 해도 한국어 안내서나 보고, 한국인 민박집에 투숙하고, 한식을 찾아다닌다. 눈으로 많은 것을 보고 몸에 많은 것을 넣어 소화해야 넓은 세상을 여행한 보람이 있는데, 포기하는 것이 많다.

음식을 많이 차려놓으면, 먹던 것부터 먹는 사람과 먹지 않던 것부터 먹는 사람이 나누어진다. 앞의 사람들은 해외여행을 하지 못하게 국법으로 금해야 한다고 제안한다. 그런 사람들 때문에 해외의 한국식당은 땅 짚고 헤엄치듯이 안이하게 장사를 한다. 한식 시늉만 내는 저질 음식을 허기진 한국인 관광객들에게 팔고, 현지인을 고객으로 만들려고 하지 않는다.

중국음식에 이어 태국음식이 세계 각처에 뿌리를 내려 손님이 들썩이는 것을 보고 반성해야 한다. 한식이 훌륭하니 세계화해야 한다고 떠들면 되는 것이 아니다. 정부가 예산을 써서 지원을 하고 선전을 해야 할 국책과제도 아니다. 현지 음식으로 이미 배가 부른 한국 관광객이 심사위원을 자청해, 선택을 까다롭게 하고 평가를 준엄하게 해서 수준이 높아지도록 하는 것 외에 다른 방법은 없다. 나라를 위해, 인류를 위해 반드시 해야 할 일이므로 수고를 아끼지 말자.

세계 각국이 자랑하는 음식을 맛보는 것이 더 긴요한 과제이다. 음식은 맛이나 영양분일 뿐만 아니라, 정신이고 자부심이다. 무엇이든 자세하게 살펴보고, 말을 조금은 듣고 읽어 이해한 것을 음식 감정과 연결시키면 해외여행 체험이 심오한 경지에 이른다. 사람 사는 것이 어떻게 다르면서 같은지 깊이 생각해 깨닫는 것이 있게 된다.

중국에 가서 강연을 하면서 "國大學小 國小學大"(국대학소 국소학대)라고 하고, 이 말을 적은 책이 중국어로 번역되었다. 중국은 나라가 커서 학문이 작고, 한국은 나라가 작아 학문이 크다는 말이다. 이 말을 고쳐 "國大心小 國小心大"(국대심소 국소심대)라고 해도 된다. 나라가 크면 마음이 작을 수 있고, 나라가 작으면 마음이 클 수 있다는 말이다.

"國小學亦小"(국소학역소)이거나 "國小心亦小"(국소심역소)인 사람들도 없지 않다. 국학을 한다면서 고개를 처박고 들지 않는 학자는 나라가 작아 학문 또한 작다는 것을 알려준다. 나라가 작고 마음 또한 작다는 것은 외국에 한 번도 나가 보지 않고 우리나라가 제일이라고 하는 사람을 두고 하는 말만은 아니다. 해외여행을 하면서 한국어 안내서만 보고, 한국인 민박에서 자고, 한식만 찾으면 아무리 넓게 다녀도 마음은 작아진다.

이제 우리는 한국인이면서 동아시아인이어야 하고, 동아시아인이면서 세계인이어야 한다. 중국에 가서 중국이 넓다고 해도 동아시아보다는 좁다고 했다. 동아시아가 넓어도 세계 전체보다는 좁다. 동아시아인이 되려면 동아시아를 다 돌아다니고, 세계인이기 위해서 세계를 다 돌아다녀야 하는 것은 아니다. 그것은 사람의 일생에 가능한 일이 아니다. 마음을 넓혀야 동아시아인이 되고, 세계인이 된다.

이 글 서두에서 중국인 이야기부터 꺼낸 것은 우리 스스로를 되돌아보기 위해서였다. 중국 쪽에서 서운하게 생각한다면 미안하다. 중국인을 보고 나라가 커서 마음이 작다고 한 말을 우리 스스로를 경계하는 데 써야 한다. 우리가 더 어리석어 부끄럽다.

해외관광을 많이 한다고 자랑할 것은 아니다. 여행의 횟수를 늘리고, 멀리까지 돌아다니는 데 열중하고 말면 마음은 더욱 좁아진다. 넓게 돌아다니는 것은 마음을 넓히려고 하기 때문이다. 넓게 돌아다니는 데는 한계가 있으나, 마음은 얼마든지 넓힐 수 있다.

돌아다닌 면적은 자랑할 것이 못 된다. 마음을 넓히는 것이 해외여행을 하는 보람이고 목표이다. 땅의 넓이보다 마음의 넓이를 더 크게 여는 것이 여행다운 여행이다. 최상의 여행은 마음의 여행이다. 마음을 허공처럼 넓혀야 볼 것을 제대로 보고, 알 것을 깊이 안다. 출발을 위한 시 〈떠나자〉를 지어 읊는다.

떠나자.
저 멀리까지 가면서
마음 가볍게 바람이 되자.
아기의 뺨을 스치는 미풍이다가,
사람 사는 내막 속속들이 알아보며
이런 웃음 저런 한숨 보태,
거대한 노래를 부르자.

저 높은 곳으로 올라가,
구름이 되자.
집 길 밭 강 산
마을 다리 사원 궁전 성벽 폐허
한국 중국 일본 불국 아프리카 아메리카 오세아니아
모두 한눈에 내려다보고,
온 천지에 그늘 드리우고 비도 뿌리는
거대한 보살핌 마음에 간직한다.

그러다가
마침내
허공이 된다.

탐욕 성냄 어리석음 다 떨치고
온갖 시비 갈등 싸움 아우르며 넘어서서
너무나도 투명해 끝이 없는 허공,
그 넓디넓은 마음으로
서로 다른 모든 것을 끌어안는
거대한 깨달음을 얻는다.

이런저런 여행론

여행에 관한 책은 무수히 많다. 여행기라는 것들부터 들어보자. 대단한 모험을 하면서 아주 멀리까지 가서 얻은 놀라운 견문을 적어놓은 여행기는 고전으로 평가된다. 여행을 자유롭게 할 수 있고, 교통이 발달해 여행기의 시대는 끝나가고 있다. 누구나 가는 곳에 자기도 다녀왔다고 자랑하는 글을 취미삼아 써서 인터넷에 올리는 것까지는 말릴 수가 없으나, 책으로 출판해 읽으라고 하면 거북하다.

여행을 위한 안내서는 어디 가면 무엇이 있다고 하고, 가서 보는 방법을 알려주니 유용하다. 새롭게 만드는 경쟁을 하면서 계속 출판하는 것이 당연하다. 여행하는 사람이 많아지면서 안내서가 늘어난다. 가는 곳에 따라, 여행 목적에 따라 알맞은 안내서를 찾아 적절하게 이용하면 된다. 안내서는 없어서는 안 될 필수품이지만, 여행이 끝나면 이용 가치가 줄어들고, 두고두고 읽을 것은 아니다.

여행기나 안내서와는 거리를 두는 여행론도 있다. 여행한 경과를 말하거나 어디를 어떻게 가는 것이 좋다고 하면서도, 여행을 어떻게 할 것인가, 여행이란 무엇이며 왜 하는가 하는 문제를 다루는 책은 여행론으로 나아간다. 여행기나 안내서를 겸하지 않은 본격적인 여행론도 있다. 여행론은 여행이 끝난 뒤에도, 여행을 계획하지 않아도 찾아 읽을 만하다. 유행을 타는 인기물이 아닌 본격적인 저술이고, 저자를 보고 살 수 있다.

안내서와 여행론은 꾸밈새도 다르다. 안내서는 내용이 다채로워야 하고 도판이 많으면 좋아, 천연색으로 내는 것이 유행이다. 여행론은 사진이나 지도가 없어도 되고, 흑백으로 내는 것이 제격이다. 구경하라는 책이 아니고, 읽고 생각하도록 한다.

"본다"는 말에 視(시)와 見(견)이 있다. 視는 눈으로 보는 것이고, 見은 마음으로 보는 것이다. 눈이 좋으면 어느 외국어 글자라도 똑똑하게 볼 수 있지만, 마음으로 보아야 뜻을 알 수 있다. 여행 서적도 視와 見이라는 말을 써서 구별해 말할 수 있다. 여행기는 視野(시야)를 현란하게 하고, 여행론은 見識(견식)이 깊어질 수 있게 한다.

여행론에는 어떤 책이 있는가? 흑백으로 인쇄한 소책자이고 면수가 얼마 되지 않으면서 내용이 어느 정도 알찬 것을 골라보자. 고찰하려는 순서대로 명단을 제시한다. 《북경명승고적》(北京市文物工作隊 編,《北京名勝古蹟》, 北京: 新華書店, 1988, 265면)은 중국 것이다. 《일본 일주 地方線(지방선) 온천여행》(嵐山光三郎,《日本一周 ローカル線溫泉旅》, 東京: 講談社, 2001, 246면)은 일본 것이다. 《여행의 위안》(Jean-Luc Coatalem, *La Consolation des voyages*, Paris: Grasset, 2004, 181면)은 불국 것이다. 이제부터 책을 번역명으로만 든다.

《북경명승고적》은 북경 문화유산을 알리는 공작대에서 공공사업으로 만들어 낸 책자이다. 주편 1인, 부편 2인, 집필자 20인의 명단을 제시했다. 글 쓴 사람들은 여행자가 아닌 현지의 전문가들이다. 잘 아는 사실을 찾아오는 여행자들에게 알려주려고 했다. 그냥 나누어줄 만한 책에 정가를 붙여 팔아 나도 사 왔다.

이 책은 사실 이상의 것을 알려주려고 해서 여행론의 성격도 지니고 있다. 관광객을 더 모으려고 낸 것 같은데, 친절한 것과는 거리가 멀다. 지도나 사진은 하나도 없고, 딱딱한 글만 이어진다. 수십만 년 전 北京原人(북경원인) 시대부터 오늘날 중화인민공화국까지의 위대한 역사를 알아야 한다고 한다. 이리저리 옮아가면서도 관심이 온통 역사에 치우쳐 같은 말을 되풀이하면서 찬사를 바친다.

연대와 사건, 유적과 유물을 열거하면서, 중국은 역사가 가장 오래되고 문화유산이 빼어나게 훌륭한 나라라고 거듭 강조해 말한다. 미안하지만, 중국의 역사가 오랜 것은 초등학교 시절부터 알고 있고, 증거가 된다는 자세한 사실은 기억의 용량을 초과한다. 모르던 사실을 알려 관심을 일으키려면 흥미로운 자료나 일화를 들어야 하는데, 흥미를 찾는 것이 불경스럽게 여기도록 한다.

〈古宮〉(고궁)이라는 항목에서 紫金城(자금성)을 소개한 대목을 보자. 유래를 알리면서 각 전각을 하나씩 설명하느라고 바쁘기만 하고, 전체의 특징을 두고서는 "殿宇巍峨 宮闕重疊 雕梁畫棟 氣勢軒昂"이라고 하는 추상적인 미사여구를 중간에 삽입하고, "最大"(최대)니 "傑作"(걸작)이니 하는 말이나 했다. 앞에 든 네 구절은 독음도 달지 않은 채 그대로 두어 불친절의 증거로 삼을 만하다. 읽지 못해도 상관이 없다. 구태여 번역하라면 "전각 집이 높고 아득, 궁궐이 거듭거듭, 대들보 새기고 용마루에 그림 그려, 기세가 높고 우뚝"이다.

구경하는 사람들의 느낌이나 의문은 안중에 없다. 나는 알고 싶다. 황제가 거인도 아니면서 너무 크게 지은 궁전에 갇혀 기를 쓰지 못한 것이 아닌가? 남들이 위축되게 하려다가 자기가 먼저 위축된 것이 아닌가?

《일본 일주 지방선 온천여행》은 이름난 출판사에서 소형 문고판으로 출판한 책이다. 여행에 관한 글을 주로 쓰는 작가의 저작이며, 여행기나 안내서에서 여행론으로 향해 절반쯤은 나아간 내용이다. 역사는 부차적인 것으로 돌리고 지리에 관심을 집중시킨 것이 위의 책과 많이 다르다. 찾아간 곳 사진은 작게, 저자가 그리고 설명을 넣은 지도는 크게 보여준다.

대도시에서 벗어나 지방선 완행 기차를 타고 산천을 구경하면서 얼마쯤 가면 작은 도시가 나온다. 그 근처에 온천이 있다. 유래가 오래 된 허름한 대중탕이 좋다. 입욕료 500엔쯤 내고 들어가 몸을 담그면 기분이 흐뭇하다. 목욕을 마치고 향토음식을 즐긴다. 이런 여행을 하면서 아래로는 九州(규슈), 위로는 北海道(홋카이도)까지 일본 전역을 돌아다닌다. 일본 전역이 가볍게 들 수 있는 작은 책 한 권에 들어와 있다.

온천의 전화번호와 이용 요금을 적어 안내서 노릇을 한다. 지방마다 조금씩 다른 풍경, 온천마다 차이가 있는 수질, 재료와 맛이 각각인 향토음식, 이런 것들도 알리면서 잔잔한 즐거움을 독자와 함께 누리고자 한다. 일본은 구석구석 갖가지 재미가 있는 나라임을 알려준다. 마음을 가볍게 하니 거슬릴 것 없다. 비싸지 않은 책을 사서 읽는 것이 과분할 정도의 행운을 누리게 한다.

여행을 하는 소감이나 흥취를 자유롭게 토로하고 가끔 俳句(하이쿠)를 지어 나타내기도 한다. 동행자들이 지은 작품이 있어 함께 여행한 것으로 알도록 한다. 자기는 嵐山(아라시야마), 여성 동행자는 金魚(긴코), 和尙(화상)이라고 해서 승려로 보이는 다른 동행자는 方圓(후엔)이라는 약칭을 사용해 작자를 표시한다. 어디 가서 만난 지인이 俳句를 짓는 데 동참하기도 한다.

　　동행자들은 왜 저자와 함께 전국 여행을 하는지 말하지 않아, 동행이라는 것이 허구가 아닌가 하는 생각이 들게 한다. 어떨 때는 헤어지기도 하는 동행자들 특히 여성 동행자의 행적을 자세하게 알고 싶어 책을 계속 읽도록 한다. 다 읽고는 놓친 대목이 있는가 해서 책을 다시 뒤적여도 해답을 찾을 수 없어 상상력이 발동되도록 한다. 책을 흥미를 끌게 쓰는 절묘한 수법이다.

　　여행이 무엇인가에 관해서는 아무 말도 하지 않았지만, 여행이란 마음 가볍게 하기임을 알려준다. 앞의 책처럼 목청을 높이지 않고, 뒤에 드는 책에서 하듯이 심각한 말을 하지 않았다. 특기할 만한 내용은 없는 것이 장점이고, 부담 없이 읽을 수 있어서 좋다. 책을 보면서 누워서 상상의 여행을 하는 것을 臥遊(와유)라고 한다. 나는 이 책을 읽으면서 와유를 하다가 잠이 든 날이 이따금 있었다.

　　《여행의 위안》도 이름난 출판사에서 소형 문고판의 하나로 출판한 책이다. 제목에서부터 여행기나 안내서가 아니고 여행론이기만 하다고 알린다. 자기 고장을 떠나 전국 각지로, 자기 나라를 넘어서서 세계 곳곳을 여행하면서 얻은 여행에 관한 견식을 일정한 순서 없이 내놓는다. 특정한 곳에 관한 구체적인 설명은 없다. 이곳저곳을 비교하지도 않는다.

역마살이 끼어 계속 짐을 싸고 떠나고 돌아다니는 자기 삶에 대해서 거듭 성찰하는 내용이다. 여행을 취미로 하는 것은 아니다. 세계 각처를 계속 돌아다니면서 글을 써서 먹고 사는 프리랜서 기자이고 여행 작가인 저자가 쓴 책이다. 인생이 여행이고, 여행이 인생이라고 줄곧 말한다.

자기가 브르타뉴 사람이라고 자주 말했다. 브르타뉴는 불국 서북쪽 반도 외진 곳의 시골이며, 불국인과는 다른 소수민족이 살고 있다. 파리에 가서도 외국여행을 하는 것 같은 느낌이 들었다고 했다. 여행을 좋아하는 방랑자가 된 것이 브르타뉴 사람인 것과 관련이 있다. 멀리 가서도 고향을 생각한다고 거듭 말했다. "역설적으로, 내가 멀리 여행할수록 브르타뉴는 나를 더 잡는다. 도망가면, 브르타뉴가 부메랑처럼 되돌아온다." 이렇게 말했다.

"먼 곳을 향한 출발은 우리에게 위안을 주고, 새로운 나날, 없던 행운, 다른 기회를 제공하며, 때 묻지 않은 우리 자신에게로 되돌아가게 한다. 출발은 영원한 미래이다." "여행이란 우리를 재발견하게 하고, 협소하고 단명한 우리를 달래주는 위안물이다." 이런 수작을 늘어놓다가, 다음과 같은 긴 문장을 쓰기도 했다.

"나는 주머니에 손을 넣고, 군중 속에서 무명의 자유인이 되어, 내 사랑, 내 책을 생각하며, 물로 씻은 보도 위에서 식사를 하고, 작고 큰 길을 지나고, 광장, 정원을 거쳐, 여기저기 있는 도서관이나 백화점에도 이따금 들리고, 다리를 건너 버스 정거장이나 기차역으로도 가고, 비 오고, 눈 오고 바람 부는 데서, 푸른 하늘 아래에서 빛으로 뜨개질하는 거대한 태양 아래로….."

한 문장을 절반도 옮기지 못하고 지쳐서 그만둔다. 다 번역해보았자 그렇고 그런 말이다. 보고 들은 것을 무엇이든지 가져오고, 겹쳐서 늘어놓았다. 사연이 이렇게 복잡해서는 출발을 하나마나이다. 새로운 것이 너무 많아 아무 것도 없는 것과 다름없다. 여행이 무엇인지 알 수 없게 된다. 저자가 해결하지 못한 이 문제가 내게로 다가온다.

이 책은 수면을 청하는 臥遊에 이용하기에 이중으로 부적당하다. 遊(유)한 내역에 즐거운 구경거리가 없다. 생각하고 해결해야 할 문제를 던져 臥(와)를 떨치고 일어나게 한다.

중국·일본·불국에는 위에서 고찰한 것 같은 여행론이 있는데, 한국은 어떤가? 내가 한국인의 견식을 보여주는 여행론을 내놓으려고 이 책을 쓴다. 일본·중국·불국을 중심에다 두고 여러 나라 문화를 비교하는 감칠맛 나는 일화로 말을 이어나가, "재미있는 책이란 바로 이런 것이로구나" 하는 것을 내놓으려고 한다. 와유를 위해 들추어보며 웃다가 잠이 들게 하려고 한다.

잘 자고 아침에 일어나 다시 읽으라고 덧붙인다. 여행이란 멀리까지 가서 사람은 각기 다르면서 모두 같다는 것을 깨닫는 체험이다. 돌아다닌 면적보다 마음이 훨씬 더 넓어져야 시간과 돈을 들인 보람이 있다. 서론은 이 정도로 하고, 다음 대목에서 본론으로 들어간다.

들
어
가
기

　중국에 가려면 입국 비자를 받아야 하므로 번거롭다. 비자를 주
지 않는 일은 없지만 돈을 내고 기다려야 한다. 한국으로 오는 중국
사람에게 비자를 요구하는 데 대한 대응 조치이다. 그래도 불만이 아
닐 수 없다.

　처음에는 비자를 여권에 찍지 않고 별지에다 적어 주었다. 북경
까지 가려면 홍콩에서 별지 비자를 보이고 항공기를 갈아타야 했다.
북경에 힘들게 도착해 짐을 찾으려고 몇 시간이나 기다려야 했다. 중
국을 가기 어려운 나라로 만들어 위신을 높이는 것 같았다. 무사히 입
국해도 줄곧 긴장해야 했다.

　연변대학에 가서 강의하기 위해 초청장을 제시하고 한 달 체재가
가능한 비자를 받았다. 강의를 마치고 여러 곳 구경을 하다가 비자 유
효기간 마지막 날 상해에서 서울로 오는 중국 비행기를 타려고 하니,
예약한 좌석이 없어졌다고 했다. 불법 체류자가 되면 어떻게 되는가?
불안해하고 있다가 도움을 주는 사람이 나타나 가까스로 살아났다.

　연변대학에서 겸직교수 사령장을 주었다. 중국 입국 비자를 신청

27

할 때 써먹을 수 있을 것 같아 좋아했다. 돈을 내고 신청하고 기다리면 비자를 주는 쪽으로 방침이 바뀌어 겸직교수가 소용없게 되었다. 복수 비자도 돈을 더 내면 준다. 비자 발급이 주한 중국대사관의 돈벌이다. 중국에서 오라고 하고, 중국을 위해서 가도 돈을 내고 비자를 받아야 하다니! 화가 났다.

중국 중앙민족대학에 초청되어 강의하러 갈 때, 중국대사관 비자를 발급하는 곳에 가서 명함을 내놓고 대뜸 담당 영사를 만나겠다고 했다. 얼마 있으니 나타난 영사가 한국어를 잘 했다. 초청장을 보여주면서 중국에서 오라고 해서 가는데 비자 때문에 왜 번거롭게 하느냐 하고 항의하니, 20분만 기다리라고 하고 비자를 발급했다. 그래도 급행료는 내야 한다고 했다. 그쪽에서는 손해를 본 것이 없고, 챙길 것은 더 챙겼다. 나는 공연히 호기를 부리면서 서둘러 필요 이상 돈을 썼다.

중국에 들어가면 체재하는 곳을 경찰에 신고해야 한다. 호텔에 들면 호텔에서 신고를 대행해 모르고 있는 규칙이다. 호텔이 아닌 다른 곳 친지의 집 같은 데 머무르면 방법을 알고 스스로 신고를 해야 한다. 그렇지 않으면 출국할 때 어려움을 겪을 수 있다. 단체관광 참가자들은 중국을 마음대로 드나들어도 된다고 여기고 알 것을 알지 못한다. 중국에서는 항상 감시받고 있는 것을 모르면 마음이 편하다.

중국에서는 항상 여권을 가지고 다녀야 한다. 숙박을 하려면 반드시 여권을 제시해야 한다. 그런 줄 모르고 연변대학 총장을 따라 백두산에 갔다가 큰 낭패를 본 적 있다. 기차표도 여권을 보여주어야 살 수 있다. 식당에서는 여권을 보자고 하지 않은 것이 신통할 정도이다.

그때는 외국인에는 모든 요금을 갑절 받았다. 여권이 돈을 더 내야 한다는 증명서였다. 외국인은 외화를 바꾼 돈을 써야 하므로 여권 검사를 하지 않고도 알아볼 수 있었는데도 여권 제시를 요구했다. 어느 박물관에서는 입장료를 외화 바꾼 돈으로 내니, 외국인은 반드시 미화 달러로 내야 한다고 했다. 이중·삼중으로 차별을 했다.

외화 바꾼 돈도, 외국인은 요금을 갑절 내야 하는 제도도 없어졌으나, 여권 휴대의 의무는 그대로 있다. 여권 휴대가 불편한 것만은 아니다. 여권을 제시하면 경로요금 할인을 해준다. 한국은 외국인이 경로요금 할인을 받을 수 없게 규정해놓은 후진국임을 생각하면서 중국에서 혜택을 받으니 고맙고 미안하다.

일본은 어떤가? 전에는 일본대사관에 가서 비자를 신청해야 했다. 며칠 기다리면 비자를 내주고 돈은 받지 않는 것으로 기억한다. 번거로울 따름이고 문제는 없었다.

동경대학에 초청되어 갈 때에는 한 해 동안 머무르는 장기 체재 비자를 신청해야 했다. 동경대학 총장이 직접 서명한 영문 초청장을 내밀었더니 도장이 찍힌 서류가 있어야 한다고 했다. 문학부장의 붉은 직인이 찍힌 초청장을 찾아내 이튿날 다시 가니 됐다고 했다. 이해하기 어려운 기이한 형식주의이다. 기성품 도장으로 은행 거래를 하는 것까지 알면 형식주의라는 말은 거두어야 한다. 도장을 신성하게 여기고 섬기는 기이한 신앙이다.

지금은 단기간 체재 비자가 면제되었으나, 사진 찍고 지문 누르는 절차를 까다롭게 한다. 입국신고서에 체재할 곳을 전화번호와 함께 정확하게 적어야 한다. 일본에서 자고 먹고 구경하고 물건을 사면서 돈을 듬뿍 쓰려고 하는데, 무엇을 훔쳐가려고 하지 않는지 의심하는 눈초리로 여권 사진과 얼굴을 대조한다. 굳어 있는 표정을 누그러 뜨리지 못할 따름인데, 공연한 오해를 하는 것인가?

일본에서 기차표를 살 때에는 여권이 필요하지 않다. 일본인은 이용할 수 없는 레일패스 확인이나 구입을 위해서는 여권을 제시하고 외국인이 일본에 단기간 방문한 것을 입증해야 한다. 여권이 금전적 혜택을 받기 위한 증명서이다.

불국은 오래전부터 입국 비자를 요구하지 않았다. 입국 도장을 찍지도 않고, 여권 표지만 보고 열어보지 않기도 한다. 귀찮다는 표정을 짓고 비스듬히 앉았을 따름이고, 얼굴도 쳐다보지 않는다. 관용인지 나태인지 가리기 어렵다. 출장한 증거가 필요할 때에는 입국 도장을 찍어달라고 특별히 요청해서 받았다. 그 말을 불어로 하니 반색을 하고 몸을 일으켰다.

입국 신고서나 세관 신고서 같은 것은 아예 없다. 세관 검사를 하는 것 같지 않다. 그래서 안심하면 되는 것은 아니다. 어느 해 불국을 떠날 때 짐 무게가 초과한 것은 용하게 알아내고 돈을 받아갔다. 한국에서 출국신고서와 입국신고서를 폐지한 것을 두고 잘 한 일이라고 하면 견문이 좁은 탓이다. 한국에서는 세관신고서가 아직 있어 후진 청산을 아쉽게 여긴다. 서류가 중요한 것은 아닌 줄 알아야 한다.

불국에서도 레일 패스 확인을 받으려면 여권을 제시해야 한다. 무자격자인 국내인이 혜택을 보지 않도록 막기 위해서이다. 기차를 타고 가는 도중에 패스 검사를 받을 때에는 여권도 보여야 한다고 되어 있는데, 보자는 일이 거의 없다. 국경을 넘어가도 여권 검사도, 세관 검사도 없는 것이 신통하다. 유럽 전체가 한 나라이고, 외국인도 유럽인이 된 것 같다.

언제나 그런 것은 아니다. 한 번은 이태리 밀라노에서 스위스를 거쳐 파리로 가는 야간열차를 탔더니, 전혀 다른 광경이 벌어졌다. 불국 국경 가까이 이르자 목자가 불량한 관원들이 눈을 부라리고 돌아다니면서 여권 검사를 야단스럽게 했다. 밀입국자를 철저하게 단속하는 것 같았다. 테러가 자주 일어나는 요즈음은 여권을 열고 자세하게 살피는 척하리라고 생각된다.

30여 년 전쯤의 일이다. 불국에 체재하다가 북쪽 국경을 넘어 서반아로 간 적 있다. 열차 선로가 불국은 광궤이고 서반아는 협궤여서, 차에서 내려 얼마 걷고 다른 차를 타야 했다. 걷는 동안 국경을 넘어가면서 여권을 제시하고 입국 허가를 받아야 했다. 비자가 면제되어 있어 신경을 쓸 필요가 없었다.

시골 역 국경 검문소의 직원, 촌스럽게 생긴 위인이 잠자다가 일어난 것 같은 거동을 하고 여권을 들여다보더니 "이런 나라가 어디 있나?"라고 하는 듯한 표정을 지었다. 전화를 야단스럽게 걸어 확인한 다음 말없이 입국을 허가했다. 그 뒤에 한국이 구석구석까지 많이 알려져 그런 일이 다시는 없다. 유럽 어느 나라든지 무사통과이다. 영국에 들어갈 때에만 영국은 유럽이 아닌 체하느라고 공연히 말을 몇 마디 물어보는 일이 있었다. 핀란드에 가니 일본 및 한국 여권 소지자는 무인검색기를 통과해 들어가라고 써놓았다.

미국도 공식적으로 비자 면제국이지만, 입국 심사를 까다롭게 한다고 들었다. 미국에 돈을 쓰러 가는 사람도 해를 끼치러 가는 사람 취급을 한다고 한다. 테러의 공포에 시달리고 있어 그러는 것을 이해해도 기분이 좋지 않다. 나는 무슬림과 거리가 멀지만, 무슬림이 부당한 대우를 받는다는 소식을 접하면 연민의 정을 느낀다.

미국에는 비자가 필요할 때 학술발표에 두 번 초청 받아, 내 돈은 쓰지 않고 다녀왔을 따름이다. 관광여행을 위해 가지는 않았으며, 갈 생각도 없다. 잠시 머무르면서 조금 구경한 것에 재미있는 이야기 거리는 없다. 지금부터 펼치는 여행론에서 미국은 비교의 대상으로도 취급하지 않고 되도록 무시하겠다고 작정하니 어쩐지 기분이 좋다.

인도에 가려면 비자를 받아야 한다. 인도 대사관에 가서 신청하고 며칠 뒤에 찾으러 가면 된다. 돈은 받지 않은 것으로 기억한다. 네팔은 도착 비자를 준 것으로 기억한다. 이집트도 도착 비자를 주는 나라이다. 도착 비자를 주는 곳에서는 돈을 받는다. 없어도 될 비자를 돈 몇 푼 버는 데 이용한다.

기억하기 어렵고 갈 일도 없는 몇몇 나라를 제외하고 거의 모든 나라는 비자 없이 입국할 수 있다. 총 수가 149개국이나 되어 세계 모든 나라 가운데 세 번째란다. 우리 앞에 세계가 활짝 열려 있다.

옛
사
람
들
도

예전에는 외국에 가기 어려웠다. 불국은 물론 중국이나 일본도 아주 먼 곳이었다. 그런데도 우리 옛사람들은 수고를 아끼지 않고 찾아갔다. 중국·일본과는 오랫동안 공식적인 관계가 지속되어 외교 사절이 정기적으로 왕래를 했다. 남긴 여행기가 소중한 자료이고 흥미로운 읽을거리이다. 백여 년 전부터는 불국을 가고 싶은 곳으로 삼았다.

중국으로는 사신이 한 해에 몇 번 가고, 많은 기행문을 썼다. '朝天錄'(조천록)을 대표적인 명칭으로 한 명나라 기행이 140여 종, 흔히 '燕行錄'(연행록)이라고 한 청나라 기행은 90여 종이 전하는 것으로 확인된다. 일본행 사신은 임진왜란 이후 12회 파견되었으며, '海槎錄'(해사록)이라는 명칭을 자주 사용한 기행문이 20여 종 남아 있다. 중국이나 일본 사람들이 한국에 왕래한 것도 비슷한 횟수인데, 이런 여행기를 남기지 않았다. 한국인이 남들보다 여행을 더 많이 했다고는 할 수 없으나, 여행기를 더 많이 쓴 것은 틀림없는 사실이다.

金堉(김육)의 《朝京日錄》(조경일록)은 병자호란이 일어나던 해인 1636년에 명나라에 마지막으로 파견된 사신의 기록이어서 흥미롭다. 육로는 막힌 탓에 해로로 가서, 상륙하자 마을마다 귀신을 모셔놓고 요행을 바라는 광경을 보았다. 관원들은 나라의 위기는 아랑곳하지 않고 돈만 탐냈다. 거대한 제국이 무너지고 있는 모습을 치밀하게 묘사하면서 역사의 전환을 알아차릴 수 있게 했다.

洪大容(홍대용)이 1765년에 청나라에 갔던 견문을 기록한 《湛軒燕記》(담헌연기)는 사항별로 구분해서 작성한 사실 보고서이다. 청나라가 새로운 기술을 사용해 물질적으로 번영하고 있는 모습을 세밀하게 관찰해 北伐(북벌)에 대한 北學(북학)의 반론이 타당하다는 것을 입증했다. 자기가 이룩한 지전설과 비교하려고 서양 전래의 과학에 대해서 깊은 관심을 가지고, 출입이 금지된 천문대에 들어가 천체관측 기구를 조사하기까지 했다. 여러 나라 사람들을 만난 것이 또한 신기한 경험이었다. 중국에 가서 넓디넓은 세상을 보기 시작했다.

유구 사람들은 소매가 넓고 무릎까지 내려오는 옷을 입었다. 사신은 누런 띠를, 통사는 붉은 띠를 띠었다. 다음과 같은 필담을 나누었다.

"귀국에서는 바다 건너 몇 천 리를 와야 중국 땅에 들어오는가?"
"뱃길 오천 리를 와서 복건성에 상륙했도다. 우리나라에도 중국의 글이 있는데, 글자는 같지마는 뜻은 다르도다. 임금의 성은 尙(상)씨이노라."

유구인과는 말은 통하지 않아도, 글이 통해 친근감을 느꼈다.

글을 배우는 몽고인들은 의복과 관모가 만주인과 다르지 않으나, 공물을 바치러 온 몽고인들은 누렇게 물들인 모피 모자를 만들어 썼으며, 상모가 흔히 흉악하고 사나웠다. 낙타를 타고 시가를 돌아다녔다. 넓은 초원에 천막을 치고 산다고 했다.

몽고인의 두 가지 모습을 그렸다. 한문을 아는 쪽과 모르는 쪽이 갈라지고 있었다. 만주족은 모두 한문 공부를 해서 원래의 특성을 잃는 것과 달랐다.

大鼻㺚子(대비달자)는 모두 코가 크며 흉악하고 사납기에 우리나라에서 이상한 별명을 붙여 부른다. (그런데도 야만인은 아니다.) 중국인은 모르는 기이한 기계, 수십 개의 동그라미가 있고 소리가 쟁쟁하는 것을 사용한다.

러시아 사람들을 두고 하는 말이다. '大鼻'(대비)란 코가 크다는 말이다. '達子'(달자)는 '오랑캐'이다. '코 큰 오랑캐'는 짐승 같다고 여겨 '達子'에다 획을 추가해 '㺚子'라고 표기했다. 기이한 기계가 무엇인지는 설명이 부족해 알 수 없으나, 중국보다 기술문명이 앞선 것을 말해주었다.

回紇(회흘)은 눈이 푹 들어간 것이 시름하는 매와 같고, 수염이 짧고 뻣뻣한 것이 마치 고슴도치 털과 같았다. 활짝 웃는 모습에 구김살이라고는 없었다.

신강 지방 또는 그 서쪽에서 온 무슬림을 말한다. 외모는 기이해도 순진한 사람들이라는 것을 조금은 알았다. 저 먼 곳으로 눈을 돌리게 했다.

이런 내용이 있어도《담헌연기》는 여행기다운 흥미를 갖추지 못했다. 잘못을 시인하고 기행문을 하나 더 내놓았다.《乙丙燕行錄》(을병연행록)이라는 것을 국문으로 쓰고, 일기체를 택했다. 신변에서 일어난 일이나 개인적인 감회를 정감 어린 필치로 나타내, 국문을 즐겨 읽는 독자들 특히 여성이 관심을 가지게 했다.

朴趾源(박지원)이 1780년에 청나라에 갔던 견문을 기록한《熱河日記》(열하일기)는 북학의 사고를 홍대용과는 좋은 대조가 되는 방법으로 나타냈다. 기발하기 이를 데 없는 표현을 개척해 명분론에 사로잡혀 있는 경색된 사고방식의 허점을 풍자했다. 견문한 바를 적은 일기라고 하면서, 겉 다르고 속 다른 문장을 쓰고, 사실과 허구를 섞어놓고, 문학 갈래구분의 상식을 넘어서서 전에 볼 수 없던 기이한 작품을 만들어냈다.

장난 같은 짓거리가 모두 고정관념을 버리고 사실을 있는 그대로 알기 위한 방법이고, 인식에 관한 실험이었다. 자기가 눈으로 보는 것을 정확하게 기록하고, 표면에 나타나 있는 사실을 근거로 숨은 내막을 어떻게 하면 알 수 있는지 고심했다. 남의 나라 사정을 속속들이 아는 것이 얼마나 어려운지 깊이 생각하게 한다. 단체관광단에 끼어 외국에 잠시 다녀와서 장문의 여행기를 정색을 하고 쓰는 사람들이 있는 것을 알면 무어라고 하겠는가?

북경 사람 하류 중에 글자를 아는 자가 매우 드물다. 문서를 다루는 하급 관리에는 남방의 못사는 집 아들이 많다. 얼굴이 초라하고 야위며, 풍후한 자가 없었다. 봉급을 받기는 하지만 극히 적어서 만리 객지에서 생계가 쓸쓸하고, 가난하고 군색한 기색이 얼굴에 나타나 있다.

우리 사행이 갈 때면 서책이나 필묵의 매매는 모두 이 패거리가 주관해 중간에서 장사를 하며 남은 이문을 먹는다. 역관들이 그동안 있었던 비밀을 알려고 들면 반드시 이들을 통해야 하므로, 거짓말을 크게 퍼뜨리고, 일부러 신기하게 꾸며서 모두 괴괴망측한 소리로 역관들이 지닌 남의 돈을 우려먹는다.

요즈음의 형편을 물으면, 아름다운 일은 숨기고 나쁜 것들만을 꾸며내 말한다. 천재지변이 일어나고, 요망한 사람, 괴이한 물건 전에 없던 것이 나타났다고 한다. 변새가 침공당하고 백성들의 원망이 극도에 이르고, 나라가 망하는 재앙이 목전에 닥쳤다는 글을 장황하게 써서 역관에게 준다. 역관은 이것을 사신에게 바치고, 서장관이 받아 정리해 귀국 보고 별지에 적어 임금에게 올린다.

함부로 돈만 허비해 허황하고 맹랑한 말을 임금께 올리다니. 사신이 자주 드나든 지 백 년이 되도록 겨우 이 정도이다. 가장 염려되는 일은 이 따위 문서가 불행히 유실되어 저들에게 가면 피해가 과연 어떠하겠는가 하는 것이다. 별지는 언문으로 쓰는 것이 마땅하다.

연행록은 한문으로 쓰는 것이 관례였으며, 조정과 관계를 가지고 한문에 능숙한 소수를 상대로 한 다소 비밀스러운 저술이었다. 내용이 흥미롭기 때문에 그 범위를 벗어난 독자들도 읽고자 하는 요구가 있어, 홍대용은 한문본과 별도로 국문본 연행록을 썼다. 한문 연행록 국문 번역이 여럿 나타났다.

중국에서는 알지 못하도록 하기 위해서는 국문으로 쓰는 것이 유리했다. 1798년에 서장관의 임무를 맡아 청나라에 갔던 徐有聞(서유문)의《戊午燕行錄》(무오연행록)이 바로 그런 것이다. 원래 우리 땅이었던 요하 이동을 오랑캐에게 내주고 해동 일우에 국척해 있는 처지를 한탄하는 말을 자주 했다.

일본 기행문은 南龍翼(남용익)이 1655년의 경험을 다룬《扶桑錄》(부상록)을 먼저 고찰할 만하다. 남용익은 이름난 시인이어서, 사신 일행에 참여하는 종사관으로 선발되어 그해에 일본에 가서 친선을 도모하는 일을 맡았다. 시를 얻기 위해 몰려드는 인파를 상대한 전말을 서술하고, 일본인들은 성질이 가볍고 잔꾀가 많으며 재치 있고 간사해서 남의 뜻을 잘 맞춘다고 했다.

申維翰(신유한)이 1719년에 일본에 갔다 와서 지은《海游錄》(해사록)은 더욱 자세한 내용을 갖추었다. 신유한은 시재가 뛰어나도 서자로 태어난 탓에 진출하지 못하고 있다가, 제술관으로 뽑혀 남용익이 한 것과 같은 임무를 맡았다. 시를 지어서 일본 문인들을 압도한 사실을 보고하는 한편 일본의 사회와 문화를 깊이 있게 관찰하고 서술하고자 했다.

도시가 번성하며 경제적으로 풍족한 것을 보고 깊은 인상을 받았다. 무사가 지배하는 사회여서 유학과 한문학을 하는 문인이 하급 기술자 취급을 받고 있는 것을 안타깝게 여겼다. 다음과 같은 일이 있어 놀랐다고 했다.

일본 사람이 우리나라의 시와 문을 구하여 얻은 자는 귀천·현우를 묻지 아니하고, 우러러 보기를 신명처럼 하고 보배로 여기기를 주옥처럼 하지 않음이 없다. 비록 가마를 메고 말을 모는 천한 사람들이라도 조선 사람의 해서나 초서를 두어 글자만 얻으면 모두 손으로 이마를 받치고 감사의 성의를 표시한다. 소위 문사라 하는 자는 천릿길을 멀다 하지 아니하고 와서 역이나 관에서 기다려서 하룻밤 자는 동안에 혹은 종이 수백 폭을 소비하고 시를 구하다가 얻지 못하는 자는 비록 반 줄의 필담이라도 보배로 여겨 감사해하기를 마지아니한다…. 대관은 우리의 글을 얻어서 자랑 거리로 삼고, 서생은 명예를 얻는 길로 삼고 낮고 천한 자는 구경거리로 삼는다. 우리가 글을 써 주면 반드시 도장을 찍어 달라고 청하여, 진적인 것을 증명하므로 매양 이름난 도회지나 큰 고을을 지날 때에는 응접하기에 겨를이 없었다.

답시를 기대하고 일본인이 지어준 시를 여러 편 소개했다. 그 가운데 源芳敬(미나모토 요시노리)라는 사람이 오언배율 20운 이별시로 지어 주었다는 것이 있다. 앞부분을 들면 다음과 같다.

海東君子國	바다 동쪽 군자의 나라
隣德美名均	덕을 이웃하고, 아름다운 이름도 같다.
聘禮由來久	예의 사절 내왕 유래가 오래고,
約盟令典循	맹약이 좋은 전례를 따랐도다.
群賢輝繡節	여러 현인 비단 깃발이 빛내니,
專對見簪紳	오로지 훌륭한 분들을 바라본다.
欽仰秘書譽	비서의 명예를 흠앙했는데,

更知玉府人	다시 아니 玉堂(옥당) 분이네.
學識諳四庫	학식이 사고를 모두 알고,
毫健挽千勻	필체는 굳세 천근을 당기네.
雄辯朴淵掛	웅변은 박연폭포가 내리 쏟고,
高標白島新	높은 품격 백도를 새롭게 하네.

신유한은 雨森東(아메노모리 도우)라고 하는 사람과 자주 만났다고 했다. 이 사람을 일본에서는 雨森芳洲(아메노모리 호슈)라고 하는 것이 예사이다. "東"은 漢名(한명)이라는 것이고, "芳洲"는 호이다. 신유한은 이 사람에 대해 다음과 같이 말했다.

우삼동은 그 나라에서 걸출한 사람이다. 능히 삼국의 음에 통하고 능히 백가의 글을 분별하여, 방언 번역의 같고 다른 것과 문자의 어렵고 쉬운 것에 대하여 가슴 속에 시비가 분명하기 때문에 말하는 바가 이와 같은 것이다.

"삼국의 음에 통한다"고 한 것은 중국어와 조선어에 능통하다는 말이다. 대마도에서 조선 관계 업무를 담당하는 임무를 맡고, 동래 왜관에 와서 체재하면서 말을 배웠다. 조선의 일본어 사전《倭語類解》(왜어유해) 편찬을 돕고, 일본의 조선어입문서《交隣須知》(교린수지)를 저술했다. 1711년과 1716년 두 차례 조선통신사를 수행해 江戶(에도)까지 안내했다. 많은 책을 지은 가운데《朝鮮風俗考》(조선풍속고)가 있다. 그 한 대목에서 다음과 같이 말했다.

조선을 약한 나라로 보는 사람도 있다. 그것은 秀吉(히데요시)가 조선을 공격할 때 조선인을 많이 죽였다고 들었기 때문이다. 그러나 당시 조선은 평화가 계속되고 평화에 익숙해져 국방을 소홀하게 하고 있었다. 이에 반해 일본은 전란이 계속되었으므로 아주 잘 훈련된 병사들이 많았던 시기이다. 일본이 갑자기 침입해서 전쟁을 일으켰으므로 초기에는 조선이 허무하게 당했다. 그러나 실제로 사상자 수는 일본과 조선이 거의 같았다. 일본이 군사를 철수할 때에 크게 당해 사장자가 많았다.

불국은 오랫동안 아득하게 먼 나라이고, 관심도 교류도 없었다. 1840년 영국과 함께 북경을 침공하자 깜짝 놀라, 어떤 나라인지 알아보려고 했다. 천주교 박해 때문에 분쟁이 생겨 1866년에는 불국군이 강화도에 침공했다. 그때 온 군인들이 집집마다 책이 있고, 독서를 열심히 하는 것을 보고 충격을 받았다는 기록을 남기고, 외규장각에 보관하던 의궤류 크고 화려한 책을 대거 탈취해 갔다.

1886년에는 수교를 하고 평화적인 관계를 가지기로 했다. 비슷한 시기에 서구 열강과 모두 수교했으나 불국은 특별했다. 외국어 공부를 위해 외국어학교를 설립한 순서가 1891년에 일어학교, 1894년에 영어학교, 1895년 法語(법어)학교, 1896년 俄語(아어)학교, 1897년 漢語(한어)학교, 1898년 德語(덕어)학교이다. '법어'라도 하던 것이 불어이다. 그 당시에는 불어가 가장 중요한 서양어이고 국제어였다. 여러 외국어 학교 외국인 교사들이 모여 회의를 할 때에는 불어를 사용했다.

불국이 한국인에게 널리 알려진 것은 1900년 파리 만국박람회 때문이었다. 공식초청을 받고 대한제국이 어려운 형편을 무릅쓰고 적극적으로 참여했다. 경복궁을 재현하는 집을 짓고 갖가지 진기한 전시품을 내놓아 관람객들의 찬사를 들었다. 크고 좋은 책이 특히 눈길을 끌었다.

중국은 도자기, 일본은 그림을 자랑하는 데 맞서서 한국이 내놓을 만한 것은 책이라는 것은 1866년에 강화도에 침공해 책을 탈취해 간 이후 어느 정도 알고 있던 사실이었다. 실물을 보니 소문 이상이었다. 만국박람회 한국관 해설을 쿠랑(Maurice Courant)이 쓰면서 책을 특히 중요시했다.

쿠랑은 불국 외교관이다. 1890년에서 1892년까지 서울의 불국 영사관 서기로 근무하는 동안 한국 책을 수집하고 정리해 방대한 분량의 《한국서지》(*Bibliographie coréenne*, 1896)를 냈다. 보물 목록이고 연구이다. 1900년 파리 만국박람회 한국관을 둘러보고 쓴 글 마지막 대목에서는 다음과 같이 말했다.

이제 마지막으로 한국의 책에 대해서 살펴보자. 여러 개의 진열대에 책이 전시되어 있는 것이 당연하다고 생각한다. 섬유를 원료로 하는 한국의 종이는 두껍고 질기며 아주 아름답다. 광택이 있거나 없거나 상앗빛을 띠고 있다. 한국의 책은 상당히 큰 편이다. 우아하고 소박한 종이 위에 써내려간 글씨가 담백하고도 우아하다. 몇몇 불국 서적 애호가들에게는 한국의 책이 대단한 발견이지만, 많은 사람들은 한국이 인쇄술과 문학이 발달한 나라인 것을 알지 못한다. 그러나 이에 관해서는 《한국서지》에서 소개했으므로 여기서 상술할 필요가 없다.

다만 이 자리에서는 한국에 이미 10세기 이전에 목판인쇄술이 있었고, 1403년 또는 그 이전에 금속활자를 발명했다는 점만 언급하겠다. 그리고 콜랭 드 플랑시(Collin de Plancy, 주한 불국 공사)의 각별한 지원으로 이루어진 동양어학교 소장 문고를 비롯한 다른 여러 곳에 한국의 흥미로운 서적이 다수 있다는 사실도 덧붙이고 싶다.

한국관이 주는 교훈이 있다면, 그것은 겸양의 미덕이 아닐까? 한국은 인구가 많지 않고 부유하지도 않으며, 여러 세기에 걸쳐 외국의 침략을 힘겹게 물리친 대외관계의 역사가 이어진 나라이다. 역사적 고난 속에서도 한국은 정체성을 지키면서, 중국에서 받아들이고 일본에 전해준 예술과 문명을 간직해 왔다.

몇 해 전까지만 해도 유럽은 한국의 존재를 몰랐고, 알았다 하더라도 으레 그 오만함 때문에 한국을 야만국으로 취급했을 것이다. 이제 이처럼 복합적이고 섬세한 문명의 산물들을 보여주면서 한국이 우리 앞에 모습을 드러냈다. 근대 문물이라고 할 수 있는 인쇄술에서도 우리 유럽의 수준을 뛰어넘은 나라임을 처음 알려주었다. 우리(불국인)가 다른 민족들보다 위대하다는 생각을 버리자.

1900년 만국박람회 때 새로 만들어 세운 에펠탑이 큰 구경거리였다. 그 소문이 널리 퍼져 궁금증을 자아냈다. 처음에는 흉물이라고 하던 것이 불국이나 파리의 상징물이 되었다. 파리에 가는 사람들은 누구나 반드시 멀리서도 가까이서도 에펠탑을 보며 "과연 볼 만하구나" 하고 감탄한다.

姜甑山(강증산)은 크게 깨달은 바가 있어 1901년에 증산교를 창건했다. 여러 해 동안 가르침을 베푼 말을 적은 《大巡典經》(대순전경) 한 대목을 보자. 上帝(상제)가 "西天西域 大法國 天蓋塔"(서천서역 대법국

천개탑)을 타고 이 세상에 내려와, 사방 둘러보다가 조선으로 왔다고 했다. 대법국은 불국이고, 천개탑은 에펠탑이다. 에펠탑 소식을 일찍 듣고 요긴하게 활용했다.

불국 파리가 좁게는 서양, 넓게는 지구 전체의 중심이다. 에펠탑은 하늘과 땅을 잇는 통로이다. 상제가 하강한 에펠탑과 천제가 머물러 가르침을 베푼 조선이 지구의 양극이라고 여겼다. 증산교와는 무관한 한국 사람들도 흔히 이렇게 생각한다. 대학에 진학할 때 불문과를 택한 경력이 있는 내가 지금 한국에서 불국 이야기를 쓰는 것도 같은 이유일 수 있다.

산
수
와

기
질

    山高水長(산고수장)이라는 말이 있다. 산이 높고 물은 길어, 강약이 대등한 음과 양의 조화로 좋은 경치를 이룬다는 말이다. 이것이 바람직하다고 하는데, 중국·일본·불국은 그렇지 않다. 산수가 균형을 이루지 않고 어느 한쪽으로 치우친 모습을 각기 다르게 보여주고 있다.

    중국은 서쪽에 6,000m 이상 되는 고산이 여럿 있다. 명단 원문을 옮기면, "珠穆朗瑪峰 884499(西藏最高峰), 喬戈里峰 8611(新疆最高峰), 貢嘎雪山 7556(四川最高峰), 布喀達坂峰 6860(青海最高峰), 梅里雪山 6710(云南最高峰), 團結峰 6644(甘肅最高峰)"이라고 한다. 생소한 이름은 읽기도 어렵다. 읽고 풀이하는 것은 생략한다. 눈으로 보면서 과연 고봉답게 거창하구나 하고 감탄하면 된다.

    강은 이름이 우리와 많이 친해져 있어 가까이 흐르는 것 같다. 무척 길다고만 하지 않고, 길이를 소개하기로 한다. 약 6,300km인 長江(장강), 약 5,400km인 黃河(황하)가 동쪽으로 흐른다. 揚子江(양자강)이라고 알려진 강을 중국에서는 장강이라고 하는 것이 관례이다.

서쪽 山高(산고) 지역과 동쪽 水長(수장) 지역이 분리되어 있다. 문명이 발달하고 사람이 많이 사는 곳은 동쪽 山不高水長(산불고수장) 지역이다. 산이 높지 않고 물은 길면 양이 약하고 음은 강하다. 이것은 중국인의 성격과 대응된다.

높은 산에 견줄 만한 고매한 이상이나 유별난 취향은 갖추지 않고, 크고 긴 강의 흐름처럼 듬직하게 살아가면서 무엇이든지 참고 견딘다. 맑고 흐린 것을 가리지 않고, 희로애락을 분명하게 하지 않는다. 계속 늘어나는 다중의 힘으로 어떤 이질적인 것들이라도 녹여 넣어 덩치를 키우면서 생활 영역을 계속 확장한다.

중국에 여러 번 갔어도 서쪽의 거봉에는 범접하지 못했다. 북경 근처에도 산이 있으나, 교통이 불편해 등산을 다닐 형편이 아니었다. 중국에는 산악인이 있는 것 같지 않았다. 어디 가서 등산을 하는지 알 수 없었다. 일본에서처럼 찾아 나서지도 못했다.

산 대신에 이곳저곳 만리장성을 올랐다. 사람들이 너무 많아 정신이 없는 것이 예사였다. 범접을 허용하는 곳과는 경계가 분명했다. 험준한 봉우리는 바라보기만 했다. 등산객은 아니고 유람객에 지나지 않는 처지여서 분수를 지켜야 했다.

만리장성에 오르지 않으면 사나이가 아니라고 毛澤東(모택동)이 말했다던가? 모택동은 헤엄을 쳐서 장강을 건넌 것을 자랑하고, 산 대신 기껏 만리장성이나 들먹였다. 젊어서 井崗山(정강산)에 오르고 수많은 고산을 넘은 것은 전투여서 등산이 아니었던가? 제대로 된 산에 오르면 사나이 이상 어떤 사람인가? 사나이만 들먹이고 여자는 빼놓아도 비난받지 않는 위치에 올랐나? 고인을 만나면 이렇게 따져 묻고 싶다.

산이 높지 않고 물은 긴 지역에서는, 높이가 1,545m에 지나지 않아 한국에서 별 이름이 없는 가리왕산 1,561m보다도 낮은 泰山(태산)을 대단하다고 숭앙한다. 산동대학에서 가르칠 때에 학교에서 차를 내주어 태산을 찾았다. 세계문화유산이라는 것은 납득할 수 있으나, 세계자연유산이기도 하다는 것은 터무니없는 말이었다. 바위에다 집을 짓고 글을 새겨 넣어 산을 망친 죄과가 수천 년 동안 누적되어 있었다. 행세깨나 한다는 당대의 정치인들도 다투어 이름을 쪼아 넣어 파괴력을 과시했다.

태산은 자연을 모독하는 권력의 횡포를 가장 선명하게 입증하는 오욕의 문화유산이다. 가보지 못한 탓에 무얼 모르고 "태산이 높다 하되 못 오를 리 없건마는"이라는 말로 시작하는 시조를 지은 옛사람은 헛소문의 희생자가 되어 가련하다. 산이 잘못인 것은 아니다. 사람은 물론 산도 몸을 숨기지 못하고 어울리지 않는 곳에 나와 앉아 헛된 이름을 얻으면 모진 수난을 겪는다는 것을 알려준다. 교훈을 얻고 조심해야 한다.

산은 그렇다고 치고, 장강이나 황하는 중국의 축복이었다. 거대한 수량이 농업용수로 쓰이고, 교통로를 제공해 중국이 부강한 거대 제국으로 성장하게 하는 부의 원천이었다. 운하를 만들어 교통로를 확장하는 데도 힘을 기울여 발전을 더욱 촉진했다. 그러나 만능의 해결책은 없었다. 강물이 넘실댄다고 해서 식수 문제가 해결되는 것은 아니었다. 운하로 연결시켜도 물을 마음대로 쓸 수 있는 곳이 많지 않아 곤란을 겪었다.

중국의 강물이나 우물물은 탁하고 맛이 없어 식수로 하기에는 적합하지 않았다. 근래에 밝혀진 바로는 석회질이 많아 인체에 해롭다고 한다. 식수가 좋지 못한 탓에 茶(차)를 넣고 끓여 마시는 풍속이 생겼다. 빈부귀천을 가리지 않고 누구나 차를 마시고 생수는 멀리한다. 음식도 익힌 것만 먹고 날것은 피한다.

중국에서 마지못해 궁여지책으로 시작한 차 마시기가 한국에 전해져 희귀한 탓에 고급이 되고, 일본에 가서는 더욱 애호되고 숭앙되었다. 차이점을 두 가지 이유는 들어 설명할 수 있다. 한국은 생수가 일본 것보다 더 좋기 때문이다. 차를 마시면서 잡념을 쫓고 정신을 가다듬고자 하는 불교 승려들이 한국보다 일본에서 더욱 행세하고 널리 선망의 대상이 되었다.

영국인들도 중국에 드나들면서 차 마시는 것을 배우고, 차를 쉽게 구하기 위해 자기네 식민지였던 인도와 스리랑카에 이식해 재배했다. 인도에서는 차를 중국말로 일컬어 지금도 '짜이'라고 한다. 인도나 스리랑카의 차를 영국 장사꾼들이 자기네 상표를 붙여 전 세계에서 팔고 널리 알렸다. 인도의 차를 멀리 가져가면 변질되므로 아예 발효시켜 홍차를 만들었다. 오후에 홍차를 마시는 풍속이 영국에서 온 세계로 퍼져나가, 영국이 차의 종주국인 것처럼 되었다.

중국인은 목욕을 자주 하지 않는 것이 일본인과 아주 다르다. 이를 두고 일본인이 나무라는 말을 한다면, 사정을 모르는 탓이라고 깨우쳐주어야 한다. 중국은 공기가 탁하지만 습기는 없고 건조해 몸을 자주 씻어야 할 이유가 없다. 국토가 차츰 사막화되어 물 부족이 심해지자, 부자가 목욕을 자주 하면 가난한 사람은 마실 물도 없으므로 자제해야 했다.

이것은 인도에서 부자가 소고기를 먹으면 가난한 사람은 우유를 마시지 못하므로, 소는 신성하니 잡지 말아야 한다는 힌두교 교리를 만든 방책과 상통한다. 중국에는 힌두교처럼 강력한 종교가 없어, 부자가 목욕을 삼가고 물을 절약해야 한다는 도리를 스스로 알아서 실행했다. 몽골에서는 누구나 물을 마시도록 하기 위해 목욕을 금지하는 명령을 칭기스칸이 내렸다고 하는데, 중국에는 그렇게까지 훌륭한 제왕은 없었던 것 같다. 그런데도 목욕을 자주 하지 않는 것은 큰 강의 흐름 같이 넓고 깊은 지혜라고 하면 말이 되지 않는가?

일본은 산이 높고 물은 길지 않아 山高水不長(산고수부장)인 나라이다. 3,775m인 富士山(후지산)을 비롯해 높이가 3,000m 이상의 산이 21개가 되고 전국에 고루 분포되어 있다. 北(북)알프스라고 하는 연봉이 위엄을 뽐내면서 도전 정신이 강한 산악인들을 불러 모은다. 그리 높지 않아도 원숭이도 올라가지 못할 정도로 가파른 것들도 있다.

일본에서 산악인은 특별한 사람이고, 일반인은 등산을 즐기지 않는다. 등산을 하려면 스스로 산을 찾아야 했다. 한 해 동안 있기로 하고 동경대학에 갔을 때 처음 두 주 토요일과 일요일에 지도를 보고 근처 산을 탐사했다. 新宿(신주쿠) 역에서 서쪽으로 전철로 한 시간 반쯤 가는 곳에 있는 559m의 高尾山(다카오산)을 정기적으로 등산을 하는 곳으로 정했다. 그리 멀지 않고, 높이가 적당했다. 케이블카를 타고 올라갈 수도 있고, 정상 가까이 절이 있으며, 나중에 보니 가을 단풍 경치가 괜찮은 편이었다.

한국에서 간 교수들, 유학생들을 모아 등산회를 조직하고 매주 일요일 그 산에 올랐다. 참가 인원이 처음에는 서넛이었는데 얼마 뒤에 20여 명까지 늘었다. 각국 유학생, 일본인 학생들까지 참가해서 대성황을 이루었다. 등산할 수 있는 기회를 기다리고 있었음을 말해준다. 단풍철이 되자 우리도 축제를 했다. 그런데 귀국 후 얼마 지난 뒤에 물어보니 등산모임이 흐지부지하다가 없어졌다고 했다.

한자에서 水(수)가 길고 큰 것은 '江'(강), 짧고 작은 것은 '川'(천)이라고 한다. 한국에서 漢江(한강)과 慶安川(경안천)을 구별해 일컫는 것이 합당한 용례이다. 일본에는 '江'이라는 것은 없고 '川'만 있다. '가와'라고 하는 '川' 가운데 가장 긴 것이 동북 지방의 信濃川(시나노카와) 367km이고, 그 다음은 동경 근처의 利根川(도네카와) 322km이다. 한강 514km에는 미치지 못하고, 경안천 49.5km보다는 길다.

川(가와)라고 하는 것들은 수량이 그리 많지 않고 급류여서, 일본인들은 유유한 자세로 폭 넓게 흐르는 큰 江을 보지 못해 알 수 없다. 산은 높고 물은 길지 않은 山高水不長(산고수부장)이면 양이 강하고 음은 약하다. 이것은 일본인의 성격과 상통한다. 일본인은 조금 별나다. 근엄하기만 하고 너그럽지는 못하다고 할까, 강하기만 하고 부드럽지는 않다고 할까? 가까이 다가가 허물없이 지내기는 어렵다.

일본에는 습기가 많아 목욕을 자주 해야 한다. 錢湯(센토)라고 하는 공중목욕탕이 일찍부터 생겨 누구나 목욕을 할 수 있게 되었다. 오후 3시 일제히 문을 연 이후에 거의 모든 사람이 찾아가 잠깐 동안 몸을 적시고 닦는다. 매일 이렇게 하는 것이 일본인의 생활 습관이다.

도처에 온천이 있어 고급 목욕을 할 수 있다. 화산이 많아 겪는 재난을 온천이라는 선물 덕분에 상쇄한다. 온천은 일본인의 성소이고, '로텐부로'라고 하는 露天溫泉이 그 중심을 이루는 성체이다. 노천온천을 느긋하게 하고 하루 저녁 마음 놓고 잘 먹고 노는 각별한 호사를 누리기 위해 많은 기대를 걸고 오랫동안 저축을 한다. 온천욕 호사를 성소 숭배의 신앙심도 없이, 저축하면서 인내하는 과정도 생략하고, 외국인이 돈만 가지고 일거에 누리는 것은 신성 모독이다.

일본의 온천은 한국의 찜질방과 상통하면서 차이점이 더 크다. 일본 온천에는 엄격한 법도가 있어 아무렇게나 뒹굴어도 되는 한국 찜질방과는 다르다. 온천에서는 정해진 순서에 따라 진퇴를 분명해야 하지만, 찜질방에서는 계속 노닥거리며 자고 먹고 버티어도 된다. 온천은 천황 급에서 천민 급까지 품격과 가격의 서열이 분명한데, 찜질방은 모두 그게 그거다.

불국에도 동남쪽에는 높이 4,807m인 몽 블랑(Mont Blanc)을 비롯한 알프스 연봉이 있다. 서남쪽 피레네(Pyrénées) 산맥에도 3,000m 이상의 고산이 있다. 그런 곳들은 山高水不長이다. 강은 큰 것 셋을 들면 롸르(Loire) 1,012km, 세느(Seine) 776km, 론느(Rhône)가 545km인데, 산이 높지 않은 곳에서 흐르며 국토 면적에 비하면 그리 길지 않다. 그밖에도 여러 강이 있는데, 일본 '川'(가와) 수준이다. 불국 대부분의 지역은 산이 높지 않고 물도 길지 않은 山不高水不長(산불고수부장)이라고 할 수 있다.

파리에 머무를 때 그 근처에는 산이 없어 좋아하는 등산을 할 수 없었다. 눈마저 오지 않았다. 그래서 내 호 雪坡(설파)가 무색하게 되었다. "此地 無雪無坡 故 雪坡無用之人"(차지설무파 고 설파무용지인)이라는 말을 엽서에 써서 보낸 적 있다. 번역하면 "이곳은 눈도 없고 언덕도 없어, 설파는 소용없는 사람이다"라고 하는 말이다. 산 대신에 공원이나 근교의 숲을 찾아 오르지는 못하고 걷기만 했다. 불국에 이름난 산악인들이 있다고 하는데 그림자도 보이지 않고, 등산 용구를 파는 상점을 찾지 못해 구경할 수 없었다.

불국의 물에도 중국처럼 석회질이 많아 생수로 마시기에는 적합하지 않다. 석회질이 몸에 누적되면 변형이 일어난다. 노트르담의 곱추 이야기가 공연히 생긴 것은 아니다. 불국인은 포도주를 물처럼 마셔 문제를 해결하고, 알프스 산록에서 가져간 광천수를 애용해 어려움을 덜었다. 맥주는 독일인처럼 많이 마시지 않는다.

불국인은 물이 그리 부족한 것이 아닌데도 목욕하는 것을 즐기지 않는다. 파리 시내에 공중목욕탕이 있는지 의문이다. 온천은 병 치료를 하는 곳이어서, 의사 진단서가 있어야 이용한다. 이용 방법이 몸을 담그는 것이 아니고 마시는 것이 예사이다. 불국의 주택이나 호텔 욕실에 욕조가 있는 곳은 아주 드물고, 샤워기만 있는 것이 예사이다.

중국에서와 같은 이유가 없는데 불국인들도 왜 목욕을 즐기지 않는가? 이 의문에 대답하려면 고도의 추리가 필요하다. 추리의 단서를 향수가 제공한다. 일본인처럼 목욕을 자주 하면 향수가 무용하다. 불국인은 목욕보다 향수를 더 좋아한다. 아주 잘 만든 향수를 스스로 애용할 뿐만 아니라, 외국에 팔아 큰 수입을 올린다. 향수를 만드는 조향사는 위신 높은 예술가이다. 새로운 요리를 발명해 인류를 행복하게 한다는 조리사보다 상위이다.

산이 높지 않고 물도 길지 않으면 음도 양도 강하지 않다. 이것은 불국인의 기질에도 잘 나타난다. 높은 산과 같은 일관된 신념은 있을 수 없다고 부정하고, 그리 길지 않은 강이 여기저기 흐르듯이 기발하고 다채로운 변신을 거듭하면서 새로운 것을 찾는다. 나쁘게 말하면 경망스럽고, 좋게 보면 창조력이 남다르다. 수많은 사조와 유행을 만들어내 인류가 심심하지 않게 하고, 향수 같은 요상한 물건으로 혼을 뺀다.

좌우에 한 번씩 정권을 주면서 대통령을 칭송했다 비난했다 하고 갈아치우는 것을 능사로 삼더니, 이번에는 더 큰 놀이를 벌였다. 좌익도 우익도 아니라고 하는 30대의 신인에게 표를 몰아주어 대통령으로 뽑고, 국회까지 맡겨 어떻게 하겠다는 말인가? 얼마나 험악한 비난을 하면서 내보내고 다음에는 어떤 제비를 뽑을 것인가? 뽑을 제비가 아직도 남아 있다는 말인가?

이런 관점에서 나라 비교론을 전개하려면 사례를 더 들어 보완 작업을 많이 해야 한다. 한쪽은 山高水不長이고 더 넓은 쪽이 山不高水長인 나라는 중국만이 아니고, 인도와 미국도 있다. 중국에서는 서쪽에 있는 山高水不長이 인도에서는 북쪽, 미국에서는 중서부에 있다. 그래서 사람들의 기질이 어떻게 다른지 고찰하려면 많은 노력이 필요하므로 보류해두고자 한다.

극단의 경우를 들어보자. 티베트는 산이 높고 높으며 물은 길지 않은 山高高水不長이어서 종교적 이상이 한없이 드높다. 이집트는 산이 높지 않고 물은 길고 긴 山不高水長長이라 유구한 내력을 지닌 문명을 지중해 건너 유럽까지 전해주었다. 사우디아라비아는 산이 높지 않고 높지 않으며 물도 길지 않고 길지 않은 山不高不高水不長不長이어서 지상에서는 기대할 것이 없어 하느님 알라만 절대적이라고 하는 이슬람을 일으켰으며, 알라는 불모의 사막에서 석유가 나는 것을 알려주었다. 이렇게 말하는 것이 타당한가? 더 연구할 필요가 있다.

세계를 다 돌아보지 않고도 한국은 어떤지 말할 수 있다. 우리는 산도 그리 높지 않고 물도 그리 길지 않아 적절한 정도로 산이 높고 물이 긴 山高水長(산고수장)인 터전에서 살아왔다. 背山臨水(배산임수)의 명당에 집을 짓고, 뒷산에 오르내리면서 앞에 흐르는 물을 마셔왔다. 음양의 조화가 잘 이루어져, 편안하면서 활력이 있다. 相生(상생)과 相克(상극)이 어느 한쪽으로 치우치지 않고, 상생은 상극이고 상극은 상생임을 체험하고 실행한다.

　　남들을 밀어내고 이기려고 하지 않고, 세계 평화를 희구해왔다. 지금 남북 대치가 지나쳐 엄청난 위기가 닥친 것은 일시적인 불운이다. 파국에 이르지 않고, 시련을 슬기롭게 극복하리라고 기대하자.

날
씨
는

어
떤
가

    앞 대목에서 살핀 산수는 자연이고 기질은 문화이다. 여기서 말
하는 날씨도 자연이지만, 날씨 인식과 표현은 문화이다. 나라마다 자
연의 날씨가 다른 것보다 날씨 문화는 특색이 더 뚜렷하다. 날씨를 두
고 하는 말부터 알아보자.

    중국의 옛 시에는 '楓葉'(풍엽)이라는 말이 이따금 보인다. "曉霜
楓葉丹"(새벽 서리에 풍엽이 붉다)(謝靈雲, 〈晚出西射堂〉)라고 할 때에는
그것이 '丹楓'(단풍)이다. "楓葉落紛紛"(풍엽이 떨어져 날린다)(李白, 〈夜泊
牛渚憶古〉)라고 할 때에는 그것이 '落葉'(낙엽)이다. "楓葉荻花秋瑟瑟"
(풍엽 억새꽃 가을이 쓸쓸하다)(白居易, 〈琵琶行〉)라고 할 때에는 어느 쪽인
지 불문명하다.

    楓葉이라는 말을 丹楓이나 落葉과 함께 쓴 것은 아니다. 중국어
인터넷 사이트 百度(Baidu)를 찾아보면 "丹楓이란 서리를 겪고 온통
붉게 된 풍엽이다"(丹楓是指經霜泛紅的楓葉)라고 하고, "殷勤報秋意, 只
是有丹楓"(은근하게 가을의 뜻을 아뢰는 것은, 다만 단풍이 있을 따름이다)(李
商隱, 〈訪秋〉)이라고 하는 것을 본보기로 삼았다. 송대나 청대에도 이

말을 사용한 시가 있다고 들었다. '落葉'이라는 말은 百度(Baidu)에 올라 있지 않다.

'丹楓'과 '落葉'은 달라 말이 각각인데, 둘을 합쳐 '楓葉'이라고 하는 것은 감각이 미분화된 탓이다. 시인의 계절 감각이 미분화된 것은 자연 탓이다. 중국에서는 단풍과 낙엽을 구별하기 어렵다. 아무리 뛰어난 시인이라도 거주하는 곳 날씨 이상의 감각을 가지고 시를 쓸수 없다. 별세계의 소식을 전하는 것은 가능하지 않고 의미가 없다.

북경 香山(향산)의 단풍을 자랑하지만, 가서 보면 들리는 말과 다르다. 산뜻한 느낌을 주지 않는 거무칙칙한 붉은 색이어서 실망스럽다. 나무에 달려 있어도 낙엽과 다름없이 한물간 모습이다. 다른 곳에 가서 더 좋은 색깔을 찾으려고 하지 말아야 한다. 중국인은 그런 검붉은 색을 애호한다. 더 좋은 색을 모르니 어쩔 수 없다.

중국은 공기가 탁하다. 공기가 탁해 단풍 색이 곱지 않다. 이것이 어제 오늘의 일은 아니어서 색채 감각이 둔해졌다고 하면 실례되는 말인가? 청명하게 맑은 세상이 있다는 것을 인정하지 않고 살아왔다. 이제야 눈을 밖으로 돌려, 설악산이나 제주도를 와서 보고 이런 곳도 있구나 하고 놀란다.

중국에 가서 새 소리가 맑지 않은 것을 알아차리고 이유를 물으니, 공기가 탁한 탓이라고 한다. 다른 나라 새 소리를 듣고 온 사람들은 차이점을 알고 있다. 새 소리가 맑지 않은데 사람은 무사한가? 북경에 가서 중앙민족대학과 북경외국어대학에서 두 차례 집중강의를 할 때 가장 좋다고 하는 10월을 택했어도 공기가 탁해 어려움을 겪었다. 일년 내내 살고 있는 사람들은 어떻게 견디나? 그 인내력을 존경하지 않을 수 없다.

일본처럼 중국에도 지진이 자주 일어난다는 보도가 이어지고 있다. 지진 때문에 두 나라는 공통된 재앙을 겪고 있다. 그러면서 다른 재앙에서는 간과할 수 없는 차이점이 있다. 다음에 말할 일본의 습기는 천재이지만, 중국 공기가 탁한 것은 인재이다. 기피하거나 나무라기만 하고 말 것이 아니다. 인재의 연원을 알아내고 해결을 위해 함께 고민해야 한다.

문명을 일으키려면 자연자원을 과도하게 소비해 산림이 황폐해지는 것이 상례이다. 인도 간지스강 유역에서 울창하던 삼림을 벌채해 문명을 일으키는 동력으로 사용하고는 회복하지 못하고 있으며, 그 때문에 살인적인 무더위를 막지 못한다. 희생의 대가인 불교문명을 중국·한국·일본에서 가져와 혜택을 누리면서 그 때문에 인도가 멍든 것은 알지 못한다.

중국 또한 같은 과정을 겪었다. 황하 유역에서 고대문명을 일으키고, 인도에서 불교를 받아들여 중세문명으로 전환을 추진할 때 동력원은 삼림밖에 없어 중국이 사막화되기 시작하고 공기가 나빠졌다. 석탄으로 난방을 하고, 공장 매연을 방치하는 것은 후대에 추가된 이유이다.

인도뿐만 아니라 중국에도 섭씨 40도가 넘는 더위가 찾아온다. 섭씨 40도가 넘으면 모든 일을 쉬도록 국가에서 정하고, 40도 이상을 39도로 발표한다는 비난을 듣는다. 공기는 인도보다 더 나빠 견디기 어렵다. 인도인의 날씨는 누구나 다 알고 동정을 하는데, 중국은 진실은 덮어두고 체면을 지킨다.

한국은 삼림을 보존하고 있으면서, 인도나 중국에서 殺身成仁(살

신성인)을 한 산물인 문명을 받아들여 혜택을 누려왔다. 인도에 가서도 감사하고 미안하다고 해야 하지만, 가까운 중국에 먼저 인사를 해야 한다. 이에 관해 중국에서 강연하면서 한 말을 《동아시아문명》에다 다음과 같이 적었다.

한국은 같은 수난을 겪지 않고 문명의 성과를 활용하는 혜택을 누리니 미안하고 고맙게 생각해야 한다. 은혜에 보답하려면 동아시아문명을 더욱 발전시킨 성과를 마련해 중국에 제공하는 것이 마땅하다. 내 학문이 이런 의의를 조금이라고 가질 수 있기를 열망한다. 이번의 방문이 좋은 기회이다.

보답의 방법은 학문만이 아니고 더욱 직접적인 노력이 한층 절실하다. 중국의 탁한 공기가 한국에까지 밀어닥쳐 막대한 피해를 빚어내기까지 하니 공동의 노력으로 해결책을 찾아야 한다. 중국의 사막화가 더 진행되지 않도록 하는 조림에 협력해야 하고, 물이 적어도 잘 자라게 나무 종자를 개량하는 연구에 몰두해야 한다.

일본에서는 날씨보다 먼저 화산과 지진을 염려해야 한다. 화산 폭발은 직접 당하지 않았지만, 일본에 가 있는 동안 지진이 일어난 것은 여러 번 겪었다. 한번은 백화점에서 물건을 고르고 있을 때에 갑자기 발밑이 흔들렸다. 놀라고 당황해 어쩔 줄 몰랐는데, 주위의 일본인들은 표정 하나 변하지 않고 차분했다. 이미 많이 겪어 훈련이 잘 되어 있는 것을 알고 존경하는 마음이 생겼다.
2011년 福島(후쿠시마) 일대에서 대지진이 일어나 큰 피해가 생긴

직후에, 예정한 일정을 바꾸지 못해 名古屋(나고야)에 가서 열흘쯤 머문 적이 있었다. 그곳은 피해 지역과 거리가 멀어 안전했다. 일상생활에 아무 변화가 없었으며, 언론에서 피해 상황을 차분하게 숫자를 들어 보도하는 것만 보았다. 그런데 한국에서는 당장 돌아오라는 전화가 빗발치게 왔다. 귀국해서 알고 보니, 한국 텔레비전에서는 피해 현장 화면을 엄청난 일이 일어났다고 계속 보여주면서 해설자가 목소리를 한껏 높였다.

일본은 여름부터 초가을까지 태풍을 열 개쯤 맞는다. 피해가 극심할 것 같은데 그렇지 않다. 대비와 훈련이 잘 되어 있어 사상자가 적고, 도로, 교량, 건물 등이 많이 파괴되지 않는다. 불편한 일이 생겨도 아무도 불평을 하지 않는다. 정부가 잘못 한다고 나무라는 말이 없다. 국민 모두 자연재해를 잘 견디는 도사의 경지에 이르렀다고 할 수 있다.

일본에는 산이 많고, 산에는 나무가 많다. '杉'(스기)라고 하는 삼나무가 삼엄한 자세로 산을 덮고 있는 것이 장관이다. 그런데 그 꽃가루가 전국을 덮다시피 해서 숨이 막히고 머리가 아프게 하는 것도 재앙이라 텔레비전에서 날마다 예보를 한다. 나는 예상하지 못한 곤경을 한 달 동안 겪으면서 좋아하는 등산을 그만두어야 했다.

습기, 대수롭지 않게 여기던 이것이 가장 심각한 재앙인 것을 겪어보고 알았다. 화산, 지진, 태풍 같은 거대 재앙은 운이 나빠야 만나지만, 습기가 많아 견디기 어려운 것은 어느 때든 누구나 피하지 못하는 일상적이고 지속적인 시련이다. 일본인은 예사로 여기고 조용하게 대처하지만, 견디기 아주 어려워 불만을 말하지 않을 수 없다.

습기를 제거하기 위해 더위가 오기 전에 에어컨을 틀어야 한다.

일조량이 부족하고 일교차가 크지 않아, 과일이나 채소가 맛이 없다. 한국에서 가져간 양념으로 김치를 제대로 잘 담가도 온전하게 숙성되지 않는다. 생각이 멍해지는 것을 어쩔 수 없다. 일본인 석학이 철학사상은 그리스나 조선처럼 건조한 곳에서나 생겨난다고 한 말이 오래 기억된다.

이른 봄, 늦가을에는 습기가 적어지고 잠시 날이 청명할 때가 있다. 이른 봄에 매화와 벚꽃이 피고, 늦가을에 단풍이 고우면, 일본인은 우울증을 완전히 걷어내고 고양된 기분으로 즐거움을 한껏 누린다. 집에 돌아가지 않고 밖에서 밤을 지새우기도 한다. 일본 구경은 그때 가야 한다.

'黃葉'(황엽)이나 '紅葉'(홍엽)이라고 적고 '모미지'라고 읽는 단풍에 대한 사랑이 각별하다. 예전 노래 책《萬葉集》(만요슈)에 '黃葉'(황엽)에 대한 찬사가 되풀이되어 나온다. '落葉'(낙엽)라는 단어도 있기는 하지만,《萬葉集》에는 등장하지 않는다. 떨어져 짓밟히는 것도 '落葉'이라고 하지 않고 '黃葉'이라고 했다.

일본 시인들은 급변하는 날씨 속에서도 계절이 바뀌면서 나타나는 아름다움을 찾아 즐기면서 마음을 달래도록 하는 것을 사명으로 삼아왔다. '落葉'을 노래해 나쁜 날씨 탓에 생긴 참담한 기억의 상처를 건드리지 않고, '黃葉'이나 '紅葉'의 아름다움에 도취되어 즐거움을 누리자고 한다. 날씨를 사랑하지 못해도, 시를 사랑하면 일본을 사랑할 수 있다.

불국 날씨에 관한 말을 '丹楓'과 '落葉'에 관한 비교론으로 시작할 수 있다. 불어에는 '丹楓'을 뜻하는 단어가 없다. 한불사전에서 "낙엽"을 찾으면 "1. érable, 2. feuilles d'automne"이라고 했다. 앞의 말은 단풍나무의 한 종류 이름이다. 뒤의 말은 "가을의 잎"이라는 것이다. 한 단어가 없어 두 단어를 이었으며, "붉다"는 뜻은 없다.

'落葉'을 'feuille morte'라고 하는 말은 흔히 쓰고 중요한 시어로 삼는다. 이것은 직역하면 "죽은 잎이다"이다. "떨어진 잎"보다 "죽은 잎"이라고 하는 것은 더 처참하지만, 두 말이 일대일로 상응한다. 'feuille morte'를 우리말로 번역할 때에는 '落葉'이라고 하면 되고, '枯葉'(고엽)이라고 하는 이상한 말을 지어낼 필요가 없다. 불어에 '落葉'과는 별도로 '枯葉'이 있다고 오해하게 하지 말아야 한다.

베르래느, 〈가을의 노래〉(Paul Verlaine, "Chanson d'automne")에서 "나는 떠나간다,/ 사나운 바람에/ 몸을 맡기고/ 여기 저기/ 마치/ 낙엽처럼"(Et je m'en vais/ Au vent mauvais/ Qui m'emporte/ Deçà, delà,/ Pareil à la/ Feuille morte.)이라고 하고, 구르몽, 〈낙엽〉(Remy de Gourmont, "Les feuilles mortes")에서 "시몬, 너는 좋으냐, 낙엽 밟는 소리가?"(Simone, aimes-tu le bruit des pas sur les feuilles mortes?)라고 한 것이 널리 알려져 있다.

불국에 단풍은 없고 낙엽만 있는 것은 아름다운 단풍이 없기 때문이다. 일본 용어를 사용하면, '紅葉'은 없고 '黃葉'만 있는 수종뿐이고, 가을 날씨가 나빠 단풍이 곱게 들지 않는다. 보지 않은 것을 말하고 노래에 올릴 수는 없다.

불국에서는 여름을 '아름다운 계절'(belle saison)이라고 한다. 긴긴 날 햇빛이 비치고 그리 많이 덥지는 않기 때문이다. 좋은 계절 반가운 햇빛을 즐기려고 바캉스를 간다고 법석을 떨어, 날씨가 다른 먼 나라 사람들까지 들뜨게 한다.

가을이 되면 날이 흐리고 이따금 비가 부슬부슬 온다. 어디 가도 즐길 단풍은 없고, 낙엽이 바람에 뒹군다. 산이라고는 보이지 않고 여기저기 있는 숲에 서 있는 나무에 엉킨 겨우살이가 흔들려 을씨년스러운 느낌을 자아낸다. 위도가 높아 낮이 차차 짧아지다가 겨울이 되면 일찍 어둑어둑해진다. 기차를 타고 한참 가도 즐겁지 않다. 모두들 동경하는 이상향 남불 해안까지 가야 시련에서 벗어나 햇빛을 본다.

여름에는 온갖 찬사를 다 바치다가, 가을은 반기지 않는다. 여름이 가고 가을이 오는 것을 시련의 시작으로 여긴다. 보들래르, 〈가을의 노래〉(Charles Budelaire, "Chant d'automne")에서 그런 심정을 아주 잘 나타냈다. 사연이 길지만 잘라 인용하기 어렵다. 번역이 미흡한 책임을 경감하고, 찾아 즐기는 사람이 있을 것으로 생각해 원문도 든다.

이윽고 우리는 차가운 어둠속에 잠기리라.
잘 가거라, 너무 짧은 우리의 여름 날빛이여!
나는 이미 음산한 충격을 느끼면서 듣는다,
마당 길 위에 부려놓는 나무가 울리는 소리를.

겨울이 닥쳐와 온통 내게로 들어오려고 한다.
분노, 증오, 전율, 공포, 장기간의 강제 노동이.
극지의 지옥에 갇혀 있는 태양이라도 된 듯이,
내 가슴은 붉게 얼어붙은 덩어리이기만 하다.

나는 떨며 장작 떨어지는 충격에 귀 기울인다.
사형대를 짓는 소리라도 더 둔탁하지 않으리.

내 마음은 무너져 내리고 마는 탑과도 같다,
성벽 파괴 도구로 무겁고도 끈덕지게 내리쳐.

이 단조로운 충격에 흔들리면서 나는 느낀다,
어디선가 누가 급히 관에 못을 박는 것 같다.
누구를 위해? – 어제는 여름이고, 지금은 가을이다!
이 야릇한 소리가 출발 신호처럼 울린다.

Bientôt nous plongerons dans les froides ténèbres ;
Adieu, vive clarté de nos étés trop courts !
J'entends déjà tomber avec des chocs funèbres
Le bois retentissant sur le pavé des cours.

Tout l'hiver va rentrer dans mon être : colère,
Haine, frissons, horreur, labeur dur et forcé,
Et, comme le soleil dans son enfer polaire,
Mon coeur ne sera plus qu'un bloc rouge et glacé.

J'écoute en frémissant chaque bûche qui tombe ;
L'échafaud qu'on bâtit n'a pas d'écho plus sourd.
Mon esprit est pareil à la tour qui succombe
Sous les coups du bélier infatigable et lourd.

Il me semble, bercé par ce choc monotone,

Qu'on cloue en grande hâte un cercueil quelque part.

Pour qui ? - C'était hier l'été ; voici l'automne !

Ce bruit mystérieux sonne comme un départ.

온갖 시련을 다 생각하고, 죽음이 다가온다고 느끼기까지 한다. 사형대에서 처형당하는 것을 상상하고, 관에 못을 박는 소리가 들린다고도 한다. "어제는 여름이고, 지금은 가을이다!/ 이 야릇한 소리가 출발 신호처럼 울린다." 이렇게 말한 출발 신호가 죽음을 향한 신호이다.

이윽고 우리는 차가운 어둠속에 잠기리라.

잘 가거라, 너무 짧은 우리의 여름 날빛이여!

이 구절은 불국인들 가슴에 깊이 박혀 있다. 지드(André Gide)의 인기소설 《좁은 문》(*La porte étroite*)의 주인공이 탄식하면서 읊조려 마음을 더 흔들었다. 아름다운 여름날의 추억을 간직하고 가을의 쓸쓸함을 이겨내고 겨울의 시련을 견디니, 아 얼마나 가련한가!

추운 겨울에 눈이 펑펑 와서 쌓인 다음 활짝 개이면 새로운 광명세계가 열리는 느낌일 수 있는데, 불국에서는 이런 기적을 기대하지 못한다. 눈과 비가 섞여 오기나 하고 날은 계속 침침하며, 바짝 추워지지도 않는다. 그래도 영국보다는 날씨가 월등하게 좋고, 독일보다도 낫다고 스스로 위안한다. 이태리에는 기가 죽는다는 말은 덮어두고, 그런대로 행복하게 지낸다. 더 먼 나라에는 적극적인 관심을 가지지 않고, 자기네 나라가 제일 좋다고 여긴다.

한국은 장마철이 지나면 거의 날마다 날씨가 청명하고, 가을이 특히 아름답다. 가을을 한 가지로만 노래하지 않는다. 일본에서는 단풍만, 불국에서는 낙엽만 들먹이는데, 한국에서는 가을의 두 모습을 다 나타낸다. 단풍은 가을의 아름다움을 자랑하고, 낙엽은 가을이 쓸쓸한 계절임을 알린다.

한국 한시에는 楓葉·丹楓·落葉이 비슷한 비중으로 등장했다. "楓葉蘆花滿眼愁"(풍엽 갈대꽃 눈에 가득 수심이다)(李崇仁, 〈登樓〉), "黃菊丹楓"(황국 단풍)(安軸, 〈竹溪別曲〉), "落葉埋金井"(낙엽이 금정을 메우다)(陳澕, 〈秋日書懷〉)을 본보기로 들 수 있다. 셋 다 고려시대의 작품이다.

예전 중국 시에서 丹楓은 드물게 쓰고, 落葉은 쓰지 않던 말인데, 둘 다 고려시대 한시에서 이미 애용한 것은 구두어의 수용이라고 하지 않을 수 없다. 楓葉이라고 얼버무려 말하는 것이 마음에 들지 않고, 丹楓과 落葉이 아주 다르다고 일찍부터 분명하게 했다. 날씨가 선명하니 감각도 선명하고 시적 표현의 폭이 넓다.

시조에서도 "楓葉 蘆花(노화)에 울어 예는 저 기럭아"라고 할 때에는 楓葉이라는 말이 쓰였으나, 한문에서 가져온 관용구이다. "丹楓은 반만 붉고 시내는 맑았는데"라고 할 때에는 붉고 맑은 느낌이 생동한다. 그리운 임이 오는지 나가보고는, "저 개야 秋風(추풍) 落葉(낙엽)을 헛되이 짖어서 날 속이느냐"라고 하는 여인의 탄식은 아주 절실하다.

楓葉은 중국의 전례가 있어 조금 쓰다가 버렸다. 楓葉이 오늘날 중국어뿐만 아니라 일본어에도 있는 단어이지만, 우리말에는 없어서 국어사전에 올라 있지 않다. 丹楓과 落葉은 누구나 알고 있어 사용 빈도수가 아주 높은 말이며, 시에서 계속 애용된다.

돌
아
다
니
기

불국·일본·중국 순서로 세 나라 모두 고속열차를 독자적으로 개
발했다. 불국과 일본은 크기가 중간 정도인 나라이다. 철도망이 조밀
하고, 고속철도로 거의 전국이 연결되고, 철도패스가 있어 전국 일주
가 가능하다. 열차가 자주 다녀 여유 있게 이용할 수 있다. 좌석을 예
약하지 않고 열차를 타도 좌석이 있는 것이 예사이다. 중국은 나라가
너무 크고 돌아다니기 쉽지 않다.

고속열차가 다니지 않는 곳에서 느리게 움직이는 기차를 타고 시
골을 둘러보아야 불국이나 일본을 여행하는 진미를 맛볼 수 있다. 불
국의 브르타뉴(Bretagne), 일본의 北海道(홋카이도) 같은 변방이 특히
좋다. 어디를 가도 안전하고, 예상하지 못한 사태 때문에 당황하는 일
은 거의 없다. 시골 사람들은 더욱 친절하다. 몇 마디 말만 할 줄 알아
도 낭패를 보지 않고 도움을 받을 수 있다. 값싼 숙소도 깨끗하다. 시
골로 가면 음식이 더 맛있다.

중국 여행은 어떻게 하면 잘 한다고 말하기 어렵다. 도사라고 자
처하는 사람이 있는가? 대부분의 사람들은 단체관광에 들어가 안내

자가 가자는 대로 명승지를 돌아본다. 그래서 생활을 알고 문화를 체험하는 기회는 거의 없다. 힘들고 위험이 따라도 개별여행을 해야 알 것을 알고 즐길 것을 즐긴다.

중국은 아주 큰 나라여서 가도 가도 끝이 없다. 어떻게 여행을 해야 하는지 계획을 세울 수도 없다. 한국에서 출발하는 단체관광을 하는 것이 예사이지만 한두 번 참가했을 따름이다. 중국 대학에 초청되어 가서 교수나 학생을 동반하고 개별여행을 하는 한 일이 여러 번 있었다. 그런 기회가 없어도 개별여행을 하는 모험을 감행했다.

중국 여행을 하고 싶은 대로 다 하려면 이 세상에 여러 번 태어나야 한다. 가고 싶다고 다 갈 수 있는 것은 아니다. 티베트로 가는 것은 나날이 어려워지고 있다. 新疆(신강)에서도 위구르인들의 독립운동이 일어나고 있어 위험하다고 가지 못하게 한다. 갈 수 있는 곳이라고 한꺼번에 욕심을 내지 말고, 사정을 자세하게 살펴야 한다.

명승지 단체관광을 하고 와서 중국을 안다고 하는 것은 무리이다. 雲南(운남)에 가는 수많은 관광객이 당나라에 맞서 독립을 수호한 위업을 자랑한 南詔(남조)의 德化碑(덕화비)는 보고 오지 않고, 그런 것이 있는지도 모르고 오니 헛걸음을 했다. 관광 안내원이 설명하는 수준을 넘어서 역사나 문화, 생활과 고민을 조금이라도 제대로 알아보고 와야 돈 쓰고 수고한 보람이 있다. 나라가 큰 데 질리지 않고 안목의 깊이를 확보해야 그럴 수 있다.

그런데 중국은 여행하기 불편한 나라여서 중국인들도 단체관광에 들어간다고 한다. 산동대학에 가 있을 때 靑道(청도)에 갔다가 威海(위해)까지의 해안지방을 돌아보기 위해 현지 중국 관광회사 단체관광에 참가한 적이 있다. 중국인들과 같은 버스를 타고 가면서 같은 것을 보아도 생각은 아주 딴판이어서 동상이몽의 극치에 이르렀다. 백제를 침공한 선단이 출발했던 그곳에 백제의 후손이 대거 몰려가 새로운 조선족이 형성되고 있는 것을 보고 역사가 무엇인가 새삼스럽게 심각하게 생각했다.

구경 못지않게 쇼핑을 많이 하라는 것이 모든 나라 관광회사와 다를 바 없으면서, 특기할 사실이 하나 있었다. 한국의류시장이라는 곳에 가서 차를 멈추었다. 내려서 잠시 둘러보니, 물건에 모두 한글 상표를 붙였으며, "와, 싸기"라고 하는 따위의 이상한 말이 보였다. 모두 가짜였다. 그런데 시간 반쯤 뒤에 모든 동승자가 보따리 보따리 들고 들어왔다.

형용사 어간에 "-기"를 붙여 "밝기", "크기"는 말이 되는데, "싸기"는 말이 되지 않는 것을 모르고 써 붙여 물건이 가짜인 것이 탄로나게 했다. 왜 "싸기"는 말이 되지 않는가? 줄곧 의문을 가지다가 고명한 문법학자에게 물어도 시원한 대답을 듣지 못했다. 한국의류시장이라는 곳에서 힘들여 연구해야 할 과제를 제공했다.

중국은 넓다. 고속열차를 이용해 여행 시간이 단축되었어도, 둘러보기가 가능하지 않다. 여러 곳을 다닐 수 있는 철도패스가 없다. 중국 여행이라는 말은 있을 수 없고, 중국 어느 곳을 여행할 따름이다. 열차가 자주 다니지 않고, 표 사기가 어렵다. 열차는 언제나 초만원이다. 이용하려면 상당한 고통을 감수해야 한다.

열차표를 사는 것이 여간 고역이 아니다. 역에 가서 차표 파는 곳에 들어서면 줄이 많고 서서 차례를 기다리는 사람은 너무 많아 기가 질린다. 유리할 것 같은 줄 뒤에 가서 서서 여러 시간 보내야 한다. 차례가 되어가서 숨을 돌리는데, 앞사람들이 줄어들지 않는다. 휴식 시간표를 내걸고 창구를 닫았기 때문이다. 복무원을 위해서는 좋은 제도이지만, 사람이 남아나는 나라인데 교대 근무를 하지 않고 이용자를 불편하게 하는 것은 납득할 수 없다.

기차표를 비행기표처럼 실명으로 사야 한다. 외국인은 여권, 중국인은 신분증을 제시하고 확인 절차를 거쳐야 살 수 있다. 여권을 맡기고 여행사에 부탁할 수도 있으나 수수료를 요구하고, 여행사를 찾아가는 것도 일이다. 중국인 가운데도 신원에 이상이 있으면, 심한 경우에는 출생신고가 되어 있지 않으면 기차표를 살 수 없다. 국민 통제를 철저하게 한다.

외국인은 여권, 중국인은 신분증을 가지고 가지 않으면 숙박업소도 이용할 수 없다. 연변대학에 있는 동안 백두산 구경을 갈 때 여권을 두고 가서 큰 소동이 벌어졌다. 동행한 연변대학 총장과 교수들이 연변대학에 연락해 내 여권 번호를 알아내, 연변대학 출신인 현지 공무원의 특별한 노력이 있어 가까스로 위기를 면했다.

어렵게 표를 사서 고속열차를 타고 보니 중국인들이 달라졌다. 수박씨를 까먹지 않고, 녹차 병을 들고 다니지 않는다. 그러나 모두 바쁜 일로 가는 것 같고 한가한 여행객은 보이지 않는다. 《中國自助游》(중국자조유)라는 책의 신판을 매년 내는 것을 보면 중국인 국내 관광객이 늘어나는 것 같으나, 길에서는 쉽게 찾아볼 수 없다. 그 책은 내용이 소략해 이용하기 불편하다. 지방이나 도시 여행안내서도 더러 있는데 설명이 친절하지 않다.

중국은 개인 여행을 하기 아주 어려운 나라이다. 중국어를 잘해 묻고 다녀도 실수하고 방황할 수 있다. 국제적인 사이트를 이용해 숙소 예약을 하고 가면 예약한 숙소가 없는 경우도 있다. 낭패를 보는 것도 좋은 체험이라고 여기는 모험가라면 중국 곳곳을 돌아다닐 자격이 있다.

중국에서는 택시를 타는 것도 모험이다. 바가지요금을 요구할 것 같고, 엉뚱한 곳에 데려다 줄 것 같다. 이름난 관광회사에서 광고를 하는 차편을 예약하고 기다렸더니 차가 왔다. 운전기사 혼자 가는 것이 아니고, 여성안내원을 태워야 한다면서 상당히 먼 곳까지 갔다. 안심이 되지 않아 요금을 확인하자, 여성안내원이 말했다. 요금은 광고한 액수 그대로이지만, 구경을 하고 돌아오는 길에 쇼핑센터에 들려 500위안 이상의 구매를 해야 한다고 했다. 배보다 배꼽이 더 컸다. 이 무슨 바가지요금이냐? 말도 되지 않는다고 하면서 바로 차에서 내리니 반나절이 지난 뒤였다. 그때까지 차를 탄 요금을 요구하지는 않아 그리 나쁜 사람들은 아니었다. 양쪽 다 손해를 보게 한 책임이 요금에 지나치게 과민한 내게 더 있을 수 있다.

중국에 특별한 불만이 있어 이런 말을 하는 것은 아니다. 관광 사기나 택시 바가지요금은 거의 세계 공통이라는 점을 들어 중국을 특별히 나쁘게 말한 의도는 없다는 것을 밝히기로 한다. 서반아 바르셀로나에서 택시 바가지요금을 따져서 돌려받은 적이 있다. 여행안내서에 체코에서는 아무 택시나 타면 안 된다고 했으며, 현지에서 경험한 것도 있다. 스웨덴 같은 최선진국에서도 택시 이용에 문제가 있으니 조심하라고 한다.

중국과 비교하는 대상은 인도로 하는 것이 어울린다. 인도 뉴델리공항에 도착하면 "pre-paid taxi"라는 것이 있다. 목적지에 따라 미리 돈을 내고 전표를 받아 타는 택시이다. 도시 안에 들어가면 그런 것이 없다. 삼륜차택시나 자전거택시는 흥정을 하고 타면 안심이다. 불편한 점도 있어, 삼륜차택시는 호텔에 들어가지 못하고 손님을 멀찍이서 내려놓아야 한다고 했다. 중국에도 삼륜차택시도 자전거택시도 있다가 거의 다 없어지고, 택시가 고급화하면서 요금이 올랐다. 바가지요금도 따라서 올랐다.

한번은 이런 일이 있었다. 뉴델리역이 너무 넓고 너무 붐벼 정신을 차릴 수 없었다. 가까이 있는 인도인에게 차표를 보이고 "이 차를 타는 곳이 어디냐?" 하고 물으니, "차표가 가짜일지 모르니 가서 알아보자"고 했다. 알아보는 곳으로 자기가 모는 삼륜차택시를 타면 된다고 했다. 멀지 않은 곳에 가서 알아보니 차표에 이상이 없다고 해서, 그 삼륜차택시를 타고 역으로 되돌아갔다. 도깨비에 홀린 것 같았다. 나중에 인도인 교수에게 이 이야기를 하니, 삼륜차를 모는 사람이 몇 푼 되지 않은 왕복 차비 벌이를 하려고 하는 짓이라고 하고, 인도 인도 시골 사람들은 흔히 당한다고 했다. 인도의 도깨비는 많이 불량하지는 않아 친해볼 만하다.

일본 여행은 한국발 단체관광에는 들어가지 않고 개별로만 했다. 일본에는 대학에 초청되어 가고, 학술발표나 강연을 하는 기회가 많았으며, 관광 목적으로도 자주 갔다. 동경대학에 가 있을 때 일본 관광회사 단체여행에 참가해 北海道에 간 적은 있다. 버스를 이용해 구석구석 구경한 것은 좋았으나 쇼핑센터에서 보낸 시간이 아깝고, 좀 잘 먹으려면 돈을 더 내라고 해서 짜증이 났다. 그 외에는 단체관광은 전연 하지 않고 개별여행만 했다. 북해도만 해도 열 번 가까이 다시 가서 자연을 즐기면서 아이누인의 기념품 가게를 찾고, 아이누인의 수난을 안타까워했다.

　동경대학에 한 해 있는 동안 매주 한 번 동경 근처 당일 구경을 하고, 매월 한 번은 멀리까지 갔다. 일본인에게는 가능하지 않은 사치를 누렸다. 일본인은 비싼 교통비를 감당하기 어려워 여행을 자제한다. 가난뱅이는 외국여행을 하고, 부자라야 국내여행을 한다는 말이 있다. 나는 동경대학 교수의 대우를 받고 서울대학 월급도 본봉은 지급되어, 여유가 있었다.

　연구 여행을 위한 출장비를 서울대학에서는 한 번도 받지 못했는데, 동경대학에서는 외국인 객원교수에게도 한 해에 두 번 주었다. 출장비를 보람 있게 써서 연구 여행을 알차게 하기 위해 계획을 잘 세워 실행했다. 봄에는 沖繩(오키나와)에 가서 망한 나라 琉球(류큐) 왕국의 유적을 보고 전쟁에 시달려 희생된 내력을 살폈다. 가을에는 東北(도호쿠) 지방에 가서, 당대에는 물론 오늘날까지도 정당한 평가를 받지 못하고 있는 18세기 철학자 安藤昌益(안도 쇼에키)의 자취를 살폈다. 농민들이 세운 칭송비를 神社(신사)에서 파괴하고, 다시 세운 현장까지 갔다. 두 번의 연구 여행에서 받는 감명이 내 학문을 위해 소중한 자양분이 되었다.

　동경대학에 있을 때 仙臺(센다이)에 있는 동북대학에 가서도 강연을 했다. 강연을 주최하고 나를 초청한 그 대학의 일본인 한국문학 교수는 자기 할머니가 하는 이상한 말이 나중에 알고 보니 아이누어였다고 했다. 다음날 구경을 가자고 하면서 平泉(히라이즈미)라는 곳에 있는 奧州藤原氏歷史物語(오슈후지와라시레키시모노가타리) 전시관으로 갔다. 그 지방 일대를 지배하던 군주가 1189년에 鎌倉幕府(가마쿠라바

쿠후) 침공군에게 패망한 내력을 활극을 벌이는 마네킹으로 재현해놓고 구경꾼을 모으는 곳이었다.

구할 수 있는 자료를 모두 모아 구석구석 자세하게 살피면, 그곳의 군주는 원래 아이누인이었다는 것이 드러난다. 아이누인이 동북지방에 세운 왕조가 일본에 패망한 비극을 흥밋거리로 만들어 돈을 벌다니! 자기 할머니가 아이누어를 하더라고 한 그 교수는 드러내 놓고 무어라고 하지 않으면서, 전해주고 싶은 것이 있어 나를 그곳으로 데리고 갔다. 일본 구경을 하면서 감추어진 내막을 이 정도까지 아는 것은 쉬운 일이 아니다.

일본에는 《てくてく歩き》(터벅터벅 걷기), 《るるぶ樂樂》(구석구석 즐겁게), 《歩く地圖》(걷는 지도) 등의 이름을 붙인 전국 각처 여행안내서 총서가 여럿이다. 볼 것, 먹고 잘 곳에 관한 정보를 모두 다채롭게 갖추고, 알록달록 오막조막하게 꾸민 것이 예뻐 좋은 장난감이 된다. 자세한 지도가 들어 있어 편리하게 이용할 수 있다. 예사 관광객은 이런 책을 들고 다니면서 안내를 받고 쓰여 있는 것을 그대로 믿는다. 《歩く地圖 東北》에 奧州藤原氏歷史物語(오슈후지와라시레키시모노가타리)에 관한 설명이 있으나 역사와 관련된 구경거리라고만 했다.

눈요기라는 말이 일본의 지역 여행 안내서에 꼭 들어맞는다. 구경거리뿐만 아니라 먹을거리도 사진을 잘 찍고 편집을 예쁘게 해서 구미가 동하게 한다. 곳곳에 있는 온천이 큰 매력이다. 불국에서는 온천이 의사의 진단서를 가진 사람을 위한 치료소인데, 일본의 온천은 최상의 휴식과 환락을 제공한다. 엄청난 돈을 내면 전신의 사치를 한껏 누릴 수 있다. 별도로 있는 온천 안내서는 더욱 화려하다. 형편이

안 되면 그림의 떡을 실컷 먹으면 된다.

일본 사람들은 카드를 쓰지 않고 현찰을 애용한다. 숙박료가 고액인 온천 가운데 현찰만 받는 곳이 적지 않다. 호사를 한껏 누리는 기분을 지폐 다발이 더욱 고양시키니 불평할 일은 아니다. 일반 숙박업소에서는 카드가 잘 통하지만, 가게가 문제이다. 한번은 어쩌다 보니 현찰이 조금밖에 없어 큰 곤욕을 치렀다. 은행에 가서 찾으려고 하니, 돈 찾는 곳 규격이 달라 내 카드는 들어가지 않았다. 크고 비싼 가게에서만 카드 사용이 가능해 눈치를 보면서 과소비를 해야 했다.

기차를 타고 가서 시골 역에 도착하면 만화처럼 그린 예쁜 안내판이 서 있어 길을 찾기 쉽게 한다. 그러나 좀 먼 곳은 문제이다. 버스는 하루에 몇 번 있어, 택시를 이용해야 한다. 역에는 으레 택시가 있어 잡기 쉽고 운전기사가 친절하다. 뒷문을 여닫는 것도 기사가 하는 일이다. 다 좋으나 요금이 버겁다. 여기저기 다녀보려면 상당한 지출을 각오해야 한다. 일본의 지폐는 빳빳한 신품이어서 쓰기 더 아깝다. 일본에 한참 있으면 일본인을 닮아 짠돌이가 된다. 짠돌이에게는 과소비를 해야 하는 것이 큰 고통이다.

우리는 어느 시골에도 식당이 있는데, 일본은 그렇지 않다. 좋은 구경을 잘하고는 식당을 찾아 한나절 헤맨 적도 있다. 조그마한 식당이 겨우 하나 있는데 파는 것이라고는 우동이나 '소바'라고 하는 메밀국수뿐이다. 아주 잘 만나면 장국과 생선구이를 곁들인 밥을 먹는다. 가족은 다 어디 가고 없는지, 몸을 겨우 가누는 할머니가 혼자 식당을 하는 곳에 몇 번 들렀다.

일본의 매력은 자연과 문화가 한 자리에 오밀조밀하게 모여 있는 것이다. 자연은 한눈에 즐길 수 있지만, 문화는 볼 수 있는 만큼 보인다. 화려하게 장식되어 있는 표면에 매료되지 말고 그 이면의 내력을 알고, 숨은 진실을 찾아야 한다. 아이누인의 수난, 琉球(류큐) 왕국의 멸망, 安藤昌益의 시련 같은 것들은 일본이 감추려고 하지만 일본이 인류를 위해 진정으로 기여할 수 있는 것을 역설적으로 보여준다.

불국에서는 단체관광을 한 적 없고 개별여행만 했다. 대학에 초청되고, 강연을 하고, 상을 받고 하는 등의 일이 있어 드나들었고, 여행을 위한 여행도 여러 번 했다. 아주 익숙한 곳이 되었다.

불어를 알면 어디서나 환영받는다. 불국인이 친절한가 불친절한가는 사용한 언어에 따라 전연 다르게 평가된다. 불어를 사용했으면 가장 친절하다고, 영어를 사용했으면 가장 불친절하다 한다. 불국인은 마지못해 영어를 쓰면서 기분 나빠 한다.

외국인이 자기 나라 말을 사용하면 좋아하는 것이 당연한데, 나라마다 그런 것은 아니다. 미국 가서 영어를 쓰다가 알아듣지 못하면 상대방이 화를 낸다. 영어가 서툰 사람이 있다는 것을 인정하지 않는다. 독일 가서 독어로 말을 걸면 영어로 대답한다. 수고스럽게 독어를 쓸 것 없다. 나도 영어를 안다고 하는 것이다. 불국에서 불어를 쓰면 반색을 하고 말을 고쳐주기까지 한다.

재미 삼아, 벨기에의 경우를 하나 덧붙이다. 그 나라 북쪽은 화란말을 쓰므로 화란어 대신에 영어로 말하면 잘 통한다. 남쪽은 불어권이어서 불어를 써야 환영을 받는다. 수도 브뤼셀은 두 언어 공용 지역이어서 상대방의 관상을 잘 보고 말을 선택해야 한다. 실수를 하면 퉁명스럽게 나오고, 성공하면 얼굴이 아주 밝아진다.

불국은 여행안내가 훌륭하다. 불어를 알면 읽고 즐기면서 편리하게 이용할 수 있다. 미쉬랭(Michelin) 출판사의 《녹색 안내》(Le Guide Vert), 《적색 안내》(Le Guide Rouge)에 전국 모든 지방, 주요 도시에 관한 것들이 나와 있다. 녹색은 볼 것 안내여서 자주 바뀌지 않고, 적색은 먹고 잘 곳 안내여서 해마다 다시 낸다. 자세한 내용을 갖추고 편집을 품위 있게 해서 장서로 보존하면서 음미할 만하다. 최근에는 《녹색 안내》 한국편, 《적색 안내》 서울편을 내서 화제에 오르고 있다.

미쉬랭 안내서에는 앞에 해당 지역의 지도를 내놓고, 총괄 설명을 하면서 문화사를 중요시한다. 지명을 자모순으로 배열하고, 위치, 명칭, 사람 등에 관한 설명부터 한다. 명칭에서 그 지방 이름의 어원을 설명한다. 어원에 대한 연구와 관심이 놀랍다. 사람에서는 인구를 말하고 그 지방 출신의 명사를 소개한다. 구경할 곳을 지도나 사진을 곁들여 하나씩 소개하는 내용이 충실해 지역 백과사전이라고 할 만하다. 책을 읽고 가서 아는 것만큼 볼 수 있게 한다.

	면적(제곱km)	인구(만명)
북경	16,411	2,170
동경	2,178	1,361
서울	605	991
파리	105	222

이 표를 제시하는 이유는 파리가 얼마나 작은 곳인가를 말하기 위해서이다. 네 나라 수도권은 비슷한 크기이고, 北京市(북경시)만 더 넓은 곳을 포함한다. 東京都(도쿄토)라는 곳은 시가지에 인근 지역까

지 포함한 수도권을 관할하는 행정구역이다. 서울은 원래 四大門(사대문) 안이었는데 지금의 크기로 확대되었다. 파리는 서울의 사대문 안에 해당하는 원래의 경계를 넘어서지 않아 아주 작은 곳이다.

크기보다 더 중요한 것은 교통이다. 북경은 전철 노선이 중심지에 몇 개만 있어 나다니기 어렵고, 그 밖의 지역은 어떻게 가는지 전연 알 수 없어 아득한 외계와 같다. 東京都는 시내 모든 곳을 연결한 전철 몇 가닥이 뻗어 있어 요금을 더 내면 멀리까지 갈 수 있다. 서울 일대는 전철 교통이 아주 잘 발달되어 있고 역 수가 동경보다 많은 것을 자랑할 만하다.

파리는 어떤가? 좁은 면적에 전철 노선이 거미줄처럼 촘촘하게 뻗어 있어 밀도가 으뜸이다. 역 사이의 거리가 무척 가깝다. 파리에서는 길을 잃을 염려가 전연 없다. "Où est le métro?"(지하철이 어디 있나요?) 이 말 한마디만 할 줄 알면 만사형통이다. 발음은 "우 에 르 메트호"이니 한글로 적어놓고 외워서 하면 된다. "r"를 "ㄹ"로 발음하면 알아듣지 못하므로 "ㅎ"으로 기억하는 것이 낫다. 이 말을 듣고 손가락으로 가리키는 곳 100m 이내에 거의 틀림없이 전철역이 있다. 어느 역인지 알고 지도에서 확인하면 지리를 환하게 알 수 있다. 거리명 주소를 건물마다 붙여놓아, 우리 동네에서보다도 길을 더 잘 찾을 수 있다.

파리에는 미술관이고 궁전이고 성당이고 공원이고 볼 것들은 모두 좁은 시내에 있다. 시내 전체가 박물관이라고 할 수 있다. 베르사유 궁전은 시외에 있으나 전철로 바로 연결된다. 그 범위를 벗어난 수도권 다른 지역에는 구경하러 갈 것이 별반 없다.

지방 여행을 해도 자연 경치는 별 것이 없다. 유럽에서 가장 아름다운 해안이라고 떠드는 곳도 늘어서 있는 집이 아름다울 따름이다. 한국에서는 경치가 건물이 허술한 것을 잊게 하는데, 불국에서는 모자라는 경치를 건물이 아름다워 가려준다. 구경이라는 것이 집 구경이고, 거리 구경이고, 사람 구경이다.

교포 학자와 동행해 큰맘 먹고 중부고원지대(Massif central)라는 곳을 헤집고 다닌 적 있다. 설악산 연봉과 같은 경치가 있을까 하는 기대를 했었는데, 전혀 딴판이었다. 1,000m 높이에 밋밋한 길이 나 있고, 제주의 오름 같은 분화구 흔적이 이따금 더 높이 솟아 있을 따름이다. 중심도시 클레르몽-페랑(Clermont-Ferrand)에서 구경한 미술관이 오래 기억에 남는다.

불국 구경은 도시 구경이다. 도시 구경을 하기 편리하게 되어 있다. 기차역이 시가지 중앙에 있고, 그 근처에 미술관이나 성당이나 공원이 있다. 차를 타지 않고 걸어 다니면 된다. 거리 전체가 구경거리여서 걸어야 한다. 차를 타고 지나간다면 헛일이다.

노천카페에 나앉아 있기를 좋아하는 사람들 곁에서 쉬다가 걸으면 더 좋다. 젊은이들은 으레 노점에서 샌드위치를 사서 다리 난간 같은 데 걸터앉아 먹는다. 그 흉내를 내면서 아무 수작이나 나누는 것이 훌륭한 관광이다. 수다쟁이 나라에서는 수다쟁이가 되는 것이 좋다.

일본 사람들은 바쁘고, 중국에는 먼지가 많아, 노천에 앉아 노닥거리는 풍속이 없다. 나그네는 소외감을 느끼고, 잠시 쉴 곳이 없다. 아무데나 기웃거리는 것이 어색하다. 관광지에 가야 안심이다. 관광지와 생활공간이 분리되어 있다. 한국도 일본이나 중국과 그리 다르지 않다. 그런데 불국에서는 관광지가 생활공간이고, 생활공간이 관광지이다. 길가에 나앉아 마시고 먹고 떠드는 것을 좋아하는 사람들

틈에 끼여 함께 어울리면 누가 마을 사람이고 누가 관광객인지 알 수 없게 된다.

한국에서는 공공건물을 멀리 이전해 크게 짓는 것이 유행이다. 한국만이 아니고 일본에서도, 미술관을 인적이 드문 산 밑에 새로 짓는다. 자기 고장 사람도 교통의 불편을 겪도록 하니, 외국인은 더욱 고생이다. 택시를 이용해 어렵게 찾아가야 한다. 구경을 다 하고 돌아갈 때에는 택시가 없어 난감하다. 미술관으로 다시 가서 직원에게 택시를 불러달라고 하는 것이 최상의 해결책이다.

불국에서 택시는 거의 타지 않았다. 짐이 많고 전철을 여러 번 갈아타야 할 때에만 어쩌다가 이용했다. 바가지요금은 없어 안심해도 되고, 차비가 일본보다는 싸다. 한번은 지방 도시에 내려 지도에서 확인한 미술관으로 가는 방향이 헷갈려 택시를 탔다. 운전기사가 목적지 설명을 듣더니, 걸어가면 될 거리에 왜 택시를 타느냐고 하면서 가는 방향을 알려주었다.

불국에서는 있어야 할 것들이 모두 도심지 원래 그 자리에 있다. 대학 건물이 시가지 여기저기 있다. 모든 것이 옛날 그대로이고, 신축 건물이라고는 없다. 낡아도 좁아도 탓하지 않는다. 오래된 지도라도 계속 유용하다. 근대에 이르러서 완성된 역사를 보여주면서 변화가 필요 없다고 한다. 역사는 종점에 이르고, 더 할 일이 없는 것 같다.

겉보기는 그렇고, 불국은 평온한 나라가 아니다. 노동쟁의가 격렬하고, 정치가 요동친다. 소수민족 독립운동이 거세게 일어나고 있는 것이 더 문제이다. 일본의 아이누인은 워낙 소수가 남아 있어 무력하지만, 불국 변방의 여러 소수민족은 독립을 요구하고 있다. 이 글

서두에서 일본의 북해도와 함께 좋은 여행지라고 한 브르타뉴가 그 선두에 선다. 이런 사실을 예사 관광객은 모른다.

브르타뉴를 그곳 사람들은 자기네 말로 브레이즈(Breizh)라고 한다. 생 말로(Saint Malo)라고 하는 경치가 좋고 유래가 오랜 곳에 가서 머물면서 식당에 들렀더니 주인이 아이스크림 위에 블레이즈 국기 조그만 것을 꽂아 가지고 왔다. 미국 성조기와 비슷한데 별 대신 다른 무늬이고, 줄 수가 적다. (인터넷에서 "Breizh"를 치면 그 국기를 볼 수 있다.) 국기인 것을 알아보고, "Vive l'indépendance de la Breizh!(브레이즈 독립 만세!)라고 외치니 주인이 좋아서 어쩔 줄 몰라 했다.

정확한 통계는 모르니 재미삼아 대충 말해보자. 이태리나 서반아 사람들은 3분의 1쯤은 영어를, 3분의 2쯤은 자기네 말과 비슷한 불어를 할 줄 안다. 나머지 3분의 1쯤은 두 말을 다 모르고 자기네 말만 안다. 영어보다는 불어가 더 잘 통하지만, 불어에 대한 감정이 미묘하다. 불어를 말하며 두 나라를 돌아다니니 기묘한 사건이 벌어지곤 했다.

한국에 유학 온 이태리 학생과 주고받은 말을 먼저 소개한다.

"이태리에서 영어를 할 줄 아는 사람은 모두 사기꾼이다."

"그럼 그대도 사기꾼이냐?"

"물론 나도 사기꾼이지."

영어를 할 줄 아는 사람이 모두 사기꾼인지는 확인할 수 없지만, 메뉴를 영어로 써서 밖에 내건 식당에는 들어가지 않는 것이 좋다. 음식의 품질이나 가격이 의심스럽기 때문이다. 뒷골목으로 들어가 영어 메뉴가 없고 영어가 통하지 않는 식당을 찾아가면 진짜 이태리음식을 먹을 수 있다.

불어마저 통하지 않으면 더 좋다. 이태리 어느 소도시에 가서 하나뿐인 작은 호텔의 하나뿐인 손님이 된 적 있다. 주인이 친구와 저녁을 드는 자리 맞은편에서 나도 식사를 하는데, 주인이 말을 걸었다. 주인이 하는 이태리어를 주인 친구가 불어로 통역했다. 내가 불어로 하는 말은 이태리어로 통역했다. 주인은 순수한 이태리인이고, 주인 친구는 반쯤 순수한 이태리인이었다. 영어는 오고가지 않았으니 사기꾼은 없었다.

주인은 내가 불어를 하는 것이 못마땅해 시비했다.

"너는 어째서 이태리어는 할 줄 모르고 불어만 하는가? 인도차이나에서 왔나?"

인도차이나는 불국의 식민지 통치를 받아 얕잡아볼 만했다.

"아니, 나는 한국에서 왔다."

"한국 사람이 어째서 불어를 하는가?"

세상 사람들이 이태리는 알아주지 않고 불국만 알아주는 불만을 토로하는 쪽으로 방향을 돌렸다. 내가 졸지에 세상 사람들의 대표가 되었다.

"불국은 여자들이 모두 못난이다."

이 한마디로 결정타를 안기더니, 조금 가벼운 공격으로 뒤를 이었다.

"바게트라는 것도 빵이라고 옆구리에 끼고 다니기나 한다."

바게트를 옆구리에 끼고 뒤뚱뒤뚱 걷는 시늉을 하면서 실내를 왔다 갔다 했다.

"불국 포도주는 형편없고, 이태리 포도주가 맛있다. 맛을 보아라."

이렇게 말하면서 내 잔에 계속 포도주를 부어 주었다. 이태리 포도주가 더 맛이 있다고 항복하고서야 술 폭탄에서 가까스로 벗어났다. 대표자를 앞에 놓고 세상 사람들의 편견을 모두 시정한 듯이 여기고 기분이 좋아 술값은 받지 않았다.

이번에는 서반아 차례이다. 마드리드의 가장 큰 역, 우리 서울역 같은 곳 국제선 안내 창구에 가서 "너 영어 하는가?" 영어로 묻고 "너 불어 하는가?" 불어로 물었더니, 화를 버럭 내면서 "에스파뇰!"이라고 했다. "서반아어"라는 말이고, 적으면 "Español"이다. "서반아어도 하지 못하면서 왜 와서 껍죽거리는가!"라고 하는 말을 그 한마디로 나타냈다.

불국 사람이 마지못해 영어를 쓰면서 기분 나빠 하듯이, 서반아 사람은 마지못해 불어를 쓰면서 기분 나빠 한다. 불국에 대해 깊은 반감이 있기 때문이다. 나폴레옹은 "피레네 산맥만 넘으면 아프리카다." 이런 말로 모욕을 주고는, 피레네 산맥을 넘어가 서반아를 침공했다. 저항하는 서반아인들을 처형하는 장면을 화가 고야가 그려 생생한 증언 남겼다.

이런 역사가 있는 것을 모르는 바는 아니지만, 마드리드 서울역의 국제선 안내 창구에 앉아 있는 녀석이 "Español"이라고 외친 것은 심하다. 자기 직분이 무엇인지 모르고 서반아 사람의 본색을 드러냈다. 그렇게 외치고는 문을 닫거나 외면한 것은 아니다. 물을 것을 불어로 물으니, 대답할 것을 불어로 대답했다. 기분이 나빠도 할 일은 했다.

서반아어는 불어와 비슷해 짐작해 알아내기도 했다. 점심 먹으려고 식당에 들어가니 종업원이 나를 밀쳐내면서 "우나 오라, 우나 오라"라고 했다. "una hora"라는 말이었다. 불어의 "une heure"와 흡사해 "한 시"라는 것을 알았다. 식당을 한 시에 여는데 왜 벌써 들어왔느냐 하면서 밀어냈다. 손짓 언어로 의자에 앉아 기다리겠다고 해서 허락을 받았다.

서반아어는 몇 마디만 알아 말을 이을 수 없었다. 불어를 사용해 볼일은 그럭저럭 볼 수 있으나 미안한 생각이 들었다. 서반아어는 모르고 불어는 알아 죄를 지은 것 같기도 했다. 서반아어를 공부하고 왔으면 얼마나 떳떳했겠나. 서반아어는 불어보다도 사용 지역이 더 넓고 사용자가 더 많은 세계어이다. 그 영역이 영어보다도 더 넓다. 서반아어를 모르고 세상을 안다는 것은 거짓말이다. 세계문학을 논한 것이 모두 헛것이다. 이런 생각을 절실하게 했다.

바르셀로나에 가니 아주 딴판이었다. 바르셀로나 일대는 서반아어로 'Cataluña'라고 하고 자기네 말로는 'Catalunya'라고 하는 카탈로니아어를 쓰는 지역이다. 언어뿐만 아니라 사람, 역사도 다르다. 서반아가 아랍인의 지배를 받을 때 카탈로니아는 독립을 유지한 것을 무척 자랑스럽게 여긴다. 서반아가 팽창해 카탈로니아를 집어삼킨 것을 원통하게 여기고 독립운동을 계속하고 있다.

서반아가 허용하지 않고 방해해도, 독립을 위해 주민투표를 한다는 소식이다. 2017년 10월 1일 현재 투표자의 90%가 독립을 찬성하는 것으로 판명되었다고 한다. 2017년 10월 16일 현재 서반아 정부와 카탈로니아 자치정부가 대치하고, 카탈로니아에서는 독립 찬반 세력이 충돌했다. 11월 7일 현재 독립이 일단 좌절된 것 같으나, 문제가 해결되지 않고 더욱 심각해졌다.

카탈로니아어는 불어와 가까운 관계이다. 카탈로니아 사람들은 서반아에 대한 반감 때문에 서반아어를 좋아하지 않고, 불어에 대해서는 거의 무한한 친근감을 가지고 있다. 바르셀로나에 가서 불어를 쓰면 아주 좋아한다. 서반아어를 아는 체하고 쓰면 반감을 자극해 냉대를 받을 터이니 조심해야 한다. 차라리 영어를 쓰는 편이 나을 것이다.

한번은 이런 일이 있었다. 바르셀로나 어느 동네 광장에 가서 길을 물었다. 이 사람 저 사람 와글와글 떠들어 종잡을 수 없었다. 불어로 묻는 말에 불어로 대답하고 싶어서 몰라도 아는 척하고 말하는 것 같았다. 서점 주인이 보다 못해, 지도를 들고 나와 내가 찾는 곳을 표시해주었다. 지도 값을 내려고 하니 그냥 가지라고 했다. 그게 다가 아니었다. 그 다음에 나타난 사람은 자기 차에 타면 데려다 주겠다고 했다. 고맙다고 하면서 차를 타고 가서 사례를 하려고 하니 사양했다. 세계 어디서도 두 번 경험할 수 없는 이처럼 지극한 친절을 베푼 이유는 단 하나이다. 자기네 말과 비슷한 불어를 쓰는 것이 너무나도 반갑기 때문이었다.

오랜 투쟁의 결과 지금 카탈로니아어가 서반아어와 함께 이중의 공용어가 되었다. 모든 안내 표시에 두 말이, 카탈로니아어가 위에, 서반아어가 아래에 적혀 있다. 서반아에서 독립하고 카탈로니아어만 공용어로 쓰는 것이 카탈로니아 사람들의 강렬한 소망이다. 그러나 서반아 중앙정부가 허용하지 않고, 서반아어를 사용하는 사람들이 야금야금 들어와 독립하기 어렵게 만든다. 카탈로니아어는 서반아와 불국 사이에 있는 작은 나라 안도라에서나 공용어로 쓴다.

국경을 넘어 불국으로 카탈로니아어를 쓰는 사람들이 있다. 서반아·안도라·불국의 카타로나아인이 단결해 한 나라를 이루면 좋을 것인데, 서반아가 허용하지 않고, 불국은 더욱 완강하게 반대한다. 'Catalan'이라고 일컬어지는, 불국의 카탈로니아어는 서반아에서보다 더욱 심한 곤경을 겪고 있다. 불어의 공격 때문에 빈사상태에 있다.

불국의 한국어학 전공 학자 파브르(André Fabre)라는 분이 불어가 카탈로니아어를 괴롭히는 것이 일제의 침략으로 한국어가 겪은 고난과 흡사하다는 논문을 쓴 적 있다. 이분은 카탈로니아인이다. 파리에서 교수 생활을 마치고 정년퇴임하자 카탈로니아어를 쓰는 자기 고장으로 돌아가 은거했다. 은거가 간접적인 항변이다. 소식을 알리지 않아 아직 생존하고 있는지조차 모른다.

바르셀로나 일대의 카탈로니아인들은 서반아어에 대한 반감 때문에 카탈로니아어와 비슷한 불어에 대해서 거의 무한한 친근감을 가진다고 했다. 그런데 불국의 카탈로니아인들은 카탈로니아어를 빈사상태에 빠트리는 불어를 원수로 여긴다. 앞뒤가 맞지 않는 것 같지만, 둘 다 당연하다. 언어는 생활에 필요한 도구 이상의 것이다. 주체성의 표상이고 자부심의 근거이다.

돌아다니면서 사람들의 옷차림을 구경하는 것도 흥미롭다. 사람 구경이 큰 구경이고, 사람 구경에는 옷차림이 상당한 비중을 차지한다. 가게에 걸어놓고 파는 옷도 좋은 구경거리이다. 중국·일본·불국에서 선호하는 옷이 서로 많이 달라 더욱 흥미롭다. 하나하나 눈여겨보면 할 말이 많다.

먼저 중국은 어떤가 보자. 중국 사람들은 옷을 아무렇게나 입는다. 군인, 경찰, 철도원 등 제복을 입은 사람들을 제외한 일반인은 무엇이든지 걸치면 옷이다. 걸치지 않아도 된다. 여름이면 웃통을 벗고 다니는 사람이 많이 있다. 대학 교수가 출근할 때에도 반바지 차림이다.

이 점에서 중국은 자유가 넘치는 나라이다. 다른 데서는 구속을 받으니 옷 입기에서는 최대의 자유를 누려야 숨통이 터지고 균형이 맞다. 일본 사람은 자유롭지 못하게 살면서 옷도 마음대로 입지도 못하는 것이 새삼스럽게 가련해진다.

요즈음은 중국인의 옷이 많이 좋아졌다. 어느 정도 깨끗해지고 다소 품격이 있다. 그러나 어떤 옷을 입어야 하는지 생각하지는 않는 것 같다. 개개인이 자기 옷을 고르려고 고민하지도 않는 것 같다. 마음 편하게 사는 것이 부럽다고 할 것인가?

중국인도 해외여행을 많이 하는 시대가 되었다. 유럽 어느 도시에서도 중국인들을 만난다. 중국인을 만나지는 않고 중국인들 집단을 만난다. 중국인들은 얼굴을 식별하기에는 아직 거리가 멀어도 표가 난다. 옷을 각기 다르게 입은 방식이 비슷하기 때문이다. 남녀노소 누구든지 아무 옷이나 되는 대로 걸쳤다고 하면 실례가 되지만, 더 적절한 표현을 찾지 못하니 용서해주기 바란다.

해외여행을 하면서 많은 돈을 쓰면서 옷은 거들떠보지 않는 것은 무슨 까닭인가? 자기네 취향대로 옷을 사서 돈 쓴 보람이 나타나지 않게 하는 것인가? 옷의 구속에서 벗어나도록 하는 해방군이라고 할까? 지나가는 사람의 옷 구경을 하는 즐거움을 박탈하는 방해꾼이라고 할까?

일본인은 옛날에 화려한 옷을 좋아했다. 기모노의 색깔을 보면 감탄이 절로 나온다. 그런데 근대에 이르러 군국주의자들이 정권을 잡고 취향을 개조했다. 국민을 훈련시켜 전쟁에 내몰려고 제복을 입도록 했다. 학생들에게 교복을 입혔다. 남학생 교복은 유럽의 육군 제복으로 하고, 여학생 옷이 달라야 하므로 유럽의 해군 제복을 선택했다.

여학생 교복은 '세라'라고 하는데 이 말은 'sailer'에서 유래했다. 해군 수병의 제복을 가져온 유래가 그 이름에 있다. 목 뒤에 사각형으로 늘어뜨린 헝겊은 원래 바다 바람이 셀 때 귀 언저리를 가려 다른 사람이 하는 말이 들리도록 하는 것인데, 여학생 교복에서는 단순한 장식이 되었다.

일본에서는 초등학생에게도 교복을 입힌다. 아주 추운 겨울에도 짧은 바지를 교복으로 입는 초등학생들을 볼 수 있다. 어릴 때부터 맹훈련을 시켜 독종을 만들자는 것이다. 그 모습을 보면 섬뜩한 생각이 들어, 일본 사람들과 잘 지내야 하겠다는 다짐이 흔들린다.

일본의 예사 사람들도 제복을 선호한다. 남들과 다르게 입어 눈에 뜨이는 것을 싫어한다. 색깔은 검정을 좋아하고, 밝은 것은 멀리한다. 겨울이면 남자 40대까지는 얇은 천의 코트를, 50대 이상은 두터운 외투를 일제히 입는다. 나이가 든 여자들만 무슬림이 히잡을 쓰듯이 모두 둥근 모자를 쓴다. 젊은 여자나 남자는 모자를 쓰지 않는다.

옷을 파는 백화점에 가보면, 중국 옷, 한국 옷, 일본 옷, 이태리 옷이 한 층씩 차지하고 있다. 한 층씩 올라갈 때마다 옷 가격에 0이 하나 더 붙는 것 같다. 그런데도 색조는 다르지 않다. 싼 옷인지 비싼 옷인지 모르는 사람이 멀리서 보면 표가 나지 않는다.

일본의 부자는 부자라고 자랑하고 다니지 않고, 위화감 조성을 경계하니 훌륭하다고 할 수 있는 것 같지만, 내막은 그렇지 않다. 제조업에서 수많은 노동자가 수고해 벌어들인 돈을 이태리나 불국의 문화상품을 고가로 수입하는 데 드러나지 않게 쓴다. 고가인 것이 상품 값이 아니고 상표 값이다. 일본의 부자는 돈이 남아돌아 상표 값을 올린다.

일본에 가져가 파는 이태리나 불국의 옷은 일본인이 선호하는 검정색이 많다. 상당한 노력을 해서 별도로 만들었어도, 일본인의 체형과 잘 맞지 않는다. 신체의 치수나 비례가 예상 이상으로 다르기 때문이다. 많은 돈을 지불한 대가로, 남의 것을 잠시 빌린 듯한 옷을 입고 허영 만족을 은밀하게 하니 가련하다고 하지 않을 수 없다.

일본인의 체형에 맞는 옷을 잘 만들고 적절한 가격에 팔아 다수의 일본인이 애써 일하면서 돈을 버는 보람이 있게 하면 좋지 않을까? 이에 관해 나중에 다시 말하기로 한다.

불국 사람들은 옷을 각기 자기 좋은 대로 입는다. 일본에서 볼 수 있는 것 같은 정해진 기준은 없다. 중국인처럼 아무 옷이나 입는 것은 아니다. 각자 자기 나름대로 좋은 옷을 골라 입는다. 각인각색 이외의 다른 공통점은 없다.

불국 파리는 유행의 본산지라고 한다. 이 말은 외국인을 현혹시켜 돈을 벌자는 것이고, 자국민에게는 해당되지 않는 것 같다. 샹젤리제 거리를 거닐면서 불국 사람들은 누구나 그 거리 가게의 마네킹이 입은 것 같은 옷을 입는다고 생각하면 파리에 갓 도착한 촌놈이다. 마네킹을 보지 않고 걸어 다니는 사람들을 보면 무어라고 해야 할지 할 말이 떠오르지 않는다. 불국인에게는 각자 자기 유행이 있을 따름이다.

국제적으로 이름난 유명 상표는 수출용이고 불국인이 즐겨 입는 옷은 아닌 것 같다. 이름 없는 상표로 아무 가게에서 파는 다소 저렴한 옷이라도 각기 그 나름대로의 멋이 있다. 불국인이 입는 옷에 관한 구체적인 설명은 어떻게 해도 많이 모자라니 생략하는 것이 현명하다.

보라는 듯이 옷을 잘 입는 사람들은 할머니이다. 할머니들이 화장을 짙게 하고 화려한 옷차림으로 버스에 오른다. 다리가 불편해 지하철은 이용하지 못해 버스를 타고 부지런히 외출하면서 여생을 즐긴다. 고급 식당에서 별난 음식을 시켜 먹는 요리에 "biftect tartare"(야만인 비프스테이크)라고 하는 생고기 육회도 있다.

한국인의 옷차림은 어떤가? 지하철을 타고 앉아 건너편 일곱 좌석에 앉은 사람들의 옷차림을 본다. 남자든 여자든 각기 다 다른 옷을 입었으면, "합격이구나"라고 마음속으로 말한다. 각기 자기 나름대로 맞는 옷을 입고 개성이 돋보이게 하는 것이 일본과 다르고 불국과 비슷하다.

비싼 옷을 남들이 입는 것을 보고 따라 입지 않고, 값은 고하간에 자기에게 맞는 옷을 선택하는 것도 천부인권의 하나이고, 행복의 조건이다. 위에서 말했다. 일본인의 체형에 맞는 옷을 잘 만들고 적절한 가격에 팔아 다수의 일본인이 애써 일하면서 돈을 버는 보람이 있게 하면 좋지 않을까? 해답은 그 일을 한국에서 맡아야 한다는 것이다.

한국이 일방적으로 이익을 보자는 것이 아니다. 한국은 아직 만들지 못하는 정밀한 기계류를 일본에서 계속 사오는 대가로, 일본인의 체형에 맞고 아름다운 옷을 한국에서 잘 만들어 팔면 피차 도움이 되고, 무역 수지가 균형을 이룬다. 장기가 서로 달라 상대방이 필요로 해야 영원한 화합을 이룰 수 있다.

일본에서 하듯이 학생들에게 교복을 입혀 미감을 죽이면 우리가 해야 할 일을 할 수 없다. 미감을 죽이는 것은 동반자살이다. 미감을 죽이는 동반자살을 하면 우리 국민이 불행해질 뿐만 아니라 일본인을 도와줄 수 없다. 심각하게 심각해야 할 일이다.

일본인이 불국이나 이태리 옷을 사다 입는 것은 체형에 맞지 않고 기호의 차이가 커서 비정상이다. 값이 터무니없이 비싸 우롱당하고 있다. 그쪽에서 일본 제품을 고정적으로 구매해가지도 않는다. 비정상이 정상이게 하고, 우롱당하지 않게 하려면 한국에서 도움을 주어야 한다.

먹
으
려
면

    일본은 자동판매기의 나라이다. 자동판매기로 살 수 있는 것이 아주 많아 말을 하지 않고서도 여행을 할 수 있다. 일본인들은 대면하는 것을 부담스럽게 여긴다. 지하철에서 책을 열심히 보는 것은 다른 사람과 시선이 마주치지 않으려고 하기 때문이라는 말이 그럴 듯하다. 자동장치를 이용해 하는 파친코 놀음을 좋아한다.

    중국과 불국에서는 자동판매기를 찾아보기 어려워 말을 알아야 견딜 수 있다. 중국에는 인력이 너무 많아 자동판매기를 설치하는 것이 적합하지 않다. 열차 운행에 종사하는 사람, 공원이나 유원지 근무자, 식당 종업원 등, 어디서 무엇을 하는 사람이라도 너무 많다. 북경 천안문 광장 동편의 거대한 호텔 北京飯店(북경반점)의 식당 입구에서 손님이 오면 절을 하면서 맞이하는 여종업원이 서넛 된다.

    불국인들은 만나서 이야기하는 것을 좋아하는 수다쟁이여서 자동판매기 설치를 바라지 않는다. 가게 주인과 물건 사는 사람은 많은 수작을 한다. 열차 승차권을 파는 사람과 사는 사람이 끝없이 이야기를 해도 나무라지 않고 뒤에서 기다리는 나라이다.

중국이나 불국은 음식의 나라이다. 음식을 신앙으로 삼는 나라라고 하는 것이 더 적합한 표현이다. 조리사들이 비밀로 삼는 과정을 거치고, 공개하지 않는 양념을 쳐서 별난 요리를 창작하는 것을 자랑으로 삼는다. 음식마다 유래 설명이 한 보따리여서, 힘들여 공부하지 않고서는 식도락 근처에 가지 못한다.

중국인은 여럿이 둘러앉아 함께 식사를 하는 것을 좋아한다. 菜譜(채보)라고 하는 메뉴에 적힌 음식이 거의 다 여럿이 함께 먹어야 하는 요리이다. 여덟 사람 정도가 요리 몇 개를 주문해 나누어 먹는 것이 제격이다. 대학에서 강연을 하면 저녁 초대가 있다. 학과 교수들이 가족을 모두 대동하고 와서 음식을 산더미같이 시켜 놓고 먹고 또 먹는다. 공금을 쓰니 돈 걱정은 없다. 음식 남는 것도 걱정할 필요가 없다. 남은 음식을 다 싸가지고 간다. 두 끼쯤은 두고 먹을 분량이다.

北京論壇(북경논단, Beijing Forum)이라는 거대한 학술회의에 발표자로 초청되어 가서 인민대회당에서 식사를 했다. 밥 먹는 것 외에는 일이 없는데 검색을 요란하게 했다. 복도에 사람 키보다 큰 도자기가 군인들처럼 줄을 서서 기를 죽였다. 식당의 크기, 좌석에 앉아 먹는 사람들, 나오는 요리의 가지 수가 입이 딱 벌어지고 다물지 못하게 했다. 중국이 큰 나라인 줄 모른다고 여기고 확실하게 알려주는 것 같았다. 미국은 저리 가라고 점잖게 이르는 것 같았다. 그러나 크기가 다는 아니다. 한 자리에 같이 앉아 먹는 미국인들은 서비스가 불친절하고, 음식이 거칠고, 과일을 통째 내놓았다고 줄곧 구시렁거렸다.

혼자 식사를 하려면 길가 노점에서 국수나 먹어야 한다. 국수가 싫고 제대로 먹으려고 식당에 들어가면 난감하다. 혼자 밥을 먹는 것은 인정할 수 없는 반칙이어서 배려가 전연 없다. 일인분 음식은 밥뿐이다. 반찬은 모두 여럿이 먹는 요리이다. 요리 하나와 밥 한 그릇을 시킬 수밖에 없다. 밥이 넘어가지 않고 요리는 남는다.

중국에서는 네 발 달린 것은 책상을 빼고 다 요리 재료로 쓴다고 한다. 이름난 식당은 어마어마한 크기이다. 요리 가지 수가 너무 많고, 시키기도 많이 시킨다. 최고임을 자랑하는 북경 오리집에 가서, 초대한 한국 제자가 요리를 너무 많이 시켜 나중에 나온 오리 구이는 겨우 맛을 조금 보기나 했다. 西太后(서태후)가 즐겨 들었다는 만두를 西安(서안)에서 먹었는데, 맛이 있으면서 양이 많아 이중으로 질리게 했다.

일본인은 혼자 있어야 마음이 편하다. 여럿이 함께 식사를 해도 개개인의 먹을 것을 따로 차려주어 혼자 먹게 한다. 전통 茶室(다실)은 한 사람이 겨우 들어갈 크기이다. 오늘날에는 작은 공간에서 혼자 식사를 하는 곳들이 있다. 자동판매기에서 식권을 사서 좌석 앞 구멍에 넣으면 밥이 나와 식당 종업원과 대면하지 않고, 가리는 판이 있어 옆 사람을 의식하지 않고 식사하는 곳이 흔하다.

일본인은 별다른 가공을 하지 않고 식재료를 그냥 먹는 것을 선호한다. 음식 가지 수가 많을 수 없다. 생선회나 생선초밥이 최고의 음식이다. 간장이나 설탕을 이용할 따름이고 양념이라고 할 것이 별반 없다. 유래를 자랑하는 음식은 별것 아닌데도 여러 시간 줄을 서서 기다렸다가 먹는다. 생선초밥의 가격은 생선을 가져온 거리에 반비례한다.

일본음식은 비쌀수록 양이 적다. 실내 장식이 깔끔한 다다미방에서 전통 복장 기모노를 입은 여종업원이 꿇어 엎드려 바치는 생선초

밥은 양이 적고 값은 비싼 양면에서 상상을 초월한다. 동경의 불국 식당에서 내놓는 불국 요리는 본국의 절반도 되지 않은 분량이어서 일본인 고객들이 과연 고급이구나 하고 감탄하면서 들도록 한다. 불국을 동경하는 마음이 더 커지게 한다.

대학에 나가 있다가 점심에 근처 식당에서 메밀소바를 하나 먹고 저녁까지 견디면 극기의 극치이다. 당뇨병 진단을 받고 살을 빼기 시작하는 지난한 고행을 일본 덕분에, 일본음식에 힘입어 해냈으니 두고두고 깊이 감사하고, 은혜를 길이길이 기억해야 한다. 그 시기에 중국에 가 있었다면 큰일 날 뻔했다.

일본인들은 점심을 적게 먹고 저녁까지 견디지 않는다. 대학 연구실별로 둘러앉아 오후 4시에 티타임을 가지고, 抹茶(마차)를 마시면서 아주 단 和菓子(와가시)를 먹는다. 그 과자의 가격과 열량이 점심 식사의 몇 갑절이나 된다. 공금으로 구입하니 가격은 문제될 것이 없으나, 과자에서 모자라는 열량 취하는 것은 일종의 자기기만이다. 나는 차만 마시고 과자는 먹지 않으면서 견디는 엄청난 용맹을 다른 누구도 알아줄 것 같지 않아 내 자신에게 자랑했다.

일본 대학의 티타임은 영국 대학에서 수입해서 개조했다. 영국의 대학에서 경험한 영국 티타임과 오후 4시에 모여서 차를 마신다는 것만 같고 다른 것은 모두 다르다. 모이는 사람이 영국에서는 대학에서 가르치는 사람들 전부이고, 일본에서는 한 연구실 소속 몇 명이다. 영국인들은 서서 돌아다니면서 말을 많이 하고, 일본인들은 정해진 자리에 조용히 마주 앉는다. 홍차와 말차는 그리 다르지 않으나, 영국의 쿠키는 일본의 과자처럼 달지 않다.

일본인도 많은 음식을 앞에 놓고 실컷 먹는 것을 간절하게 바란다. 한국인이라는 말을 듣고 택시 운전수가 한국 여행을 할 때 "많이, 많이 먹었다"고 흥분된 어조로 자랑하고 또 자랑했다. 일본에서 출간한 한국 여행 안내서를 보니, 처음부터 끝까지 먹을 것 소개이다. 일본인의 허기를 달래주기 위해 우리는 음식을 더욱 열심히 잘 만들어야 한다.

일본의 온천은 먹으러 가는 곳이기도 하다. 온천에 몸을 담그고 나와서 호화판 식사를 하는 것이 최고의 사치이고 영광이다. 괜찮은 온천장에서 두 사람이 1박 2식을 하는 값이 한국 돈 60만 원이나 된다. 카드는 안 되고 현찰로 내야 하는 것이 예사이다. 빳빳한 현찰을 듬뿍 지불하는 아쉬움이 저녁 먹는 시간에 상쇄된다.

음식은 비쌀수록 양이 적다는 원리가 온천 만찬에서는 사라진다. 규제가 풀린 해방구에 들어서서 자유를 마음껏 누린다. 종업원이 방에 가지고 와서 정성을 다해 차리는 밥상이 너무나도 찬란해 감탄하지 않을 수 없다. 두 사람 앞에 각각 모양과 색깔이 다른 그릇 십여 개씩 놓고, 담아 놓은 갖가지 음식이 예쁘고 사랑스러워 손대기 아깝다. 눈의 즐거움을 입은 따르지 못해도 불평이 있을 수 없다.

불국 사람들은 길거리에 앉아 있는 것을 좋아한다. 종업원 수고를 더 시킨다는 이유에서 돈을 더 내고 노천카페에 앉아, 진한 커피를 마시면서 오랜 시간 수다를 떤다. 노천카페에 난방장치가 있어 겨울이면 튼다. 에너지 낭비를 아무도 탓하지 않는다. 간단한 식사는 카페에서 하고, 제대로 먹을 때에는 식당을 예약한다.

불국에서는 새로운 요리를 발명하면 새로운 별을 발견하는 것보다 인류를 더 행복하게 한다고 한다. 요리사는 예술가 대접을 받는다.

불국 대혁명 전부터 있었다는 식당에 초대되어 가서 식사를 하고 메뉴판을 하나 가져가도 되느냐고 하니, 주방장의 사인이 있어야 한다면서 받아왔다. 주방장 사인이 있는 그 식당 메뉴는 가보로 삼을 만하다고 했다. 그러나 한국에서는 알아줄 사람이 없으니 누구에게 자랑하겠는가? 어디 두었는지 몰라 찾지도 못한다.

아주 유명한 식당은 석 달 전에 예약을 해야 한다. 파리의 미식식당 안내서를 사도 써먹지는 못해 공연한 낭비를 했다. 그 책에 올라 있는 식당은 오래전에 예약을 해야 이용할 수 있기 때문이다. 그런 줄 모르고 갔다가 주위의 다른 식당 추천을 받았으니 책값 몇백 분의 일은 건진 셈이다.

불국인은 점심 식사를 제일 중요하게 여긴다. 예약한 식당으로 가서 정해주는 자리에 앉고서, 전식·본식·후식이 갖추어진 정식을 골라 시키고, 좋아하는 포도주를 찾아 가져오라고 하는 데 반 시간 가까이 보낸다. 장광설을 주고받으면서 천천히 먹고 마시느라고 한 시간 이상을 더 보낸다. 식당은 음식이 늦게 나올수록, 손님은 오래 먹고 마실수록 격이 높다. 식사 시간이 최소한 한 시간 반이다.

먹는 일보다 더 중요하고 즐거운 것은 없다는 신념을 분명하게 하고 산다. 다른 신념은 모두 우습게 여기고 자주 바꾸지만 이것만은 불변이다. 불국의 철인 볼테르는 "사람은 행복할 권리가 있다"고 가르쳐 지하 국립묘지 맨 중앙에 안치되어 있다. 행복을 누리는 데 식도락만한 것이 없다.

음식 이야기를 아무 것이나 하고 말 수는 없다. 우리의 한정식 같은 것이 중국·일본·불국에도 있어 정식으로 비교해 고찰해야 한다.

한정식도 곁들여 거론할 필요가 있다.

중국 것은 '正餐'(정찬)이라고 한다. 본격적으로 차린 식사라는 뜻이다. 잘 차리고 잘 먹으니 기대를 하라고 한다. '正餐'이 각국 음식에 두루 쓰이는 일반적인 용어라고 여기고 '中式正餐'이라는 말을 쓰기도 한다. 그 내역이 지방에 따라 달라 "粤菜、川菜、鲁菜、淮扬菜、浙菜、闽菜、湘菜、徽菜"를 '八大菜系'라고 하고, 그밖에 "东北菜、冀菜、豫菜、鄂菜、本帮菜、客家菜、赣菜、京菜、清真菜"등도 있다고 한다. 읽고 풀이하자면 말이 너무 길어지므로 눈으로 구경만 하라고 내놓는다. 여기서는 지방에 따른 차이는 살피지 않고, 중국의 '正餐'이 다른 나라의 것들과 구별되는 대체적인 특징만 다룬다.

'滿漢全席'(만한전석)이라고 해서 만주족과 한족의 음식을 모두 차리는 최대 규모의 화려한 식사도 있다. 차리는 음식이 모두 합쳐 320종이나 된다고 한다. 이것은 청나라 황실용이고 일반인의 식사는 아니었으며, 지금은 특별한 경우에만 재현한다. 여기서 고찰하는 데 포함시키지 않는다.

일본 것은 '會席料理'(가이세키료리)라고 한다. 여럿이 모여 앉아 먹는 음식이라는 뜻이다. 공동의 식사라는 점을 강조한다. 발음이 같은 '懷石料理'라는 것도 있다. 원래 차 마시는 모임을 개최할 때 주인이 손님에게 대접하는 요리인데, 지금은 '會席料理'와 다름이 없고, 두 말이 혼용된다.

불국 것은 'table d'hôte'(주인의 식탁)라고 한다. 주인이 손님에게 한턱내는 상차림이라는 뜻이다. 지금은 이 말로 식당 음식을 지칭한다. 'table gastronomique'(식도락 식당)이라고 하는 것은 뜻이 더욱 분명한데 정식의 용어가 아니다.

비교를 하는 기준은 넷이다. 같은 것을 함께 먹는가, 각자 다른 것을 먹는가에 따라 [공동과 개별]이 나누어진다. 상차림 내역이 대체로 일정한가, 많이 달라지는가에 따라 [고정과 변화]가 나누어진다. 음식을 한꺼번에 차려 놓는가, 차례대로 내놓는가에 따라 [공간과 시간]이 나누어진다. 국을 본식과 함께 먹는가, 별도로 먹는가에 따라 [함께와 별도]가 나누어진다. 술을 언제 마시는가도 살펴야 하는데, 술은 국과 교대를 하므로 이 조항에 포함시켜 다룰 수 있다.

[공동과 개별], [고정과 변화], [공간과 시간], [함께와 별도]를 기준으로 해서 각국의 정식을 비교해 고찰하니 체계를 잡아 논문을 쓰는 것 같다. 많은 현상을 포괄적으로 고찰하기 위해 이런 방법을 쓸 따름이고, 누구를 골치 아프게 할 의도는 없다. 퍼즐 맞추기처럼 재미있는 놀이를 한다고 여기고 구경해주기 바란다. 음식은 문화여서 문화의 구조를 갖추고 있다. 거창하게 말하면 이런 것이 있어 퍼즐 맞추기를 하도록 한다.

[공동과 개별] 한정식처럼 중국 것도 갖가지로 많은 음식을 차려 놓고 공동으로 식사를 하면서 각자 덜어 먹는다. 중국음식은 둥근 식탁 위 유리에다 누구 것인지 구별하지 않고 공동의 것으로 얹어놓고 유리를 돌려 덜어 먹기 좋게 한다. 한정식도 공동의 것으로 차려 놓고 요즈음은 각자 앞접시를 사용해 덜어 먹는다. 일본 것과 불국 것은 각

자 먹을 것을 따로 내놓는다. 일본 것은 같은 음식을 사람마다 따로 담아 내놓는다. 불국 것은 각자 다르게 주문한 음식을 따로 담아 내놓는다. [공동]에서 [개별]로 가는 순위가 한국·중국·일본·불국이다.

특기할 것은 일본에서 음식을 담는 그릇이다. 상상할 수 있는 모든 재질, 모양, 색깔의 그릇이 있다. 그릇마다 담는 음식이 따로 있다. 그 많은 그릇을 사람 앞앞이 정해진 위치를 조금도 어기지 않고 배열해놓는 솜씨가 입신의 경지여서 감탄을 자아낸다. 온천장 같은 데서 저녁 식사를 화려하게 할 때이면 그릇과 음식 전시회가 극치에 이르러 감탄할 정도를 넘어서서 정신을 온통 황홀하게 하고, 판단력을 마비시키기조차 한다. 황홀한 정도에 비례해 값이 올라가지만, 주저하지 않고 많은 돈을 지불하도록 한다. 오랫동안 저축해 모든 돈을 아낌없이 쓰는 호사를 누리도록 한다.

[고정과 변화] 일본 것은 한정식처럼 내용이 일정하다. 전채, 탕, 생선회, 생선구이, 야채 절임, 밥, 장국, 과일 등을 기본으로 하고, 경우에 따라 더 보탠다. 중국 것과 불국 것은 차린 내용이 일정하지 않고 경우에 따라서 다르다. 불국 것은 전식·본식·후식으로 구성된 것이 공통되고, 식당에서 먹는 경우 구체적인 내역은 각자 다르게 주문한다. 중국 것은 기본이 정해져 있지 않고, 육류, 생선, 생선 이외의 해산물, 야채 등을 재료로 한 무수히 많은 요리 가운데 주문자가 일괄해서 선택한다. [고정]에서 [변화]로 가는 순위가 일본·한국·불국·중국이다.

중국에서는 그릇에 관심이 없으며, 음식 종류 늘이기를 일삼는다. 하늘에 나는 것은 비행기를 빼고 다 먹고, 땅에 있는 것은 책상을 빼고는 다 먹는다는 말이 있듯이, 거의 모든 것이 음식 재료이다. 개구리나 뱀 요리는 흔히 볼 수 있다. 온갖 곤충도 다 먹는다. 제비 집으로 고급 요리를 만든다. 요즈음은 보기 힘들지만, 원숭이 골, 곰 발바닥도 고가의 요리가 된다고 한다. 평범한 채소나 과일도 요리의 주인공이 된다. 서양 전래의 자료도 바로 중국 요리에 등장한다. 요리의 종류 늘이는 것을 사람이 해야 할 가장 중요한 일로 삼는다. 상에 다 올려놓지 못해 포개야 하는 그 많은 요리 가운데 주식이라고 할 것이 따로 없다. 밥, 국수, 빵, 과자 등의 곡류 음식은 조금 먹기도 하고 먹지 않기도 한다.

[공간과 시간] 한정식처럼 일본 것도 모든 음식을 한꺼번에 차린다. 한정식에는 다 익은 음식을 데우면서 먹는 것이 있고, 일본 것은 불을 붙여 즉석에서 끓여 먹기도 해서 약간 시차가 있다. 중국 것은 요리를 준비한 순서대로 내놓지만 나중에는 한꺼번에 쌓인다. 자리가 모자라 이층으로 쌓기도 한다. 불국 것은 전식 두셋, 본식 하나, 후식 두셋을 순서대로 내놓는다. [공간]에서 [시간]으로 가는 순위가 한국·일본·중국·불국이다.

불국 정식에 관해서는 간단하게 말하려고 마음을 먹지 말아야 한다. 말이 많아도 많이 모자라니 양해를 하고 읽기 바란다. 줄을 바꾸지 않고 죽 이어서 써야, 수다쟁이 불국인 흉내를 조금이라도 낼 수 있다. 그 사람들은 식당에 음식을 먹으러 갔는지 말을 하러 갔는지 알 수 없다고, 말로 하는 것보다 말투를 짐작할 수 있게 글을 써서 보여주는 것이 효과가 더 큰 방법이다. 이 대목을 읽으려고 하니 숨이 막힌다고 원망하지 말고, 적당히 끊어 쉬면서 읽기 바란다. 불국에서 식사를 제대로 하려면 많이 알아야 한다. 우선 용어를 알아야 한다.

'menu'라는 말이 원래 차림표를 의미해 세계에서 널리 가져다 쓰게 해놓고, 지금은 내용과 가격이 고정되어 있는 식단을 지칭한다. 그 가운데 하나를 골라 시키면 무난하지만, 격이 낮은 손님이다. 'carte'라고 하는 차림표를 상당한 시간 동안 면밀하게 검토하고 주문을 해야 정식을 제대로 드는 고급 손님일 수 있다. 미심쩍은 데가 있으면 꼬치꼬치 캐물어야 하는데, 열에 아홉은 알고 하나는 몰라야 물을 자격이 있다. 여럿이 가도 당연히 각자 다르게 주문해야 한다. 각자 와글와글 떠들면서 자기 먹을 것을 주문하는데, 종업원이 헷갈리지 않고 용하게 받아 적는다. 맨 처음에 음료, 그 다음에는 전식을 주문해야 하지만, 이해하기 쉽게 본식부터 말한다. 본식은 육류나 생선 요리인데, 종류가 많고 조리법이나 양념이 다양해 세부 사항까지 알아서 주문해야 한다. 그것을 널찍한 사각 접시에 담아 장식을 곁들이고 소스를 뿌린 것이 첨단 화풍의 그림 같도록 해서 조리사의 실력을 자랑한다. 본식도 나날이 달라지지만, 전식과 후식을 개발하는 데 예술가라고 자부하는 자칭 음식 천재들이 재능을 아낌없이 발휘한다. 달팽이, 굴, 거위의 간 같은 것들을 출연시키는 데 그쳐서는 그리 대단할 것이 없으므로, 별별 진기한 것들을 계속 궁리해낸다. 본보기를 들기에는 내 지식이 턱없이 모자라니 양해하기 바란다. 손님이 최근 소식을 어느 정도 알고 탐구에 동참해야 조리사의 노력이 헛되지 않다. 이것은 분명하게 말할 수 있다. 후식 선택은 최후의 가장 어려운 통과의례이다. 단것들이 자주 등장하다가 후식에서 대거 선을 보이고 하나를 고르라고 해서, 초심자를 가차 없이 적발해낸다. 끝으로 상상을 초월할 정도로 다양한 치즈를 가져와 입맛대로 골라먹으라고 해서 무자격자는 기가 질리지 않을 수 없게 한다. 맘마 까까의 구분이 없고, 식사를 하는지 군것질을 하는지 알 수 없다고 나무라는 것으로 반격을 삼을 수는 없다. 말이 더 이을 수 없어 중단하고 숨을 돌리자.

[함께와 별도] 한국이나 일본에서는 국을 본식인 밥을 먹으면서 든다. 술은 본식을 들기 전에 먼저 마신다. 국과 술은 둘 다 본식이 잘 넘어가게 하는 액체라는 점에서 성격이 같다. 둘을 한꺼번에 들 수 없어서 등장 순서를 구분한다. 술을 밥 먹기 전에 먼저 마시고 밥을 먹으면서 국을 드는 것이 당연하다고 한국과 일본에서는 생각하는데, 다른 곳들은 그렇지 않다. 중국이나 불국에서는 본식을 들면서 술을 마신다. 술을 액체로 삼아 고체인 본식을 먹기 쉽게 한다. 술을 중요시하고 술을 많이 가린다. 한국과 일본에서는 필수인 국이 술을 더 중요시하는 중국과 불국에서는 필수가 아니다. 국을 든다면 불국에서는 본식보다 먼저 전식의 하나로 드는 것이 잘 알려져 있다. 중국은 어떤가? 중국에서는 국이 본식을 다 든 다음에 나오는 일이 이따금 있다. 배가 불러 견딜 수 없는 지경인데, 아직 식사가 끝나지 않았다면서 큰 그릇 가득한 멀건 국을 갖다 놓아 질리게 한다. [함께]에서 [별도]로 가는 순위가 한국·일본·중국·불국이다.

여러 나라와 비교해보면, 한국음식의 특징은 국에 있다. 국과 찌개가 공존하는 것도 특징이지만, 찌개보다는 국이 더욱 귀하신 몸이다. 다른 음식은 공동으로 먹어도 국은 개개인 것을 따로 내놓는다. 밥을 국에 말아 먹는 것도 특이한 식사법이다. 미역국을 즐겨 먹고, 산모는 반드시 먹어야 한다고 한다. 떡국으로 제사를 지낸다. 각종 곰국을 최고의 보양식으로 친다. 국을 일본에서도 한국처럼 밥과 함께 먹지만, 종류가 얼마 되지 않는다. 한국의 국은 재료가 아주 다양하고 종류가 너무 많아 다른 나라와 비교할 수준을 넘어선다.

지금까지의 고찰에서 각국 사람들의 음식 문화가 각기 특이한 것이 명백하게 드러났다. 어느 한쪽에 치우쳐 미쳤다고 할 정도로 이상한 짓을 하고 있다. 몇몇 별난 사람이 아닌 나라 사람 전체가 괴이하다. 기를 쓰고 이상한 짓을 하는 것이 다 같다. 먹고 살기 위해 필요한 음식을, 살 만하게 되니까 문화를 만들고 의식을 투영하는 도구로 삼는다. 거대한 놀이를 벌인다. 극성스러움 시합에서 밀리는 나라가 없다. 장기가 각기 달라 등수를 판정할 수는 없고, 모두 일등이다.

음식을 가지고 장난하지 말라. 이렇게 말하지 말아야 한다. 음식이 아닌 무엇으로 장난을 치라는 말인가? 음식을 최대의 장난감으로 삼고 온갖 기발한 짓을 자랑스럽게 하는 것이 어느 나라든 같다. 기발한 짓이 각기 다른 것들이야 부처님 손바닥 안의 손오공이다. 부처님의 경지에서 보면 다 같다. 인간이라는 중생은 참으로 별난 것이 공통된 특징이다.

우
열
이

있
는
가

독문과 교수가 어느 날 교수 휴게실에서 험한 말을 했다. "불국인은 나날이 새로운 요리를 발명하는데, 독일 녀석들은 맨날 감자와 돼지고기만 먹는다. 유학하고 있을 때에는 그거라도 감사하게 여겼는데, 교수 노릇을 한참 하다가 가보니 먹을 것이 없어 굶을 판이었다." 독문학을 전공한 것이 원천적인 불운이니 어떻게 하겠나.

독일 음식에 관해서 이 말만 하고 지나가면 실례이다. 'Wurst'라고 하는 소시지가 대단한 자랑거리인 것을 알아야 한다. 실감이 나게 하기 위해 소시지라는 영어를 버리고 '부르스트'라는 독일어를 쓰자. 제조법이 얼마나 다양한지는 모르지만, 색깔이 가지가지인 것은 눈으로 보면 알 수 있다. 그런 부르스트를 그냥 먹기만 하지 않고, 구워 먹기도 하고 삶아 먹기도 하니 만만하게 보지 말아야 한다.

고급 식당에 가서, 무어라고 적었는지 잘 몰라도 고급인 것 같은 음식을 시켰더니, 장식이 예쁜 뚜껑을 덮은 도자기 그릇을 무슨 보물이나 되는 듯이 정중하게 모시고 나왔다. 잔뜩 기대를 하고 조심스럽게 열어 보니, 허연 부르스트가 두 개 뜨거운 물에 둥둥 떠 있었다.

"과연 대단하구나" 하고 감탄을 하는 말을 하지 않고 실망감을 감추지 못했으니, 크게 실례를 한 셈이다.

"독일 사람처럼 많이 먹고, 불국인이듯이 미식가이다." 이것은 벨기에 사람들을 만만하게 보고 놀리는 말이다. 이 말은 좀 억울하다. 벨기에 사람들이 즐겨 먹는 것은 기껏해야 'moules frites'이기 때문이다. 'moules'은 '홍합'이고 'frites'는 튀김이다. 홍합 튀김을 먹는 것이 아니고, 홍합 끓인 국에다 곁들여 감자튀김을 먹는다. '감자'라는 말은 생략하고 '감자튀김'을 '튀김'이라고만 한다. 이것은 값싸고 소박한 음식이다. 양이 많지 않고, 미식과는 거리가 멀다.

'moules'이라는 말로 벨기에 사람의 별명으로 삼는데, 이 말에는 '홍합'이라는 뜻과 함께 '멍청이'라는 뜻도 있다. 벨기에는 가련한 나라이다. 국어가 없고 북쪽은 화란어를, 남쪽은 불어를 쓰면서 서로 반목한다. 나라 이름도 화란어로는 'België', 불어로는 'Belgique'여서, 영어인 'Belgium'이 널리 쓰인다.

이런 벨기에를 주위의 덩치 큰 녀석들이 집단 따돌림의 대상으로 삼지 못해 안달이다. 별명이 홍합이기도 하고 멍청이기도 한 말인 것이 그 때문이다. 불국이 괴롭힘에 앞장선다. 시인 보들래르는 푼돈이나 벌까 해서 만만한 벨기에로 강연을 하러 갔다가 환영을 받지 못하고 돌아와, 벨기에는 여자들이 못난 나라라고 험담을 했다. 벨기에 사람들이 불어를 지나치게 정확하게 쓴다고 불국인이 핀잔을 준다.

벨기에는 자랑할 것이 없지 않다. 와플(Waffle)이 유명한 것은 한국의 아동주졸들도 다 안다. 맥주 종류가 가장 많은 것은 알 만한 사람이라야 안다. 웬만한 식당에도 누르면 생맥주가 나오는 수도꼭지가 너무 많아 놀라지 않을 수 없는 것을 눈여겨보고 왔어야 한다. 어느 나라든지 빠지지 않고 자기 나름대로 한가락 하니 얕보지 말아야 한다.

대식가 이야기로 돌아가자. 대식가 시합에서는 독일인보다 미국인이 단연 앞선다. 그 때문에 비만 인구가 월등하게 많다. 뉴욕 한국식당에서 곰탕을 시키니 네 사람은 먹어야 할 분량이었다. 나라 같지 않은 나라에 가서 음식 장사를 하다가 소중한 한식을 망쳤다.

이런 말을 들으면 불국인은 "거봐, 우리가 제일이지"라고 할 것이다. 그러나 이태리도 있고, 서반아도 있다. 불국음식이 맛있는 것은 남쪽으로 가면 마늘을 쓰기 때문이다. 마르세이유에 가면 마늘을 걸어놓고 파는 가게가 이어져 있어 친근감을 느낀다. 이태리에 가면 전국 어디에서도 마늘로 맛을 낸다. 서반아에서는 마늘과 함께 고추도 많이 쓴다. 공정하게 채점하면, 서반아 1등, 이태리 2등, 불국 3등인데, 불국이 1등인 척한다.

마르세이유 일대에서 자랑으로 삼는 부이야베스(bouillabaisse)를 말하지 않고 지나가면 무슨 큰 잘못이나 저지른 듯이 항의하고 나설 염려가 있어 말썽을 피하기로 한다. 마르세유에서 바다 구경을 나서면 초라한 좌판에 볼모양 없는 생선을 이것저것 놓고 파는 것을 목격할 수 있다. 그런 잡어를 팔다가 남으면 큰 냄비에 넣고 아무렇게나 끓여, 다행히 마늘도 넣어 부이야베스라는 것이 생겨났다.

'끓인다'는 의미의 '부이에'(bouiller)와 '낮추다'는 뜻의 '아베세'(abaisser)를 합쳐 '끓으면 불을 낮추어라'는 것 외에 이름에 다른 뜻이 없는 이 음식을, 그 일대의 사람들이 신주 모시듯 모시면서 외국 관광객이 먹고 찬사를 바치지 않고 가면 큰일이라도 나는 듯이 야단이다.

하자는 대로 하는 것이 좋다고 권고하면서, 우선 한마디 설명을 한다. 우리 매운탕과 그리 다르지 않고 맛은 조금 모자라는 줄 미리 알고 먹어야 실망을 적게 할 수 있다.

알려주어야 할 요령도 있다. 마르세유 바닷가 어물전에서 오른쪽으로 가면 비싼 집들, 왼쪽으로 가면 싼 집들이 있다. 종업원이 곁에 서서 생선 가시를 발라주면 그 인건비를 얹어 계산이 많이 나온다. 생선 가시 발라주는 솜씨를 구경하는 값을 내지 않으려면, 왼쪽으로 가서 싼 집을 찾아가 편안하게 먹어야 한다.

서반아의 자랑 거리 마늘 수프(sopa de ajo)는 정말 진기한 음식인데, 널리 알려지지 않았다. 달걀이나 닭고기 육수도 넣기는 하지만, 마늘을 주성분으로 끓인 수프이다. 서반아 사람들이 한국 마늘처럼 매운 마늘로 수프를 끓여 먹는 도사인 것은 아니다. 서반아 마늘은 맵지 않아 먹기 쉽다. 마늘이 지닌 최대의 단점이 없다.

이 점에 착안해 서반아 마늘을 국내로 가져와 재배하는 곳이 여기저기 생겨나고 있다. 경북 청도는 들판이 온통 서반아 마늘 밭으로 변했다고 한다. 서반아 마늘은 한국 것보다 더 굵고 안에 든 알이 열 개쯤이나 된다. 소출이 많아 한국 마늘을 재배하는 것보다 수익이 배나 된다고 한다. 서반아 마늘은 맵지 않아 마늘을 싫어하던 아이들도 잘 먹어 학교 급식에서 인기를 끄는 것이 특기할 사항이다.

서반아 마늘 재배가 급격하게 늘어나, 한국 마늘은 희귀하게 될 가능성이 있다. 이것은 섭섭한 일이지만 개탄할 것은 아니다. 고추가 정착에 성공해 양념의 주역이 된 것 같은 일이 다시 일어날 것이다. 서반아 마늘 뒤를 따라 마늘 수프도 이주할 것이다. 불국의 부이야베스는 매운탕과 중복되어 이주하라고 할 필요가 없으나, 서반아의 마늘 수프는 환영할 만하다. 국을 가장 중요한 음식으로 삼는 한국에 마늘 국이 없는 미비사항을 시정하게 되니 다행이다. 서반아의 마늘도, 마늘 국도 얼마 지나면 원래부터 한국에 있었던 것처럼 토착화될 것이다.

서반아 사람들은 하루에 다섯 끼 먹는다. 아침에 일어나면 빵 조각과 커피로 입을 다시고, 열 시쯤 간식 같은 식사로 먹는 즐거움을 조금 누린다. 점심은 오후 한 시부터 한두 시간 동안 좋은 것들을 차려놓고 느긋하게 즐긴다. 저녁은 아홉 시 넘어서 점심보다 더 잘 들기 시작해 자정을 넘기기도 한다. 여기까지 말하면 세 가지 질문이 제기된다.

하루 다섯 끼나 먹으면서 시간을 보내고 일은 언제 하는가? 이것이 큰 질문이다. 먹기 위해 일하지, 일하기 위해 먹는 것은 아니다. 먹는 여가에 일은 조금만 해도 되는데, 일하기 위해 사는 것 같은 사람들도 있으니 가련하다. 일에 미쳐 모은 돈으로 전쟁이나 하는 나라 사람들은 쓸데없는 수작을 거두고 저리 가거라.

하루 다섯 끼를 먹으면 온 국민이 비만이 아닌가? 이 질문에는 쉽게 대답할 수 있다. 자주 먹으면 많이 먹는다고 생각하는 것은 식견 부족으로 생긴 오해이다. 다섯 끼 서반아음식의 총열량은 미국음식 한 끼, 독일 음식 두 끼를 넘어서지 않는다. 미식가는 대식가를 경멸한다. 단정학은 꿀꿀거리는 돼지와 아주 다른 데서 논다. 한 시에 먹고 아홉 시에 먹으면 간격이 너무 길지 않은가? 이것은 하잘것없는 질문인데, 신명나게 대답할 수 있다. 다섯 시 무렵에 맥주 한 잔과 함께 타파스(tapas)라는 안주를 몇 개 든다. 작은 접시에 조금씩 담겨 있는 타파스는 가지 수가 아주 많아 선택할 수 있는 폭이 넓고, 어느 것이든지 맛이 기막히다. 하몽(jamón)이라고 하는 생 돼지고기 햄이 별미의 제왕인 줄 아는 사람은 다 안다. 서반아에 가서 타파스를 들면서 하몽을 맛보지 않았으면 음식에 대해서 말하지 말아야 한다. 인생을 논할 자격도 유보해야 한다.

"서반아음식이 1등인데 왜 덜 알려졌는가요?" 서반아문학 연구의 대가 김현창 교수에게 이렇게 물으니, "보편성이 부족한 탓이 아닐까요?"라고 했다. 주위의 다른 나라에 매운 음식을 제대로 먹을 줄 아는 수준 높은 감식가가 없어 진미를 모른다. 이태리 사람들은 피자나 파스타를 싸구려로 팔아 그런 것들밖에 없다고 오해하게 한다.

이런 허점을 이용해 불국인이 자기 나라 음식이 1등이라고 하면서 목에 힘을 준다. 음식에 관한 철학 같지 않은 철학을 잔뜩 늘어놓아 판단을 흐리게 하는 작전도 쓴다. 불국음식이 1등이라는 수작이 세계인을 속이는 데 성공한 것은 아니다. 중국에서 가만두지 않고 시비를 건다. 한식도 할 말이 있다.

서반아 1등, 이태리 2등, 불국 3등이라고 한 것은 공연히 해본 소리이다. 음식은 등수가 없다. 어느 나라 음식이든 그것대로 훌륭하다. 누구나 각자 자기 기호에 따라 음식을 선택할 수 있는 천부의 인권이 있다고 하겠지만, 만국공통의 위장을 지니지 않았으면 고루 맛보지 못한다.

먹던 것들만 먹는 사람은 해외여행을 하지 못하도록 국법으로 금해야 한다고 말해 몰매를 맞을 지경인데, 만국공통의 위장을 자랑하기까지 하면 무사하지 않을 염려가 있는 줄 안다. 그러나 세계에 어떤 맛이 있는지 말할 것은 말해야 여한이 없으리라. 내 편이 되어줄 독자도 있다고 믿고 용기를 가진다.

만국공통의 위장을 자랑한다고 하다가 무사하지 않을 수 있다. 몇 나라 음식을 먹어보았다고 그런 말을 하는가 하고 따지면 변명이 궁할 수 있다. 시비를 분명하게 하기 위해서 만국공통의 위장을 가졌는지 판정하는 방법을 제시한다. 만국을 다 다녀 무슨 음식이든지 가리지 않고 먹고서야 만국공통의 위장을 가졌는지 판별하는 것은 불가능하므로 간이검사법이 있어야 한다.

중국에 갔을 때 향채가 든 음식을 맛있게 먹으면 간이검사에 통과한다. 조금 더 나은 검사는 아래에서 말할 인도음식을 잘 먹는가 하는 것이다. 나는 이 두 검사에 만점으로 통과해 만국공통의 위장을 가졌다고 자부한다. 검사를 스스로 했어도 타당성이나 신빙성에 의문이 있을 수 없다.

서론은 이 정도로 줄이고, 별별 나라의 별별 음식을 찾아나서는 본론에 들어가자, 처음에는 거부감이 적을 것들부터 들어 발언의 수위를 조절한다. 헝가리의 굴라쉬(goulash)나 모로코의 쿠스쿠스(couscous)는 우리 육개장과 흡사해 거부할 사람이 거의 없을 것이다. 굴라쉬는 빵과 함께 먹지만, 쿠스쿠스에는 조밥 같은 것이 함께 나와 어린 시절에 떠난 고향이 생각나게 한다.

쿠스쿠스는 파리에서 먹었다. 후식으로 대추야자를 한 소쿠리 갖다 놓고 마음대로 먹으라고 하자 감격이 절정에 이르렀다. 불국 지방 도시에서도 있었다. 양고기를 사용하는 것이 본식인데 소고기도, 때로는 돼지고기로도 끓인다는 것도 알았다. 돼지고기 쿠스쿠스는 불국에서 생겼을 터이니 진품이 아니다.

이집트 카이로에 갔을 때 동행에게 좋은 것을 먹으러 가자고 하면서 자신 있게 나섰다. 그럴듯한 식당에 들어가 자리를 잡고 쿠스쿠스를 시키니 그런 것은 없다고 했다. 왜 없느냐고 물으니, 모로코 음식을 이집트에 와서 찾으면서 무슨 큰 소리인가 하고 말했다. 모로코나 이집트나 중동의 이슬람국가여서 다를 바 없다고 여기는 것은 무식의 소치이다. 쿠스쿠스는 귀하신 몸이어서 이집트에는 들르지 않고 불국 행차만 했다. 이집트에서는 명성만 듣고 있었다.

그런 쿠스쿠스를 서울에서 팔고 있는 것을 우연히 발견하고 크게 놀랐다. 점심을 같이 할 사람이 있어 설명을 복잡하게 하면서 데리고 갔다. 흉내를 그럴듯하게 내서 먹으면서 감탄했다. 주인에게 물으니 모로코에서 살다가 와서 쿠스쿠스를 한다고 했다. 대추야자 후식이 없음은 물론이다.

이집트 음식에 대해서도 한 마디는 하고 넘어가야 한다. 양이 많은 것이 놀랍다. 위에서 대식가 시합에서는 독일인보다 미국인이 앞선다고 했는데, 미국인보다 이집트인이 월등하게 앞선다는 말을 더 보태야 한다. 이집트에 가서 학술회의에 참가해 논문 발표를 하고, 참가비 100불을 낸 대가로 카이로대학 구내식당에서 점심 한 끼 얻어먹었다. 닭 한 마리를 구워놓은 데다 양고기를 곁들이고, 빵이며 다른 무엇이며 잔뜩 갖다놓았다. 한 주일 두고 먹어야 할 분량이었다.

한 도시에서 오래전부터 먹던 음식이 국제적인 균형을 이루고 있는 곳도 있다. 쿠알라룸푸르와 싱가포르가 그런 곳이다. 두 곳 다 말레이인이 토착민이므로 말레이 음식이 오랜 전통을 자랑한다. 중국인 화교가 많이 들어와 중국음식도 든든하게 자리 잡고 있다. 영국이 식민지 통치를 하는 동안 인도인 특히 남쪽의 타밀인이 다수 이주해 와서 인도 식당도 성업 중이다. 음식 삼파전의 경기에 이웃 나라 타이도 참여해 사파전이 벌어지고 있다.

경기라는 말이 꼭 맞다. 어느 하나도 밀리지 않고 백중지세로 다투고 있어 실력 향상을 촉진한다. 말레이 음식은 외래자들에게 지지 않으려고 분발한다. 중국음식은 말레이 음식을 능가하려고 해서 중국에서보다 맛이 더 있다. 인도음식도 질세라 본국 이상의 진미를 자랑한다. 타이 음식도 출전 자격이 문제가 될까 보아 갈고 닦은 실력을 한껏 뽐낸다. 관중이 선수가 되고, 선수가 관중이 되어 물고 물리면서 경기의 열기가 더욱 고조되고 있다.

쿠알라룸푸르나 싱가포르는 오직 식도락만을 목적으로 여행을 할 만한 곳이다. 두 도시는 장단점이 있어 우열을 말하기 어렵다. 기본은 같은데, 쿠알라룸푸르에 가면 소박한 음식을 값싸게 먹을 수 있고, 싱가포르에서는 다소 세련된 음식을 위해 값을 더 지불해야 한다. 형편에 따라서 선택할 일이다. 음식 사파전은 양쪽에서 모두 백중지세이다. 어디 가도 제대로 구경한다.

네 나라 음식 가운데 어느 것이 가장 좋으냐고, 쿠알라룸푸르에서 택시 운전수에게 물었다. 그랬더니 두말하지 않고 '나시 고렝'(nasi goreng)이 최고라고 했다. '나시 고렝'은 말레이 볶음밥이다. 값싸게 먹을 수 있는 소박한 음식이다. 산해진미 진수성찬을 마다하고 한국의 비빔밥이 최고라고 하는 것과 같은 대답이다. 그 운전수는 말레이인이어서 자기 입맛대로 판정을 내렸다. 중국인, 인도인, 타이인 등 다른 쪽 사람들에게 물었으면 다른 말을 했을 것이다.

이제 인도로 가자. 인도는 아주 좋아하는 사람과 아주 싫어하는 사람만 있고 그 중간은 없다. 카레라는 말이 따로 없고 모든 음식이 카레인 나라에서, 액체인지 고체인지 분간하기 어려운 걸쭉걸쭉한 물체를 밥에 얹어 비벼 먹으면 온갖 절묘한 향내가 입에 가득한 것은 마찬가지인데, 누구는 천국에 오르는 열락을 누리고, 누구는 지옥에 빠져 고초를 겪는다.

외국 손님이 왔다고 외국 음식을 차려 대접하지는 않는다. 학교 밖 호텔도 대학에서 운영하고 있어 인도음식만 제공했다. 네루대학 총장 초대연이라고 좀 낮게 차린 잔치에서는 천국이 더 크게 열린 것을 몰라주고 지옥의 고통을 가중시킨다고 오해하는 가련한 중생도 있었다.

인도에 갔으니 그 모두가 업보인 줄 알아야 한다. 인도음식을 싫어하는 것은 어느 생에서인가 악업을 지었기 때문이라고 여기면 마음이 편하다. 이제부터라도 어느 음식이든 사랑하고, 모든 중생을 어여삐 여기면서 선업을 지으면 내면의 열락을 누린다. 윤회를 믿지 않아도 좋다. 지금 당장 마음이 편해지고 내면의 열락을 누리는 것은 선업을 지은 보상이다.

인도 이야기를 몇 가지 더해 부당한 선입견을 시정하고자 한다. 인도의 거지는 당당하다. 석가를 포함한 뭇 성인이 걸식은 마땅한 수행이라고 가르친 것을 받들고 있다. 무얼 주어도 고맙다고 하지 않는다. 모처럼 선업을 쌓을 기회를 베푼 것을 고마워해야 마땅하다고 알려주려고 한다. 고맙다는 말의 남발은 선업을 짓는 데 대한 심술의 발동이라고 여긴다. 인도의 노숙자도 삶을 버린 사람들이라고 생각하면 오해이다. 조상 대대로 노숙을 하면서 도로공사에 종사하는 카스트는, 다른 모든 카스트가 다 그렇듯이, 주어진 삶을 버리지 않고 지키면서 성실하게 살아가고 있다.

위에서 인도는 카레라는 말이 따로 없고 모든 음식이 카레인 나라라고 했다. 이렇게 말하면 '카레'는 'curry'의 일본식 발음이므로 '커리'라고 고쳐 일컬어야 한다고 점잖게 충고하는 사람이 있을 것이다. 인도에 '카레'는 없고, '커리'가 있는 것은 아니다. 인도 사람들은 그런 말을 쓰지 않고, 인도에 그런 물건은 없다. 인도에서는 음식을 만들 때 여러 가지 향신료를 적절하게 선택하고 배합할 따름이다.

여러 향신료를 갈아서 미리 섞어놓은 인스턴트 카레는 인도와 무관한 일본인의 창안물이다. 인도음식이라고 신분을 위조하고 인도음식의 명예를 훼손하는 악의적인 상품이다. 일본제 또는 일본제를 흉내 낸 한국제 인스턴트 카레를 인도음식이라고 여기고 먹는 것은 사기에 말려드는 실수이다.

내가 사는 도시에 인도음식점이 생겼다고 안내 간판을 붙였다. 상호에 'Kinza'라는 말이 들어 있어 "일본 동경 '銀座'(긴자)에서 카레 장사를 하고 왔다고 자랑하는구나, 누구를 속이려고 하는가, 속지 않는다"고 하고 들르지 않았다. 진상을 알기 위해 용기를 가지고 찾아가 보니, 진품 인도 식당이었다. 공연한 오해를 한 것이 부끄러웠다. 인도인 교수 둘이 나를 찾아왔을 때 데리고 가니 감탄사를 연발했다. 가까이 진품 인도 식당이 있는 것을 자랑으로 삼으면서, 귀빈이 올 때, 내 생일이라고 아이들이 모일 때에는 반드시 이용한다.

인도 뉴델리 네루대학에서 각국 유학생들이 자기네 음식을 자랑하는 축제를 벌였다. 세계 일주를 잠깐 사이에 하면서 먹고 싶은 음식을 골라서 먹는 행복을 마음껏 누릴 수 있었다. 이 나라 저 나라, 이런 음식 저런 음식을 맛보다가, 네팔 것들이 특히 맛있다는 사실을 발견했다. 모모라는 만두도 있고, 툭빠라는 칼국수도 있어 친근하면서도 맛이 특이해 매혹되었다.

네팔에 갔을 때 네와르족이 불교사원을 본떠서 만든 호화로운 호텔에서, 네와르 정식을 제대로 차려놓고 먹은 호사를 누렸다. 네와르족은 인도아리안이 아닌 우리와 같은 몽골리안이어서 얼굴이 늘 보던 사람들 같다. 지배민족의 위치에 있다가 인도아리아인인 네팔족에게 밀려 소수민족이 되었다.

힌두교도인 네팔족에게 맞서서, 네와르족은 불교 신앙을 이어오고 있다. 네와르 불교사원에서 "옴마니밤매홈"이라는 주문을 외는 것이 우리와 같다. 석가여래 당시부터 있던 불교를 지금까지 이어오고 있다. 우리 불교의 원조의 원조를 발견하고, 고향의 고향을 찾은 느낌이었다.

네와르족의 정식은 만두, 칼국수, 요구르트, 콩 수프 등 몇 가지를 기본으로 하고, 무엇인지 모르고 모양이나 향이 기이한 음식을 여럿 곁들여 호화로운 풍미를 갖추고, 그 나름대로 세계 최고임을 자랑했다. 한정식처럼 모든 것을 함께 차려놓고 이것저것 골라가면서 천천히 들도록 했다. 느긋한 마음으로 여러 시간 즐겼다.

네팔 음식만 대단한 것은 아니다. 인도네시아 정식을 즐긴 경력이 없으면 음식에 관해 말하지 않고 자숙하는 것이 좋다. 인도네시아 정식은 한정식과 쌍벽을 이룬다고 할 수 있다. 밥을 반찬과 함께 먹는 것이 마찬가지이고, 반찬의 재료나 양념도 그리 다르지 않다. 이렇게 설명하면 말이 많이 모자란다. 헤아리기 어려울 만큼 많은 진미를 한꺼번에 차려놓고, 식지 말라고 밑에다 불을 갖다놓기도 한다. 이렇게 말해도 흡족하지 않다.

인도네시아 정식은 필설로 다 형용할 수 없다. 이런 구식 문구나 가져다 놓고 책임을 다하지 못하는 잘못을 용서해달라고 빈다. 중·일·불국 정식을 비교하고 할 일을 다 한 듯이 뽐낸 것을 우습게 여기고 뉘우친다. 최상의 인도네시아 정식을, 화란에 가서 강연을 하고 대접받은 것을 이력서에 올릴 만하다. 세상은 생각하는 것보다 넓은 줄 알아야 마음이 더 열릴 수 있다.

화란은 음식이라고 내놓을 것이 없는 초라한 나라이다. 무엇이든 먹는 덕분에 기동력을 키워, 잘 차린 정식을 여유만만하게 즐기는 인도네시아를 습격해 식민지로 삼았다. 이제는 인도네시아 정식을 모셔가 본바닥에서보다 더 잘 만들도록 받들고, 화란을 찾는 귀빈이 흐뭇해하도록 하는 데 이용한다. 화란이 형편없는 나라인 창피를 인도네시아 덕분에 숨기고 최소한의 체면은 유지한다. 세상은 이렇게 돌고 돈다.

화란에서 인도네시아 정식도 좋지만 화란음식도 먹어보자고 하니, 화란 교수가 난감해 했다. 아무리 생각해도 적당한 것이 없다고 하고, 대단치 않은 것이니 실망하지 말라고 하고, 팬케이크를 굽는 집으로 데리고 갔다. 어디서나 먹을 수 있는 그렇고 그런 팬케이크만 팔고 있었다. 그런 팬케이크를 내가 가본 데만 들어도, 러시아 페테르부르크에서도 불국 브르타뉴에서도 자기네 고유의 음식이라고 하니, 음식 경쟁의 하한선은 커트라인이 없다고 하겠다.

화란 이야기를 하나만 더 하고 넘어가자. 대학에서 강연을 마치고 아홉 명의 교수와 함께 모두 열 명이 맥주집에 갔을 때 묻고 대답한 말을 적는다.

"더치페이(Dutch pay)라고 하는 말이 있는데, 당신들은 그 말대로 자기 먹은 것은 자기가 계산하나?"

"아니다. 우리가 더치페이를 한다는 것은 영국인이 지어낸 악담이다."

"그러면 어떻게 계산을 하나?"

"이제부터 하는 것을 보아라."

한 사람이 맞돈 내고 맥주 열 잔을 샀다. 다음 사람은, 그만 마시겠다는 사람이 있어 맥주 여덟 잔을 샀다. 세 번째 자원자는 여섯 잔을 샀다. 네 번째 자원자는 다섯 잔을 샀다. 이런 방식으로 잔 수가 차츰 줄어들어, 마지막으로 내 차례가 되었을 때에는 더 마시겠다는 사람이 없어 맥주를 사지 않아도 되었다.

먼저 사는 사람은 돈을 더 내고, 나중 사는 사람은 돈을 적게 내니, 더치페이란 사실이 아니고 영국인이 악담한 말이라고 할 것인가? 맥주를 많이 마실 사람은 먼저 사고, 적게 마실 사람은 나중에 사니, 더치페이라는 것이 사실 그대로이고, 영국인이 악담했다는 것이 악담이 아닌가? 머리가 복잡해 더 생각하기 어려웠다.

인도네시아음식을 말하다가 화란을 곁들이고, 화란음식이라고는 팬케이크밖에 없다고 한 데다 보태 러시아 페테르부르크에서도 같은 말을 한다고 하고 넘어갈 수는 없다. 거대한 나라 러시아를 무시하지 말아야 한다. 러시아에도 자랑스러운 음식이 있으며, 러시아 수프라고 널리 알려진 수프를 먼저 들 만하다.

러시아 수프는 누구나 다 아는 것 같지만, 잘못 알려져 있다. 고기, 감자, 양배추, 당근 등을 넣고 끓이면 러시아 수프가 되는 것은 아니다. 아침에 먹으면 든든하다고 하는 것도 모르고 하는 말이다. 일본산 인스턴트 카레가 인도음식의 명예를 훼손하는 것 같은 일이 또 있다. 러시아 수프에는 러시아 특산인 붉은 무가 들어가야 한다. 이 수프는 점심에만 먹는다. 러시아에 갔을 때에는 그런 줄 모르고 먹었는데, 정확한 지식을 서울에서 얻을 수 있었다.

김려호 박사라는 분은 러시아 거주 동포이고, 모스크바 고르키세계문학연구소 교수이다. 한국에 왔을 때에도, 러시아에서도 거듭 만나 깊은 친분을 나누었다. 러시아에서 평생 살면서 한국의 김치 맛을 잊지 못한다고 하고, 한국에서는 몇 날 지나니 러시아음식이 그립다고 했다. 서울 이태원 러시아음식점에 가서 함께 점심을 먹을 때 붉은 무를 넣은 진품 수프가 나오는 것을 보고 감탄하고, 점심에만 먹는 수프를 때맞추어 드니 다행이라고 했다. 아침은 간단하게 들어 수프가 없어도 되고, 저녁에는 보드카를 마시면서 식사를 하니 수프는 필요하지 않은 것 같다.

샤슬릭이라는 양고기 꼬치구이도 러시아음식이라고 하는데, 그것은 중앙아시아 이슬람 국가들의 자랑거리이고, 중국으로 넘어와 있다가 한국까지 이르렀다. 최고의 샤슬릭을 카자흐스탄에서 맛보았다. 카자흐국립대학 한국학과 창설 2주년 기념행사에 초청되어 강연을 하러 갔을 때, 딸을 서울대학교에 유학시키는 학부형이 집으로 초대해 직접 구운 샤슬릭을 그 자리에서 들라고 했다. 양고기도 잘 골라야 하지만, 향기가 좋은 나무로 불을 피워 구어야 최상품이 된다고 했다.

카자흐스탄 음식의 또 하나 명품은 말고기 순대이다. 돼지 창자 대신 말 창자를 이용해 한국의 순대처럼 만든 거대한 순대를 보드카 안주로 삼는다. 시장에서 말고기 순대와 나란히 놓고 '해'라는 것을 파는데, 우리말 '회'가 카자흐말 '해'로 변했다. 민물고기를 양념에 버무린 무침회를 고려인이 즐겨 먹는 것을 보고 배워서 카자흐인도 무척 좋아한다고 했다. 고려인은 강제로 이주되어 그곳에 갔을 때 카자흐인들은 먹지 않아 지천으로 있는 민물고기를 잡아 무침회를 만들어 먹고 원기를 찾았다고 했다. 이 사실에서 한국의 회는 원래 무침회임을 확인할 수 있다.

영국음식에 관해서도 말하고 넘어가야 불공평하다는 말을 듣지 않는다. 영국에서 영국음식점을 찾을 수 없는 것이 화란의 경우와 그리 다르지 않다. 런던 거리에서 보이는 것은 이태리음식점, 인도음식점, 중국음식점이니, 영국음식점은 어디 있나? 이렇게 중얼거리는 것은 잘못 찾았기 때문이다. 구석진 가게나 허름한 노점에서는 영국음식이라고 하는 'fish and chips'라는 것을 팔고 있다. 번역하면 '생선과 튀김'이라고 하는 것인데, 생선 튀김과 감자튀김을 함께 먹는다.

음식 꼴찌를 고른다면, 영국, 화란, 독일, 노르웨이 등 쟁쟁한 후보가 많아 판정이 쉽지 않다. 노르웨이는 언급한 적 있으나, 다시 소개할 필요가 있다. 생선을 주로 먹는데, 양념이 소금밖에 없어 잘 넘어가지 않는다. 노르웨이까지 포함한 유럽 중부 이북의 게르만 민족의 나라들은 모두 맛이 아닌 영양가를 먹고, 마늘을 멀리하며, 입맛 수준이 낮아 음식이 형편없는 공통점이 있다. 꼴찌를 고르는 것은 도토리 키 재기여서 시간 낭비일 수 있다.

이렇게 말하면 할 말을 다 한 것은 아니다. 남아프리카의 경우를 들어 문제를 재검토해야 한다. 남아프리카는 화란인이 가서 지배하다가 영국인이 주도권을 빼앗은 나라이다. 꼴찌 후보 두 나라 사람들이 음식을 잘할 수 없다. 아무거나 먹고 불평을 하지 말자. 국제비교문학회 참석을 위해 남아프리카 수도 프리토리아에 가서 이렇게 다짐했는데, 음식을 먹어보니 그게 아니었다. 고기고, 채소고, 포도주고 맛이 뛰어났다. 유럽에서는 말석인 솜씨가 아프리카에서 놀랍게 변했다.

무슨 이유인가? 음식이 유럽음식 그대로여서, 아프리카 현지인들에게 배워 개과천선을 한 것은 아니다. 이유는 일교차와 일조량에 있다. 남아프리카는 일교차가 심해 아침에는 겨울옷을 낮에는 여름옷을 입어야 했다. 쨍쨍 내려 쪼이는 햇빛이 무서울 정도이다. 사람은 견디기 어려운 일교차나 일조량이 동식물의 발육을 위해서는 최상의 조건이다. 작열하는 태양의 선물인 먹거리를 통해 듬뿍 받아, 그곳 사람들은 유럽에서는 기대할 수 없는 행복을 누리고 있다. 아프리카인이 조상 대대로 누려온 행복을 멀리까지 가서 약탈했다.

이런 이치를 알고 보면, 꼴찌 후보라고 한 영국, 화란, 독일, 노르웨이 등을 얕잡아 보지 말고 동정해야 한다. 그런 나라 음식이 맛없는 것은 일교차가 적고 일조량이 부족하기 때문이다. 서반아, 이태리, 프랑스가 음식 자랑을 하는 것은 일교차와 일조량에서 유리한 조건을 갖추었기 때문이다. 자연 조건은 무시하고 사람의 수준만 비교하는 것은 잘못이다.

이런 논의를 일본과 한국음식 비교로까지 이을 수 있다. 일본은 한국에 비해 일교차도 일조량도 적은 탓에, 태양이 주는 선물을 충분하게 받지 못해 식재료의 질이 떨어진다. 일본에서 개발한 사과 품종을 한국에 가져와 심으면 맛이 훨씬 좋아지는 것은 잘 알려진 사실이다. 사과만 그런 것이 아니다. 날씨가 달라 재료에서 차이가 있고, 재료의 차이가 맛의 차이를 결정한다. 솜씨는 그다음 것이다.

일본이 김치 장사에서 한국보다 앞서려고 한 시도가 실패밖에 없는 이유를 일본에 가 있으면서 직접 깨달았다. 한국에서 김치를 담는 솜씨가 일본에 갔다고 해서 사라지는 것은 아니니 자신만만하다고 하지 말아야 한다. 우선 양념이 문제이다. 한국에서 양념을 가지고 가면 되는 것은 아니다. 일본 배추를 사용하면 김치 맛이 제대로 나지 않았다. 배추까지 가지고 가면 어떤가? 날씨를 가지고 가지 못해 헛일이다.

일본에서는 김치를 기무치(キムチ)라고 한다. 일본의 기무치를 아주 잘 만들어 세계 전역에서 한국의 김치를 압도하려고 했다. 한국의 할머니들을 데려가 전수받은 기술을 과학적인 방법으로 더욱 발전시키려고 했다. 맛은 과학을 넘어선다. 그런 야심찬 시도는 실패로 돌아가고, 기무치는 일본 국내 시장도 지키기 어렵게 되었다. 기무치를 김치처럼 보이게 만들어, 슈퍼마켓마다 한복을 입은 여성이 팔면서 소비자를 속이려고 하는 것이 가관이다. 한국 김치를 먹어본 사람은 완제품을 수입한 것만 찾을 것이다.

날씨는 식재료의 생산에서뿐만 아니라 음식물의 숙성에서도 결정적인 작용을 한다. 순창 고추장은 상표가 남다른 것이 아니다. 순창의 재료로 담으면 되는 것도 아니다. 순창의 날씨에서 숙성되어야 순창 고추장 맛이 난다. 이런 사실까지 세계 각처에 가서 발견하고 검증

하려면 얼마나 많은 노력을 해야 하는가?

　　잘 모르겠다고 하면서 입을 다물 수는 없다. 멀리 나아가면서 음식 이야기를 더 하자. 잘 모르더라도 하고 싶은 말은 하자. 현지에까지 가지 못하고 불국이나 미국에서 먹은 것들까지 말하자. 불국 파리나 미국 뉴욕은 세계 각국 음식이 모여 경연을 벌이는 곳이어서 식도락가의 천국이다. 뉴욕에서 파는 곰탕은 양이 너무 많다고 나무랐으나, 모두 다 그런 것은 아니다. 자국민이 모여 사는 곳에서는 음식이 원래의 모습과 맛을 유지하고 있다.

　　아프가니스탄 사람들이 즐겨 먹는 음식은 산채덮밥이라고 할 수 있다. 향기 나는 산채를 여럿 걸쭉하게 삶아 밥에 얹어 먹는다. 음미를 하면서 명상에 잠기니, 하늘 가까운 고원 지대의 영험한 기운이 몸에 들어오는 것 같았다. 산을 좋아하며 산채를 사랑하는 사람들은 어디 있어도 형제라고 생각되었다.

　　에티오피아 식당에서도 약초 삶은 것을 밀전병과 함께 내놓았다. 어떻게 먹는가 물으니, 생김새는 유럽인 같고 피부색은 아프리카인이어서 황홀할 정도로 예쁜 에티오피아 처녀가 손으로 밀전병을 뜯어 산채 삶은 것 위에 얹어 움켜쥐고 내 입에 넣어 모범을 보였다. 전병도 산채도 대대로 먹던 것인데 잠시 생소하게 느낀 것이 부끄러웠다.

　　우크라이나 사람들이 모여 사는 거리에는 만두를 파는 집이 있었다. 간장이 없어 녹아 있는 치즈에 찍어먹는 것은 특이하지만, 우크라이나 만두는 우리 또는 네팔 것과 그리 다르지 않은 모양이고 맛이어서 동질성을 듬뿍 느꼈다. 먼 조상들은 중간 어디쯤에서 오가면서 살았는가? 몽고군이 멀리까지 가서 좋은 선물을 남겼는가?

하와이에 가 있을 때는 묻고 물어 찾아가 하와이 원주민의 음식을 먹었다. 이상한 것이 아니고, 토란 죽이다. 우리는 국을 끓여 먹는 토란으로 죽을 쑤어 촌수가 가깝다. 사람 사는 것은 마찬가지일 뿐만 아니라, 태평양을 건너다니면서 상당한 교류가 있기까지 한 듯하다.

긴말을 하고 보니 좀 부끄럽다. 음식 여행을 이 정도 한 것은 자랑거리가 되지 못한다. 공자 앞에서 문자를 쓰는 잘못을 저질렀을 수 있다. 경력이 모자라도 할 말은 할 수 있다고 믿고 한마디 덧보태면서, 음식에 관해 고찰하는 이 대목을 거창하게 마무리하고자 한다.

만국 공통의 위장을 지닌 사람은 인류 화합의 역군이라, 유엔 총회에서 소리 높여 연설할 자격을 갖추었느니라. 어느 나라 음식이든 가리지 않고 사랑하면 복이 있나니, 천국이 멀지 않았느니라. 식성이 열려 있으면 마음도 넓어, 번뇌나 망상에서 벗어나 해탈을 이룩하리라.

잠
잘
곳

　　중국·일본·불국 세 나라 다 대학에 초청되어 가면 대학에서 제
공하는 숙소가 있다. 중국 대학에는 구내에 '招待所'(초대소)라는 것이
있는데, 중간 등급 정도의 호텔이다. 서비스를 호텔과 다름없이 하고,
식당에서 제공하는 음식이 별것은 아니라도 선택의 여지가 있고 먹
을 만했다. 중국은 체면을 중요시하고 인심이 후한 나라여서, 대학의
초대소를 상당한 수준으로 운영하면서 손님을 맞이한다. 일본은 각박
한 것과 많이 다르다. 좋은 곳에서 잘 지내고 와서 불만은 없고, 몇 가
지 재미삼아 전할 만한 말만 있다.

　　연변대학 초대소에서 텔레비전을 트니 한국 공중파 3사의 방송
은 다 나오고, 북한 것은 없어, 어느 쪽과 가깝고 먼지 알 수 있었다.
산동대학 초대소 정문 양쪽에는 사람 키보다 훨씬 큰 도자기를 세워
미관을 과시했다. 어느 날 택시가 하나를 받아 산산조각이 난 것을 목
격해 기억이 오래 남는다. 택시 운전수가 그걸 물어낼 수 있을까? 두
고두고 걱정이 된다. 북경대학 구내 초대소 옆에 일본식당이 있어 가
보니, 일본음식은 어디 가고 중국음식이 나왔다.

일본 동경대학 문학부에서는 'インターナショナル・ロッジ 白金台ロッジ'라는 곳의 집 한 칸을 주었다. 영어를 로마자로 적으면 'international lodge'이고, '국제숙소'라는 뜻이다. '白金台'(시로카네다이)는 소재지 지명이다. 문학부에서 상당히 먼 곳, 의학연구소 근처이다. 방 하나와 거실 겸 부엌, 모두 8평 정도이다. 냉장고는 비품이지만, 텔레비전 수상기는 스스로 구해야 한다고 해서 쓰레기통에 버린 것을 활용했다. 대학 본부에서 간부 직원들이 와서 외국인 교수들을 모아 놓고, 가루에다 물을 부은 오렌지 주스를 대접하면서 대단한 혜택을 베푸는 것인양 은근히 자랑했다.

비교문학부에 초청되어 가서 잠시 머무를 때에는 '駒場ファカルティ・ハウス'라는 숙소를 제공했다. '駒場'(고마바)는 학교가 있는 곳 이름이다. 영어를 로마자로 적으면 'faculty house'이고, '교수 집'이라는 뜻이다. 1인용 침대만 있고, 몸 돌리기 어려울 정도로 좁아 감방이 아닌가 하는 생각이 들기까지 했다. 아침이면 아주 간소한 양식을 주는 대로 먹어야 했다. 일본인의 특성을 잘 나타내는 좁은 공간, 간소한 음식이 외국인에게는 어떤지 생각하지 않는 것 같았다.

불국 파리에는 'cité univesitaire'라는 곳이 있다. 직역하면 '대학촌'이다. 이름에 'international'(국제)이라는 말이 더 붙어 있다. 불국이 잘나가던 시절에 정부에서 파리 남쪽 풍광이 수려한 넓은 땅을 제공하고, 인근 각국에서 파리에 유학하고 있는 자기네 학생들을 위해 집을 한 채씩 지었다. 어느 집이든지 고색창연한 위엄을 자랑하고 있다. 일본관도 있는데, 한국관은 없다. 이제는 집을 지을 땅이 더 없다.

한번은 어느 나라 관인지 잊은 곳에, 또 한번은 화란관인가 하는 곳의 방을 주었다. 밥을 해먹을 수 있는 호텔 방이다. 걸으면 오래된 마룻바닥이 삐걱거렸다. 잠을 자려고 누우면 옛날 소설의 주인공이 된 느낌이었다. 구내에 싼값에 호화판 식사를 할 수 있는 곳이 있어 감격했다.

대학에 초청받아 가지 못하면 숙소를 구해야 한다. 중국에는 중저가 비지니즈 호텔 같은 것이 있는지 의문이고, 이용하기 어렵다. Booking.com을 통해 예약해도 지시하는 대로 찾아가면 호텔이 없는 일이 흔하다. 큰 낭패를 당한 적이 몇 번 있다. 예약한 호텔 주소와 전화번호를 택시 운전사에게 주고 가자고 하자 그런 곳이 없다고 했다. 전화를 걸어보더니 이름이 아주 다른 초라한 호텔에 데려다주었다.

화란에 본사를 두고 있는 Booking.com은 숙박 예약 업계의 최강자이다. 방대한 정보, 철저한 신뢰, 집요한 선전, 예약금이 필요 없는 예약 방식으로 세계 각국의 숙박업을 장악하고 국내에까지 진출하고 있다. 국내 여행도 이것을 이용해야 안심할 판이다. 그런데 중국에서는 허점을 보이고 있다. 중국 현지 대리인이 중국식으로 근무하거나, 중국의 숙박업소는 제멋대로이기 때문일 것이다. 불가항력의 사태임을 인정한다. 항의를 하고 이용을 거부했다가 다시 이용한다.

중국 호텔을 예약할 때에는 크고 좋은 곳을 택해야 믿을 수 있다. 위치를 선택할 수 있는 권리도 없다. 호텔비가 일본보다 더 드는 것을 각오해야 한다. 다른 물가가 싼 것으로 결손을 보충해야 한다. 이것은 우리 경우와 그리 다르지 않다. 외국 관광객은 다 부자여서 크고 좋은 호텔에만 투숙한다고 여기고, 중저가의 좋은 숙소는 마련해두지 않는 것이 서로 다르지 않다. 이것은 후진국의 공통점이라고 할 수 있다.

이용객의 편의는 생각하지 않고 돈을 벌려고 하는 것이 후진국의 행태이다. 이 점에서 중국이 한 수 더 뜬다. 일반 택시는 호텔에 들어오지 못하게 하고, 자기네 차만 이용하라고 하는 호텔도 있다. 찾아갈 때에는 멀리서 내려 무거운 짐을 들고 땀을 흘려야 했다. 그 뒤에는 사정을 알아, 구경을 나갈 때나 떠나올 때나 호텔 차를 이용하니 택시비보다 돈은 더 들어도 편리했다.

중국 큰 호텔은 식당도 어마어마하다. 식사를 간단하게 할 수 없는 것을 원망하지 말자. 중국여행은 중국여행답게 해야 한다. 복잡하게 구성되어 있는 菜譜(채보)를 잘 뜯어보고 맛있는 것들을 시켜 오랜 시간 음미해도 그리 비싸지 않다. 다른 모든 불만을 음식에서 해소할 수 있다. 체중이 늘어나지 않도록 조심해야 하는 것은 중국에서 염려해줄 일이 아니다.

일본에는 중저가 비즈니스 호텔의 전국 체인이 몇 개나 있다. Toyoko(東横) Inn, Route Inn 같은 것들이다. 이런 호텔이 기차역 가까운 곳에 자리를 잡고 있다. 여러 가지 방법으로 쉽게 예약할 수 있어 이용하기 편리하다. 우리 돈으로 7만 원 정도를 주면 하룻밤 자고 아침을 먹기까지 하니 국내보다 오히려 저렴하다.

그런데 이런 호텔 방은 있을 것은 다 있으나 너무 좁다. 침실에서도 욕실에서도 몸을 돌리기 힘들 정도이다. 거구인 사람들은 국제 규격의 그랜드호텔이라는 곳을 찾아가야 한다. 호텔 방을 좁게 만든 것은 면적을 줄여 비용을 절감하기 위해서만은 아니다. 일본인은 좁은 장소에 들어가야 마음이 편하고 안정된다고 한다. 거대한 정원에 있는 고대광실에도 가장 숭상하는 곳인 茶室은 몸을 굽혀 겨우 들어갈 수 있는 면적이다. 일본 무사들은 싸움을 앞두고 그런 다실에 들어가 차를 마셔야 마음을 추스를 수 있었다고 한다.

좁은 곳을 선호하는 일본인의 특수 취미가 외국인을 불편하게 한다. 그 때문에 일본에 가기를 꺼려하는 사람들이 있을 정도이다. 이것은 노르웨이의 음식에다 견줄 수 있다. 노르웨이는 장대한 자연이 너무나도 아름다워 여름이면 수많은 관광객이 찾아가서는 음식 때문에 고생을 한다. 소금만 치고 양념이라고는 없는 음식을 노르웨이인은 즐겨 들지만 외국인은 감내하기 힘들다.

다시 생각하면 일본의 호텔이나 노르웨이의 음식은 불만스럽게 여기기만 할 것은 아니다. 그 때문에 일본이나 노르웨이를 찾는 관광객이 줄어들고 다른 여러 나라에 분산되어 형평이 이루어진다. 여기다가 이태리의 소매치기를 보태면 말이 심한가? 볼 것 많고 음식 맛있는 이태리에 너무 많은 관광객이 몰려 다른 나라는 볼일이 없지 않게 하는 구실을 소매치기가 맡으니 나무라지 말아야 한다. 일본 호텔이 좁은 것은 노르웨이 음식이 맛이 없고, 이태리에 소매치기가 많은 것과 그리 다르지 않게, 관광객 수를 조절하는 구실을 하니 높이 평가해야 한다.

일본의 旅館(료칸)은 이런 말이 해당하지 않는 별세계이다. 한국에서는 호텔보다 못한 곳이 여관인데, 일본은 아주 달라 여관이 더 고급이다. 한국의 여관은 한옥인 곳이 더러 있으나, 일본의 여관은 반드시 전통 가옥이고 다다미를 깔아 놓은 곳이다. 한국에도 고풍의 여관이 더러 있었으나 다 없어지고, 이제 다시 특정 명승지에서 조금씩 생겨나기 시작한다. 일본에서는 오랜 내력을 자랑하는 고급 여관이 溫

泉(온센)이나 경치 좋은 곳에서 한결같은 방식으로 계속 영업하면서, 일인당 얼마로 계산해 호텔의 열 배까지 이르는 요금을 받고 최상의 귀빈을 모신다.

다다미를 여섯 장이나 여덟 장을 깔아놓은 널찍한 방에 들어서면, 실내가 잘 정돈되어 있고 탁자 위에 예쁜 과자가 놓였다. 창밖에서는 일본의 전통 정원이 환영 인사를 한다. 浴衣(유카타)라는 편한 옷으로 갈아입고 욕탕을 다녀오면, 아주 다른 사람이 된다. 차림이 단정하고 태도가 공손한 여종업원이 방에 와서 가지 수가 무척 많으며 알록달록하고 모양이나 색깔이 화려하기 이를 데 없는 정식을 차려주고, 짜리몽땅하게 생긴 이부자리까지 깔아놓는다. 다음 날에는 조금 단조로운 아침 식사도 가져다준다.

음식을 만들고 차려주는 인건비 때문에 값이 치솟는 것이 당연하다고 받아들이고, 오래 저축하고 준비해 하룻밤의 호사를 마음껏 누린 것을 일생의 영광으로 삼는다. 가족 단위로 가서 오붓함을 즐기기도 하지만, 여자들이 서넛 패거리를 지어 해방의 즐거움을 과시하는 모습이 흔히 보인다. 좁은 공간에서 갑갑하고 긴장되고 눈치 보면서 사는 따분한 삶에서 벗어나 용궁이나 다름없는 별세계에 다녀오는 기분으로 좋은 여관을 찾아 숨을 크게 쉰다.

외국인 관광객도 이용할 수 있으나, 위에 적은 것들보다 더 많은 정보가 필요하다. 외국어는 통하지 않아, 일본어를 알아야 이용할 수 있다. 인터넷은 상대하지 않아, 전화로 예약을 해야 한다. 한 사람은 예약도 불가능하다. 기차에서 내려 버스를 타고 가거나 여관의 迎(소게이) 승용차를 오라고 해야 한다. 카드는 소용없고 현금을 받는 곳이 많다. 멀리 간 것이 아깝고, 집도 음식도 온천도 경치도 좋은 데

매혹되어 며칠 머무르면 한 달 월급을 날릴 수 있으니 정신을 차려야 한다. 멍청이가 되지 않으려면 매사에 극도로 조심해야 한다. 한 치의 실수도 용납되지 않는다.

왜 이렇게 까다로우냐고? 별세계에서 해방을 누리려면 수속이 복잡한 것이 당연하다. 평소에 해방을 누리고 있는 사람은 갈 필요가 있는지 의문이다. 그런 곳에 어렵게 가서 온갖 눈치를 보면서 공연히 구속당할 필요가 있는가? 온천을 하더라도 대중탕을 이용하면 값이 아주 싸다. 온천지를 왕래하는 출발점 소도시에도 저렴한 호텔이 있고, 예약하지 않고 가도 이용할 수 있다. 대뜸 영어로 말을 걸고, 상대방이 미안해하면 서툰 일본어를 자랑스럽게 쓸 수 있다. 식당을 골라 들어가 적당한 것을 시켜 싸게 먹을 수 있다. 어느 쪽이 해방인가?

호화 旅館과는 정반대가 되는 최소형의 '캡슐호텔'(カプセルホテル)이라는 것도 있다. '캡슐'(capsul)은 소형 밀폐된 공간을 의미한다. 캡슐에 들어가는 듯하다는 것으로 이름을 삼는다. 폭 1미터, 높이 1미터, 길이 2미터가 표준이라, 사람이 누워서 잠만 잘 수 있는 크기이다. 대부분 텔레비전은 설치되어 있지만 방음이 되지 않아 이어폰을 끼고 시청해야 한다.

잠만 자고 가는 곳이며, 대부분 남성 전용이다. 주로 기차역 근처에 있어 열차 이용객이 막차를 놓쳤거나 하는 등의 이유로 잠깐 이용하는 사람들을 위한 시설이다. 싼 가격 때문에 집이 없는 사람들이 장기투숙을 하는 경우가 많아져 사회 문제가 되고 있다.

소문만 들었을 따름이고, 구경을 한 적도 없다. 좁은 공간에서 불편을 느끼지 않고 마음이 편안해지기조차 하는 일본인만 이용할 수 있다. 다른 나라 사람이라면 폐쇄공포증 때문에 들어가 견딜 수 없다. 사람은 다 마찬가지라는 보편주의가 이럴 때에는 여지없이 흔들린다.

죽어서 관에 들어가는 시늉을 미리 하려는 외국인은 없을 것이다. 세계 각지에 있는 별별 이상한 숙박시설의 하나로 꼽을 수 있지만, 호사가들을 불러 모으지 못하는 절대적인 한계가 있다. 캡슐호텔은 어느 나라에도 수출되지 않고 유사품을 만들어내지도 못하며 가장 일본적인 것의 표본으로 남아 있다.

불국에도 중저가 호텔 체인이 있다. 'Ibis'가 이용하기 편리하다. 일본에는 그랜드호텔, 비즈니스호텔, 러브호텔 등의 구분이 있다. 한국에는 관광호텔이라는 것이 따로 있고, 일정 규모 이상만 심사를 거쳐 호텔이라고 한다. 나머지는 여관이라고도 할 수 없어 이름이 없다. 호텔로 인정되지 않은 호텔은 근래 모텔이라고 자칭하는 편법을 쓴다. 불국을 비롯한 유럽 각국에는 크거나 작거나 비싸거나 싸거나 모두 호텔이다. 별이 몇 개인가로 등급을 구분한다. 우리는 왜 이렇게 하면 안 되는지 의문이다.

별이 하나인 것은 한국으로 치면 하급 여관 여인숙 정도인데, 모두 깨끗하고 편안하다. 전에 돈을 적게 쓰면서 다닐 때에는 예약하지 않고 어느 도시에든지 있는 별 하나짜리 호텔을 이용했다. 그런 곳에서는 빵과 커피(또는 홍차)만인 아침을 제공하는 것이 예사이다. 숙박비는 3·4만 원대까지 내려간다. 이런 숙소가 중국이나 일본은 물론이고 한국에도 없는데 불국에는 있어, 아주 값싸고 편리하게 여행할 수 있는 것이 놀라운 일이다. 숙박업에서 돈을 많이 남기지 않아도 관광객이 주머니를 벌리도록 하는 것들이 많아 여유작작하다.

'Ibis' 호텔은 별 셋인 것이 예사이다. 하루 숙박비가 지역에 따라서 다르지만 우리 돈 10만 원 내외여서 일본과 같은 수준이고, 국내 호텔보다 오히려 싸다. 지금 열어보니 각 지역 최저가격이 다음과 같다. 친절하게도 요금을 한화로 표시했다. 모두 불국 도시이고, 마지막에 적은 것은 영국의 런던이다. 실감을 살리기 위해 원문 그대로 인용한다.

Roissy En France	45,869 KRW
Lyon	46,296 KRW
Bordeaux	55,203 KRW
Marseille	51,203 KRW
Toulouse	52,270 KRW
Montpellier	62,937 KRW
Nice	66,871 KRW
Londres	44,269 KRW

아침은 포함되어 있지 않고 별도 요금을 내고 뷔페식 식사를 할 수 있다. 'Ibis Style'이라고 고쳐 부른 원래 것 외에 'Ibis Budget'라는 것들도 생기고 더 많아졌는데, 별이 둘이고 조금 싸다. 'Ibis' 호텔 총수는 1,088개이고, 'Ibis Style' 367개, 'Ibis Budget' 570개라고 한다. 홈페이지를 영어로도 운영해 불어를 몰라도 이용할 수 있게 한다.

'Ibis' 호텔은 한 도시에도 여럿 있어, 장소를 고를 수 있다. 기차역 앞에는 으레 있어 이용하기 편리하다. 마르세유나 니스 역 앞에 있는 것이 오래 기억에 남아 다시 가고 싶게 한다. 불국 전국에 촘촘히 있고, 유럽 여러 도시에도 거의 다 진출했다. 어느 것이든지 규모가 그리 크지 않아 만만하게 생각된다. 거대한 호텔에 들어가 압도당하는 느낌이 없고, 마음 놓고 드나들 수 있다. 실내 장식이 모두 같아 지루하다고 할 수 있지만, 모든 것이 예상한 그대로여서 적응 장애를 느끼지 않는 이점이 있다.

'Ibis' 호텔을 믿고 어디든지 숙소는 신경 쓰지 않고 여행할 수 있다. 'Rail Pass'까지 갖추면 더 부러울 것이 없다. 국내 여행을 할 때보다 더 편하다. 남의 나라는 마음대로 돌아다니면서 나라 안에서는 신경 써야 하는 것이 너무 많아 본말이 전도되었다.

불국에는 고성 호텔이라는 것도 있다. 城(성, chateau)이란 옛날 영주의 방어 진지 겸 저택이다. 집이 크고 화려하며 주위의 정원이 아주 넓다. 지금은 영주가 없고, 상속한 후손이 집과 정원을 지탱할 능력이 없다. 팔려고 내놓아도 살 사람이 나서지 않는다. 나라에 넘긴 것이 많다.

노는 시설을 호텔로 이용한다. 한국에서 고가에서 민박을 하는 것과 상통하는데, 민박이 아닌 정식 호텔이다. 가격이 그리 비싸지는 않다. 호텔의 두 배 정도여서 일본의 여관처럼 고가는 아니다. 인터넷을 이용해 예약할 수 있다. 사진을 올려놓고 설명을 야단스럽게 하면서 오라고 유혹한다. 불국 중세로 되돌아가 널찍한 저택에서 끝없이 펼쳐져 있는 정원을 내다보면서 무한한 낭만을 즐긴다고 상상만 해도 즐겁다.

그러나 실제로 가는 것은 쉬운 일이 아니다. 차를 운전하지 않고 찾아가기는 어렵다. 기차역까지 차를 가지고 마중 나오게 할 수 있으나 불어를 제대로 해야 가능하다. 하루만 자고 오면 찾아가는 수고를 한 보람이 없다. 며칠 머물면서 주위를 돌아보면서 여유를 즐겨야 한다. 그러면 비용도 문제이지만, 다른 관광계획을 취소해야 한다.

더 심각하게 고려해야 할 일이 있다. 불국의 역사를 안다고 자부하는가? 중세 때의 이야기를 탐독했는가? 나오는 요리 이름을 알고 종업원과 수작을 나눌 수 있는가? 이 세 질문에 대답이 모두 "예"여서 고성 호텔을 이용할 자격이 있기를 바란다. 고성 호텔은 이용하기 어렵다고 겁을 주려는 것이 아니다. 높은 식견을 지니고 여유를 누리는 여행을 하자는 말이다.

세상에는 별별 이상한 숙소도 있다. 일본의 캡슐호텔 정도는 저리 가라고 한다. 감옥이었던 곳을 호텔로 이용한다. 얼음 속에 침실을 마련한다. 나무 위에 잠잘 곳을 만든다. 바닷속으로 들어가 밖을 내다보면서 취침하라고 한다.

이런 정도로는 세상 사람들이 놀라지 않으니 더 이상한 짓을 한다. 건설 장비 크레인 위에서 잠을 자라고 한다. 버블이라고 하는 거품 속에 들어가라고 한다. 산 중턱에 침대만 놓고 호텔이라고 한다. 내일은 무엇이 나타날지 아무도 모른다. 아무도 모르는 것을 지어내려고 안달이다.

여행객은 호기심이 있어 이런 별난 숙소를 찾는다. 지어내는 사람들은 어떻게 하면 화제에 올라 유명해지고 돈을 벌까 나날이 궁리한다. 수요가 있으니 공급이 생기는 것이 아니고, 공급을 먼저 만들어내고 수요가 생기게 한다. 경제법칙의 상식을 뒤집는다.

생산 기술의 발달도 노동시간이 줄어들어 여가가 많아지고, 교통이 나날이 발달해 여행객이 폭발적으로 늘어난다. 관광업이 어떤 제조업보다 규모가 크고 부가가치가 높은 산업이 되었다. 이를 두고 나라끼리 치열하게 경쟁한다. 석탄이나 철강, 석유나 천연가스가 나라의 경제를 좌우하는 시대가 지나가고, 이제는 관광 자원이 으뜸이다.

관광 자원은 주어지는 것만이 아니고 만들어야 한다. 자연 경치는 가꾸는 것 이상으로 할 일이 없으므로, 자는 곳을 만드는 데 힘써 올림픽 경기를 벌인다. 정상적인 숙소를 잘 만들어 널리 선전하는 데 그치지 않고, 별별 이상한 숙소까지 지어내는 것이 새로운 풍조이다.

한국인은 관광하러 해외에 나가는 데서는 선두를 달리면서, 외국인을 불러들여 국내의 관광업을 키우는 일은 열심히 하지 않는다. 볼 것과 먹을 것을 두고는 어지간히 신경을 쓰지만, 잠잘 곳은 우습게 여긴다. 보고 먹고 하는 것에 잠잘 곳을 보태야 관광업이 제대로 돌아가는 것을 모르고 있다.

남의 나라 이야기를 하다가 우리 걱정을 하지 않을 수 없다. 일본 호텔 체인이 국내에 진출하듯이, 'Ibis' 호텔도 생겨나는데 불국에서보다 비싸다. 한국 수준에 맞추는 것 이외의 다른 이유를 생각하기 어렵다. 이미 국제적인 신뢰를 얻고 있는 일본과 불국 호텔이 속속 진출해 국내 여행을 할 때에도 외국인 호텔에서 잠을 자야 할 형편이다.

대구 시내 중심지에서 숙박을 해야 할 사정이 있었는데, 전에 있던 중급 호텔이 다 없어진 것을 알고 당황했다. 차를 타고 한참 가야 하는 변두리에 고급 호텔이 생겼을 따름이고, 중심지에는 적절한 가격으로 잠잘 곳이 없었다. 불국의 체인 호텔이 하나 새로 들어온 곳이 있어 어려움을 해결하기는 했는데, 불국에서 지불하는 것 이상의 숙박비를 요구했다.

　다른 곳에 가면 겉은 번지르르하지만 안은 어떤지 모를 호텔이 더러 있다. 불신을 자아내 망하지 않을까 하는 염려를 하지 않을 수 없다. 일시적인 유흥객이 아닌 일상적인 여행객을 상대로 영업을 해야 한다. 네온사인은 걷어내고 작지만 특징이 있는 간판을 걸어 이용자를 안심하게 해야 한다. 숙박료를 터무니없는 고가로 하고 대폭 할인을 하는 관행도 고쳐야 한다. 'Toyoko Inn', 'Route Inn', 'Ibis' 호텔은 할인이 없다. 정한 가격을 언제나 그대로 받는다.

　한국관광공사에서 그리 비싸지 않으면서 깨끗한 'Good Stay'라는 숙박업소를 지정해 다소 안심을 할 수 있게 하지만 아직 많이 모자란다. 찾아가면 허술한 곳이 적지 않다. 위치, 가격, 시설, 청결 등을 모두 신뢰할 수 있는 중저가 호텔 체인이 있어야 국내 여행을 편리하게 하고 외국인도 안심하고 올 수 있다.

　'펜션'이라는 것들이 늘어나 그 대역 노릇을 하는 것은 아주 비정상이다. 펜션의 원어 'pension'은 세 끼 식사를 제공하는 숙박업소이고, 아침과 저녁만 주는 곳은 반펜션이라는 뜻으로 'demi-pension'이라고 한다. 남의 말을 가져와 반대의 뜻으로 써서, 식사를 제공하지 않는 숙박업소를 펜션이라고 한다.

　숙박업소에서는 식사를, 최소한 아침을 제공하는 것이 정상이다. 고급 호텔에서는 식사를 할 수 있지만 비싸고 맛이 없다는 선입견 때문에 투숙객들이 아침에도 근처에 있는 식당을 찾는 것이 예사이다. 호텔이 잘못인지 투숙객이 잘못인지 심각하게 반성하고 시정해야 한다. 숙박비에 아침 값을 포함시키는 것을 관례로 정착시켜야 잘못이 시정된다.

한옥 민박이 많아지고 편리하게 이용할 수 있게 하는 것이 바람직하다. 한옥을 새로 짓는 것을 능사로 삼지 말고 아직까지 남아 있는 고가를 수리해서 이용하는 것이 좋다. 외국인도 즐겨 찾을 수 있게 안내를 잘 하고, 불편을 덜어주고, 세심하게 배려할 필요가 있다.

환영받을 만한 제안을 한다. 전주 같은 좋은 곳 기차역에 손님이 내리면, 인원수에 맞는 차에 태워 여행을 시작한다. 외국인들은 그 나라 말에 능통한 사람이 안내해 불편이 없도록 한다. 차를 가지고 공항으로 마중 나갈 수도 있다.

며칠 동안의 여행을 알차게 한다. 고풍 한옥을 숙소로 이용한다. 이름난 맛집을 성지순례를 하듯이 돌아다닌다. 근처의 문화재나 명승지를 두루 돌아본다. 빼어난 경치도 구경하고, 뛰어난 공연에도 참석한다. 이런 여행을 한다면 내가 먼저 당장 신청하겠다.

한국에는 사찰에서 숙박하는 '템플스테이'(temple stay)라는 것이 있다. 일본의 전통 旅館이나 불국의 고성 호텔 숙박과 고풍을 잇자는 것은 같으면서, 상당히 다른 점도 있다. 외국인도 와서 사찰 생활을 체험해보라고 이름을 영어로 붙였다. 불교 의식에 참가하면서 사찰 체험을 하도록 하는 숙박 이상의 행사이다.

불교 의식에는 참가하지 않고 숙박만 해도 되는 것도 있어 이용해본 적 있는데, 지금은 없어져 섭섭하다. 정부의 보조를 받는 것이 문제라고 한다. 정부의 보조를 받고 한국 전통문화를 체험하게 하는 템플스테이 사업을 하면서 단순 숙박객도 수용하는 것은 부당하다고 다른 종교에서 들고일어나 물러나야 했다. 자유 숙박을 안내하는 말이 템플스테이를 신청하는 홈페이지에서 사라졌다.

템플스테이에 정식으로 참가하려면 오래전에 신청하고 사찰에서 정한 날에 시간 맞추어 가야 한다. 새벽 네 시에 일어나 예불을 하는 것부터 시작해서 하루 종일 자유시간이 없다. 사찰을 찾는 것은 불교가 좋아서이지만, 구속에서 벗어나 혼자 조용하게 명상하는 것을 바란다. 사찰은 누구에게나 열려 있어 다른 종교에서는 찾을 수 없는 편안한 느낌을 준다. 그 편안한 느낌을 안에 들어가 속속들이 누리고 싶다.

지금 하고 있는 공식적인 템플스테이와는 별도로 다양한 형태의 사찰 숙박이 있으면 좋겠다. 전통문화 체험을 스스로 하도록 하는 것이 바람직하다. 이름난 사찰에서도 자고, 산속의 암자에서도 머무르고, 때로는 고승이 수도해 깨달음을 얻었다는 토굴도 찾으면 많은 것을 느낄 수 있을 것이다. 한옥 고가에서 머무르기만 하는 것보다 월등하게 높은 정신세계를 체험할 수 있으리라. 사찰에서 출발해 산을 넘고 암자를 찾아 숙박하고, 다시 산을 넘어가서 다른 암자로 가는 여행 일정을 마련해, 희망하면 참가하도록 하는 것도 좋은 방법이다.

외국인도 자유롭게 사찰 숙박을 하거나 산을 넘어 암자 여행을 하는 일정에 참가하도록 하면, 수준 높은 희망자들이 있을 것이다. 수준 높은 희망자는 소수이지만, 세상을 깨우쳐주는 영향력은 대단하다. 책을 쓰거나 동영상 구경거리를 만들어 많은 것을 말할 수 있다. 엄선된 소수에서 시작해 다수의 대중으로 퍼져나가는 문화의 물결이 지속적인 의의를 가진다.

사찰에 숙박하고 산을 넘어 암자로 가는 여행자는 자유로워야 한다. 때로는 예식에 참가하기는 하지만, 정해진 순서로 수행을 하면서 교리 설명을 들어야 고결한 정신세계에 동참할 수 있는 것은 아니다.

불교는 교리를 따르라고 요구하는 통상적인 의미의 종교가 아니고, 마음을 열어주기만 하면 할 일을 한다고 나는 믿고 좋아한다.

이슬람 모스크에는 신자가 아닌 사람은 들어가지 못한다. 가톨릭 성당이나 개신교 교회에서 여행객을 재워준다는 말을 듣지 못했다. 수도원에서는 숙박을 할 수 있다지만 엄선된 극소수에게만 예외적으로 가능하다. 불교 사찰은 누구에게든지 열려 있다. 옛 사람들은 사찰을 숙소로 하고 여행을 했다. 丁時翰(정시한, 1625-1707)의 《山中日記》(산중일기)는 전국 답산 여행기인데, 숙소는 거의 다 사찰이었다.

젠테(Siegfried Genthe)라는 독일 지리학자가 1901년에 한국에 와서 전국을 일주하다시피 하고 지은 《한국: 여행 소묘》(*Korea: Reiseschilderungen*, 1905)가 있고, 권영경 옮김, 《신선한 나라 조선, 1901》(책과함께, 2007)이라는 번역본이 있다.

금강산에 가서, 산이 "훌륭한 경과는 자랑할 뿐만 아니라, 사찰이나 수도승들도 사람의 때가 묻지 않은 태고의 순수함을 그대로 보존하고 있다"고 했다. 승려들이 청빈함을 지키는 것보다 마음이 열려 있어 더욱 놀랍다고 했다. 그 대목은 직접 인용해보자.

친절하고 따뜻한 마음을 지닌 승려들은 다른 종족이며 다른 언어와 다른 신앙을 가진 외국인에게, 어떤 적대감이나 편협한 내색도 없이 사찰과 승방의 생활을 구경시켜 주었다… 다른 어떤 불교 국가에서도 상상할 수 없는 일이다… 유별난 관심을 가진 학자가 그렇게 자유로이 구석구석을 구경할 수 있는 곳은 이 세상에 없을 것이다. (번역본 184면)

최
고
의
자
랑

　구경을 다니면서 시시껄적한 것들로 시간을 낭비하지 말고 최고
의 자랑거리를 찾자. 중국·일본·불국에서 자국은 물론 세계 최고임
을 자랑하는 구경거리를 둘러보자. 이렇게 생각하고 찾은 곳이 중국
의 雲崗石窟(운강석굴), 일본의 東照宮(도쇼구), 불국의 샤르트르성당
(Cathédrale de Chartres)이다. 이 셋 다 그 나라의 국보이고, 유네스코 세
계문화유산이다.

　이 셋의 사진을 제시하고 이야기를 시작하면 좋을 것 같은데 그
럴 필요가 없다. 인터넷을 뚜드리면 선명한 사진을 많이도 볼 수 있
다. 앞으로 더 들 다른 자료들도 마찬가지이다. 도판이 없는 책을 내
면서 좋은 도판을 독자 스스로 찾아서 보게 한다.

　운강석굴은 중국 山西(산서)성 大同(대동)시 서쪽 20km에 동서
1km에 걸쳐있는 약 40개의 석굴사원이다. 놀랍도록 빼어난 불상 조
각들이 거대한 자태를 보여주어 보는 이를 압도한다. 중국을 여행하
면 반드시 찾아가야 하고, 천천히 오래 보아야 한다.

중앙민족대학에서 가르치느라고 북경에 머무르는 동안 그 대학 대학원생을 안내자로 삼고 길을 나섰다. 기차를 타고 한나절 가서 大同에서 하룻밤 자고, 다음 날 오랜 시간 동안 구경을 하고 왔다. 현장에서 보고 느낀 바를 강의시간에 말했다. 운강석굴에서 동아시아 중세가 시작된 모습을 확인할 수 있다는 것이 핵심이 되는 내용이다.

구체적인 설명은 전문가에게 맡기고, 나는 여기서도 내가 하고 싶은 말을 하기로 한다. 운강석굴은 北魏(북위) 왕조에서 5세기에 만들었다. 북방민족 鮮卑族(선비족)이 세운 나라가 중국 장강 이북의 중원을 통일하자, 왕조의 위업을 자랑하고 漢族(한족)의 우세를 누르는 위험을 이룩하려고 불교를 크게 숭상하고, 불교미술의 거대한 조형물을 만들었다.

그 일을 홀로 한 것은 아니다. 서역에서 전래된 불교미술을 재창조해 동아시아 각국에서 널리 규범으로 삼을 본보기를 마련했다. 石窟庵(석굴암) 부처를 비롯한 허다한 한국 불교조각, 鎌倉(가마쿠라) 大佛(대불) 외의 여러 일본 불상이 모두 운강석불을 모체로 해서 생겨났다. 운강석불을 보면 우리 것이라고 생각된다.

그 전에 제작한 중국의 조형물은 중국만의 것이었다. 신화 전승을 돌에 새긴 한나라 때의 유물 漢石刻(한석각)이라는 것들이 여기저기 많이 남아 있는 것을 보면, 伏羲氏(복희씨)가 어떻고 西王母(서왕모)가 어디 있다는 등의 사연이 도무지 생소하고, 돌에다 흠집을 조금 낸 조각 솜씨가 어설프고 낯설기만 하다. 漢族 특유의 고대적 사고와 표현이 중국의 범위를 넘어서지 않았기 때문이다.

고대를 마무리하고 중세에 들어서도록 하는 대전환은, 漢族을 대신해 지배자로 등장한 북방민족이 담당해 중국 재래의 신화를 밀어내고 불교를 문명권 전체가 공유하는 이념으로 정립하면서 이루어졌다. 한문을 공동문어로 사용하는 작업도 함께 진행했는데, 이것은 중국판도 밖의 고구려가 선도했다. 그렇게 해서 고대 자기중심주의와는 다른 중세 보편주의가 이루어졌다.

운강의 석불은 중국에 있다는 이유에서 중국 것이라고 하지만, 중국의 범위를 넘어선 동아시아의 공유재산이다. 자존망대의 패권주의 발상을 넘어서서, 부처는 누구나 공감할 수 있는 친근한 모습을 하고 있는 것을 커다랗게 보여준다. 그 크기가 생각의 넓이이다. 깨달음의 높은 경지에 이르렀어도 별세계에서 군림하지 않고, 부처는 예사 사람들과 가까운 관계여서 누구나 어려워하지 않고 쉽게 다가갈 수 있다고 알려준다. 얼마든지 더 커도 된다. 고통을 위로하고 소원을 들어주며, 번뇌 망상에서 벗어나 마음의 평화를 찾는 길이 있다고 말해준다.

거대한 석불을 만들라고 시킨 제왕은 자기가 석불과 동일시되어, 거룩하다고 칭송하면서 누구나 우러러보기를 바랐다. 석불은 제왕이 생각한 것보다 더 위대해, 누구나 마음속에 부처가 있다고 일깨워주는 은근한 미소를 띠고 있다. 권력이나 재력에서 사람 등급이 있다는 생각을 하지 못하게 하고, 모든 것을 하나로 아우르는 원만한 경지가 있음을 알려준다.

漢族이 수많은 문자를 허비하면서 華夷(화이)를 갈라놓은 언설이 모든 중생은 한결같이 불성을 지녔다고 하자 무효가 되었다. 24史(사)나 되는 역사 기록보다 석불 불상이 더 많은 것을 말해준다. 책은 읽으려면 글을 알아야 하고, 많은 고생을 해야 하지만, 불상은 누구나 한눈에 알아볼 수 있다.

東照宮은 일본 栃木(도치기)현 日光(닛코)시에 있는 일본 종교 神道(신토)의 神社(진샤)이다. 德川幕府(도쿠가와바쿠후)의 將軍(쇼군)이 되어 전국을 지배한 권력자 德川家康(도쿠가와 이에야스)가 죽자 유골을 안치하기 위해서 1617년에 건립했다. 德川家康가 東照大權現(도쇼다이곤겐)이라는 위대한 신이 되었다고 받들면서 제사를 지낸다. 이곳을 "동쪽을 밝힌다"는 의미의 東照라는 신을 모신 전국 神社의 총본산이라고 한다.

　　동경대학에 초청되어 동경에 머무르는 동안에 가서 그것을 구경했다. 그런 유래에 관심이 있고, 신을 받드는 것을 거룩하게 여겨 간 것은 아니다. 오직 눈을 즐겁게 하는 구경을 하려고 갔다. 근처에 좋은 경치·사찰·온천이 있어서 가벼운 여행을 하면서 쉬기에 좋았다. 일본 여행사에서 왕복 교통편을 이용하고 숙박까지 하는 여행권을 팔아 어렵지 않게 다녀올 수 있었다.

　　가서 무엇을 보았는가? 직접 본 것에 들은풍월을 약간 섞어 말한다. 대문 격인 陽明門(요메이몬)의 화려한 장식이 너무 야단스러워 눈을 의심할 정도였다. 온갖 기묘하고 요상한 것들을 다 모아 덕지덕지 붙여놓았다. 그 솜씨가 놀라워 감탄하지 않을 수 없게 한다. 권력의 영광은 상상을 초월할 정도로 대단하다고 말해준다. 죽으면 다 허사인데, 절대적인 권력자는 죽어서는 동쪽을 비추는 신이 되었다고 받든다. 죽음을 초월할 수 있는 듯이 속이고 있다.

　　그 다음의 唐門(가라몬)은 희게 칠하고, 주위에 잠자는 고양이를 조각해 놓았다. 마구간에는 세 마리의 원숭이 8개 부조가 있다. 동물들로 통치받는 백성의 삶을 말한 것 같다. 고양이는 말썽을 부리지 않는 밑바닥 인생의 모습을 말해준다. 원숭이는 미천한 백성은 나쁜 것

143

은 듣지도, 보지도, 말하지도 말라는 가르침을 전달하고 있다고 한다. 권력자는 사람 위의 신이고, 백성은 사람 아래의 짐승이라고 한다.

5층탑이 있다가 소실된 것을 재건했다. 탑의 각층이 흙·물·불·바람·하늘을 나타낸다고 한다. 그것들이 신이 된 권력자를 옹위한다고 한다. 삼나무 길을 한참 지나면 나타나는 5m 높이의 청동탑에 권력자의 유골이 들어 있다고 한다. 유골은 이미 썩어서 형체가 없을 터인데, 신이 되었다고 받들고 온갖 장식을 갖추어 찬양한다.

운강석불을 보면 사람은 누구나 사람임을 깨닫는데, 여기서는 사람은 다 달라 권력자는 신으로 승격하고 백성은 짐승으로 살아가는 것이 당연하다고 한다. 짐승처럼 순종하면서 시키는 대로 사는 것이 백성의 도리임을 알려준다. 넓어진 마음이 좁혀지게 한다.

비슷한 종교인 것 같고 일본에서는 흔히 뒤섞이지만, 佛敎(불교)와 神道(신토)는 아주 다르다. "모든 중생은"이라고 하는 말을 "우리 일본인은", "위대한 將軍(쇼군)께서는"으로 바꾸어놓아 하늘과 땅과 같은 차이가 있다. 17세기에 이르면 중세에서 근대로의 이행기에 들어서서 역사 창조의 주체가 확대되는 변화에 일본은 동행하지 않으려고 했다.

東照宮에 나타나 있는 권력 지향의 특권의식, 배타적인 우월감이 내 목을 겨누는 칼날처럼 느껴졌다. 살아서 권세를 누렸다는 이유에서 죽어서는 신이 되었다는 것이 말이 되는가? 죽어서도, 신의 세계에서 승패나 우열이 재고의 대상이 되거나 뒤집히지 않으면, 억울한 희생자들이 어디 가서 하소연을 하는가? 칼날을 무서워하지 않고 나는 이렇게 따진다.

이런 의문을 제기해야 하는 곳에 돈을 쓰고 공연히 가서 기분을 잡친 것이 후회된다. 일본이 어떤 나라인지 알기 위해 현지답사에 투자했다고 여기면 다소 위안이 된다. 아무리 용을 써도 권력은 무상하다는 것을 재확인했다고 하면 밑천은 뽑았다. 아름다운 장식을 한 손재주를 실컷 구경한 것은 이득으로 남는다. 좋은 경치를 보고 온천에 몸을 담그면서 잊을 것은 잊자. 일본인을 미워하지 말자. 내 자신에게 이렇게 타일렀다.

중국 명나라의 왕릉을 구경한 기억이 난다. 十三陵(십삼릉) 가운데 특히 자랑할 만한 것을 공개하고 있어 고액의 입장료를 내고 들어가 보니, 호화의 극치를 자랑하는 어마어마한 지하궁전이었다. 왕은 왕후를 둘 거느리고 저승에서도 온갖 영화를 다 누린다고 알려준다. 東照宮에 묻힌 위인이 알았더라면 벌떡 일어나 자기 무덤을 더 크게 만들라고 했을 것이다.

왕릉 잘 만들기 경쟁에서 조선왕조의 왕들은 일찌감치 기권을 했다. 왕릉이 어느 왕의 것이든지 모두 같은 모양이다. 봉분이 좀 크고, 석물 장식이 많고, 제사 지내는 시설을 갖춘 것이 특별하게 보일 수 있으나, 예사 사람들의 무덤과 원리나 구조가 다르지 않다. 왕의 무덤과 하나뿐인 왕비의 무덤이 대등한 지위에서 독립되어 있는 陵(능)인 것이 명나라와 아주 다르다. 그리고 보니, 東照宮에 묻힌 위인의 아내는 몇이나 되며, 어디로 갔는지 궁금해진다.

조선왕릉은 이것저것 가리지 않고, 40기가 일괄 유네스코 세계문화유산으로 지정되었다. 왕릉 자체보다 주위의 수목이 더 볼만해 찾는 사람들이 있고, 이름난 관광지는 아니다. 세종의 英陵(영릉)을 특히 소중하게 여기는 것은 무덤을 특별하게 만들어서가 아니고, 살아 있을 때의 업적을 존경하기 때문이다. 왕에 대한 역사적 평가는 많이 달라도 왕릉은 차이가 없다. 죽으면 모두 같아진다고 일깨워준다. 어느왕도 이에 대해 불만을 품고 자기 무덤은 특별하게 만들라고 하지 않았다.

경주에 가면 반드시 구경하고 감탄하는 신라왕릉과 많이 다르다. 그때의 왕릉보다는 아주 작아졌으며, 부장품을 넣지 않아 도굴당하지 않는 것이 더 큰 차이점이다. 조선왕릉 발굴품이 찬란하게 전시될 날은 영원히 없다. 이것은 내세에 대한 기대를 버리고, 왕이 예사 사람과 그리 다르지 않다고 인정해서 나타난 역사의 대전환이다. 같은 전환이 중국이나 일본의 왕릉에서는 확인되지 않는다.

샤르트르성당은 파리 서남쪽 80km 거리의 샤르트르라는 마을에 있는 가톨릭 사원이며, 13세기에 지었다. 유럽 여러 곳에 남아 있는 비슷한 시기의 고딕 성당 가운데 가장 크고 아름다우며 특히 잘 보존되어 있다고 한다. 불국 사람들이 대단한 자랑으로 삼고, 무얼 좀 아는 관광객이면 반드시 찾는다.

지난날에는 불국 젊은이들이 파리를 출발해 도보 행진을 하면서 성지순례를 했다고 한다. 저 멀리 밀밭 너머로 성당 꼭대기가 보이면 말로 형용할 수 없는 감격을 느꼈다고 시인 페기(Charles Péguy)가 노래했다. 지금은 기차가 자주 다니고 타는 시간이 짧아 갔다 오기 쉽다.

파리에 있는 동안 두 번 하루에 다녀왔다. 한 번은 크리스마스 날 오후였다. 돈을 내면 설명을 해준다고 해서 신청했더니, 무슨 까닭인지 신청자가 나 한 사람뿐이었다. 나이 좀 든 불국 여인이 나 한 사람을 데리고 두 시간쯤 이곳저곳을 다니면서 친절한 설명을 했다. 자주 질문을 하면서 캐물어도 말을 다 알아듣지는 못했으며, 수많은 성상이 누구인가는 말을 알아들어도 머리에 입력이 되지 않았다.

외관도 대단하지만, 색유리에 석양이 비칠 때에 보이는 황홀한 아름다움은 상상을 초월한다. 그러나 눈으로 보기만 해서는 진가를 알지 못한다. 색유리에 그려 넣은 것들에서 성경에 나오는 장면을 몇 가지 찾아낼 수 있을 따름이고 다른 것들은 무엇인지 구체적으로 확인하지 못한다. 평소에는 이 정도였는데, 그날 설명에서 하나하나 다 말해주니 지루하기는 해도 들을 만했다. 가장 흥미로운 사실은 생활 용구를 만드는 각종 장인들 조합에서 헌금을 하고 자기네가 하는 일을 채색유리 그림에 나타내 달라고 한 것이다. 자세히 보니 모두 아기자기하고 흥미로웠다.

그것은 13세기가 어떤 시대인지 말해주는 중요한 자료이다. 귀족과 농민만이던 사회에 갖가지 생산 활동에 종사하면서 돈을 버는 시민이 등장해 중간계급을 이루고, 여러 가지 면에서 영향력을 행사해 중세후기가 시작되었다. 기독교 교리에도 대변동이 있어 천국과 지옥 사이에 연옥이 있다고 했다. 시민은 천국에 갈 자격은 없다고 자인하면서도 지옥으로 가기는 원통해 연옥을 신설해달라고 요구했다. 시민이 성당에 헌금을 많이 하는 고객이라 요구를 들어주어야 했다. 이것은 책을 읽어 이미 알고 있던 사실이다. 성당 채색유리 그림을 유심히 살펴보니 이미 알고 있던 바가 아주 선명해졌다.

샤르트르성당에 그 뒤에 다시 갔다. 마을 중심지에 숙박하면서 아름다운 경관을 마음껏 즐기고, 성당 구경을 밤낮으로 자세하게 했다. 돈을 주면 꼭대기까지 올라갈 수 있다고 해서 용감하게 나섰다가 위에서 아래를 내려다보고 무서워서 혼이 났다. 밑에서 위로 쳐다보아야 할 것을 반대로 보아 신성모독을 하니 벌을 받을 만했다.

돈을 받고 위에까지 올라가도록 하는 것은 신성모독을 판매하는 상행위가 아닌가? 보고 가기만 하고 헌금하는 사람들이 줄어들어 편법을 사용하는가? 마을 전체가 성당을 보러 오는 사람들 때문에 먹고사는 세금을 내지 않는가? 세금이 관청에만 가고 성당에는 가지 않는가? 별별 시시한 생각을 다 했다.

밤에는 성당에 사방에서 조명을 비추는 것을 보았다. 조명을 받은 성당 모습이 황홀하게 빛나 천국에 오르는 것 같은 느낌을 받았다. 예전에는 없던 방법을 써서 관광객을 모으려고 한다고 생각하니 허망하다는 생각이 들어 도로 지상으로 내려왔다.

우리는 어떤지 생각해보았다. 우리도 명동성당을 높다랗게 지었다고 자랑하는데, 비교해보면 적지 않게 초라하다. 언제 같은 수준에 이를 것인가? 시대를 중세로 되돌릴 수 없어 영원히 불가능하다. 불교 사찰에서 대응물을 찾아야 한다. 海印寺(해인사)를 본보기로 들어보자. 성당이란 아무리 커도 집이 한 채이고, 사찰은 여기저기 흩어져 있으며 주위 산천과 경계가 없다.

닫힌 공간이 세로로 뻗어 하늘 높은 줄 알아야 한다고 하는 그쪽과, 열린 공간이 가로로 펼쳐져 땅이 넓다고 일깨워주는 이쪽은 기본 원리가 다르다. 부처나 보살을 만들고 그려 눈을 현란하게 하는 것은 상통한다고 하겠으나, 얼마 되지 않는 성경과 八萬大藏經(팔만대장경) 법문의 차이는 엄청나다. 기도를 하면서 구원을 기다릴 것인가? 마음을 다스리면서 경전 공부에 힘써 스스로 깨달을 것인가?

종교란 무엇인지 생각한다. 사람은 저 높은 곳을 향해서 올라가면서 현실에서는 가능하지 않은 이상을 추구하려는 숭고한 욕구가 있어 종교가 있어야 한다. 저 높은 곳에서 추구하는 이상이라는 것이 허황되어 거짓말을 얼마든지 할 수 있고, 거짓말을 이용해 합리적 사고를 잠재우고 권력을 남용한다. 이 두 측면이 어느 정도의 비중을 가지는가는 종교에 따라서, 같은 종교에서도 시기나 상황에 따라서 다르다.

이상을 추구할 자격을 가진 사람의 범위가 문제이다. 유자격자들끼리는 등급이 없는지 있는지, 세상에서 통용되는 사람의 등급이 뒤집어지는지 재확인되는지 알아보아야 한다. 이상은 현실에서부터 실현되는지, 피안에 가야 비로소 실현되기 시작하는지도 시빗거리이다. 이상 추구를 선도하는 사제자가 자기를 낮추는 봉사자일 수도 있고, 남들 위에서 군림하는 사기꾼일 수도 있으니 잘 가려서 따라야 한다.

종교 조형물은 무슨 소용이 있는가? 실용적 가치가 없어 원천적으로 낭비인데, 대형으로 만드는 재원을 조달하느라고 힘들여 일하는 사람들을 더욱 괴롭혔다고 할 것인가? 종교의 이상 추구에 공감하는 사람들은 추구하는 목표를 조형물이 가시적인 형태로 구체화해 허공에서 헤맬 뻔한 혼을 커다란 손으로 잡아주어 고맙다고 할 것인가? 종교가 역기능을 해서 불행을 가중시킬 때에는 조형물은 클수록 흉물스럽고, 야단스러울수록 더욱 저주한다.

흉물스럽고 저주스러운 조형물은 마음대로 하면 다 태워버릴 것인가? 아니다. 그것은 이슬람 극단주의자들이나 하는 짓이다. 당대 최고 장인들이 동원되어 솜씨를 발휘한 결과는 평가해야 한다. 종교 조형물을 대형으로 만들지 않았으면 최고 장인들이 있을 수 없고, 있어도 빛을 보지 못했을 것이다. 그런 장인들에게서 무한한 동지애를 느낀다. 장인들의 놀라운 솜씨는 누가 시켜서, 무엇을 위해서 사용되었어도 존중해야 한다. 후손들이 관광 수입을 올릴 수 있게 하면서 계속 봉사하니 고맙기도 하다.

바티칸으로 가보자. 하느님은 거룩하고, 거룩한 하느님의 권능을 행사하는 교황은 위대하다고 하려고, 최고의 장인 미켈란젤로(Michelangelo)에게 명령해 조각과 그림을 야단스럽게 제작하라고 했다. 죽은 예수가 성모 마리아 무릎 위에 누워 있는 모습은 처참함의 극치이다. 천지창조나 최후심판에 등장하는 하느님이나 예수, 주위의 군상은 천지를 뒤흔드는 함성을 지르면서 잠든 영혼을 일깨운다.

보는 사람 누구나 소스라쳐 놀라, 미켈란젤로는 위대하다. 인간의 창조력이 어찌 이렇게까지 거룩한가 하고 감탄한다. 다른 모든 것을 버리고 오직 한 가지 일에만 집중하면 놀라운 힘이 생기는가 묻지 않을 수 없다. 나는 내가 하는 일의 미켈란젤로일 수 있기를 간절하게 바라고 노력하자고 다짐한다.

인도의 산치(Sanchi)에는 부처님 사리를 모신 둥글고 높은 大搭(대탑)이 있다. 轉輪聖王(전륜성왕)이라고 칭송될 정도로 위대한 아쇼카(Ashoka) 대왕이 기원전 2세기에 만든 불교 유적이다. 동서남북 搭門(탑문)에 불교의 우주관을 나타내는 상징물과 부처님의 생애의 일화를 새긴 조각이 아주 정교하고, 아쇼카 자신의 모습도 등장한다.

아쇼카는 젊어서 사랑하고 장래를 약속한 여인을 왕위에 오른 뒤에 잊고 있다가, 아들이 가져온 신표를 보고 크게 뉘우쳐 찾았으나 이

미 세상을 떠난 뒤였다. 잘못을 사죄하려고 탑을 짓고, 아들이 승려
가 되어 지켰다는 이야기가 전한다. 위대한 제왕이란 허망한 줄 알고
예사 사람으로 돌아가고자 한 아쇼카에게 관심이 집중되어 부처님은
후광을 제공하고, 건축을 한 장인은 누군지 묻지도 않게 된다.

그리스 아테네의 파르테논(Parthenon) 신전은 아테네(Athene) 여
신을 자기네 도시국가의 수호신으로 모신 종교건축이다. 집권자 페
리클레스(Pericles)가 페이디아스(Peidias)를 비롯한 뛰어난 장인들에게
공사를 맡겨 기원전 432년에 완공했다. 건축이 아름답고 조각이 뛰어
나다고 칭송이 자자하지만, 파괴되어 원형은 남아 있지 않다.

터키인들이 점거해 화약고로 사용하다가, 17세기에 베네치아인
들의 포격으로 화약이 폭발해 건물 중심부가 파괴되었다. 파괴되고
남은 조각들을 19세기에 영국인이 약탈해 가서, 자기네 영국박물관
(British Museum)에 팔았다. 약탈품을 큰 자랑거리로 삼으면서 구경꾼
을 모은다.

아테네 수호신의 신전이라는 것은 무슬림이나 기독교도가 보면
돌 더미 우상에 지나지 않아 파괴하고 매매해도 그만이다. 고대 자기
중심주의는 중세 보편주의 앞에서 아주 무력하다. 이렇게 말하고 말
것은 아니다. 고대에 이미 나타난 최상의 아름다움을 추구하는 인류
공통의 이상이 유린된 것은 누구에게든지 애석하다. 약탈품을 되돌려
달라고 그리스에서 끈덕지게 요구하는 것이 정당하다.

이집트에도 있고, 멕시코에도 남아 있는 압도적으로 거대한 피
라미드는 종교를 빙자하고 수많은 사람의 노동력을 낭비한 어리석은

짓의 표본이 된다. 바위를 운반하고, 일정한 크기로 자르고, 가지런히 놓으면서 아주 높이 쌓아 올리느라고 얼마나 많은 사람들이 노역에 시달리면서 죽었는가? 지배자는 위대하니 우러러보아야 한다고, 높은 데서 신들과 바로 통하니 믿음의 대상으로 삼아야 한다고 알리기 위해 부당한 술책을 사용했다.

절대적 권력자가 무리한 짓을 해서 나라는 망하고 바위 더미만 덩그렇게 남았으니 다 덮어두자고 할 수 없다. 권력자와 맞서서 희생자 편에 선다. 희생자들이 대응 논리가 없어 항변도 하지 못했으니 얼마나 원통한가? 죽어서도 한을 풀지 못한다. 가까스로 살아남은 후손들이 관광 수입을 얻는 데 조금 참여하는 것을 위안으로 삼을 수 있나?

영국의 스톤헨즈(Stonehenge), 페루의 마추픽추(Machu Picchu), 남태평양 이스터(Easter)섬의 거인 석상들… 멀리 가면 더 이상한 것들이 많고 많다. 거대한 바위를 떡 주무르듯이 주물러 이해하기 어려운 것들을 만들어놓았다. 어리석다고 할 것인가, 경탄스럽다고 할 것인가? 모든 것이 의문투성이다.

의문을 다 풀면 섭섭할까 염려해, 미지의 영역이 광활하게 펼쳐져 있다고 알려준다. 근시안적인 오만을 경계하고, 세계여행은 끝이 없다고 가르쳐준다. 가고 싶은 곳에 다 갈 수 없다는 것을 알고 자세를 낮추면 마음이 더 넓어진다.

그
림

구
경

    중국·일본·불국은 모두 미술의 나라이다. 그림을 그리고 전시하
고 보는 것을 좋아하고 자랑하는 공통점이 있다. 세 나라를 자주 간
이유에 그림 보는 것이 상당한 비중을 차지한다. 나는 그림 보기를 좋
아하고 그리기도 하므로 미술관을 찾아다니는 것을 큰 즐거움으로
삼았다. 미술은 국경도 언어 장벽도 없으니 얼마나 좋은가.

    중국은 오랜 기간 동안 많은 미술 작품을 산출한 나라이다. 북경
紫禁城(자금성)에 명·청시대의 그림을 비롯한 고미술품을 14만 건이
나 소장하고 있다고 자랑한다. 전각 한 곳에 전시관을 마련하고 봄과
가을 일정한 시기에만 전시한다. 여러 해 전에 갔을 때에는 운이 좋아
전시를 실컷 보았다. 그 뒤에 다시 가서는 볼 수 없었다. 원통하면 도
록이나 사가라고 하는 배짱이다. 대만으로 가져간 작품은 故宮博物館
(고궁박물관)에 얌전하게 전시해 놓은 것과 너무나도 다르다.
    북경에 20여 곳의 미술관이 있는 것은 인터넷에서 검색해서 알고
다 찾아갔는데, 고미술을 전시하는 미술관은 하나도 없었다. 首都博

物館(수도박물관)에 북경의 과거를 보여주는 그림 몇 점이 있어 허기를 달래야 했다. 혁명 전의 근대회화도 보고 싶은 만큼 볼 수 없다. 실망이나 하러 북경에 왔던가 하는 한탄이 절로 나왔다.

中國美術館(중국미술관)이라는 거대한 건물 전 층을 건국 60주년을 기념하는 붉은 혁명의 미술이 점거해 위세를 자랑하고, 다른 여러 곳에서는 별별 이상한 첨단의 전위예술이나 보여주어 허탈하게 했다. 전위예술을 위한 새로운 미술관을 곳곳에 신축해, 미친 짓을 하는 괴상한 그림 세계 본부의 미술관 북경지부 노릇을 하겠다고 나서는 것 같아 보기 흉하다.

전위미술 단지를 찾아가니 오천 년 역사는 어디 가고 폐허만 남은 느낌이었다. 왜 이런 짓을 하는가? 서양인들이 와서 작품을 사가 돈이 되기 때문이다. 공산당이 위세를 자랑하면서 돈이 되면 무엇이든지 하는 양면성이 극명하게 나타난다.

今日美術館(금일미술관)을 비롯한 여러 현대미술관을 새로 지어 첨단 작품을 보여주고 있다. 798藝術區(예술구)라는 곳에 가면, 공장지대였던 곳에 현대미술 전시실이 헤아리기 어려울 만큼 많이 들어서 있다. 마음대로 실험하고 장난하는 해방구라고 할 수 있다. 천년 고도 북경이 이제 막 만든 가장 새로운 도시인 것처럼 보이게 한다.

상해에는 中華藝術宮(중화예술궁)이라는 현대미술관이 있다. 어마어마한 크기이다. 중국이 작은 나라라고 오해하는 멍청이가 아직도 있을까 염려해, 딱 벌어진 입을 다물지 못하게 한다. 이 건물을 보지 않고 중국 구경을 했다고 하면 큰 잘못이다.

1956년에 걸립한 上海美術館(상해미술관)을, 2010년에 세계박람회를 위해 지은 지금의 건물로 2012년에 이전·확장하고 이름을 바꾸었다. 중국 미술을 현대작품 위주로 전시하는 곳이다. "수장품은 1만 4천여 건, 총면적 16만 평방미터, 전시장 면적 6.4평방미터, 전시장 27개소"라고 홈페이지에서 소개했다. 크고 많고 야단스러운 것으로 기를 죽인다. 중국이 어떤 나라인지 유감없이 보여준다.

　　나는 그런 곳을 공교롭게도 중국 국경절 연휴 때 찾아갔다. 운수가 나빴다고 할까, 좋았다고 할까? 인파가 너무 많아 전철에서 내려 입구까지 가는 데 여러 시간이 걸리고 진이 빠졌으니 운수가 무척 나빴다. 사람 사람 사람 사람 사람 사람 사람 사람 사람 사람 사람 사람 … 이렇게 많다니. 너무 놀라 정신을 차리지 못하면서 나도 그 가운데 하나임을 확인했으니 운수가 좋았다고 해도 될 것 같다. 그림을 구경하기 전에 사람 구경을 여한이 없이 했다.

　　떠밀린 끝에 다가가 가까스로 입장을 하니 승강기를 타고 높이 올라가라고 했다. 꼭대기 층에서 시작해 내려오면서 구경을 하는 동안에 거대한 공간에 눌려 나는 너무 초라해진 것을 절감했다. 지나치게 크게 지은 궁전에 들어앉아 위축되지 않을 수 없었던 황제의 체험을 누구나 하라는 말인가. 좁은 실내에 기어들어가 몸을 웅크리고 앉아야 마음이 편해진다는 일본 사람은 어느 정도 이해할 수 있어도, 허세 과시용 공간을 너무 크게 만들어 그 피해가 자기에게 먼저 닥치게 하는 중국인은 아무리 생각해도 어리석다고 하지 않을 수 없다.

　　북송 때의 수도 汴京(변경)의 생활상을 그린 긴 그림 〈淸明上河圖〉(청명상하도) 입체전시 동영상을 보면서 가까스로 정신을 차렸다. 사람들이 오가고, 배가 떠나고, 해가 지고 뜨는 데 나도 끼어들어 편안하고 즐거웠다. 집이며 사람이며 좀 많기는 하지만, 그때는 중국이 지나치게 크거나 너무 붐비지 않아 사람이 살 만했구나, 안심을 하고 나와서 생각하니 영화 속으로 들어가고, 그림을 그림으로 본 것은 아니다. 〈清明上河圖〉 동영상이 아닌 그림은 어디서 볼 수 있는가? 미술관이 아닌 다른 곳에서 보아야 하는가? 동영상을 구경거리로 제공하기만 하지 말고, 그 그림 복제품이라도 걸어놓아야 하지 않는가?

다른 전시장에서는 무엇을 보았는지 집어내 말할 수 없다. 모두 첨단적인 경향의 신작인 것만은 확실하다. 전시장의 크기에 맞춘 거대한 작품, 먹을 쏟아부어 마구 휘갈긴 수법이 보는 사람을 압도한다. 유화도 화폭이 거대하고 색채가 강렬하다. 전시장을 다 둘러보니 힘이 빠지고 정신이 몽롱해졌다. 무엇을 보았는지 기억하기 어려우나, 그리 대단한 작품은 없는 것 같았다. 모든 전시장을 돌아다니느라고 심신이 피로해 쓰러질 지경이라도 중국 전통미술에 대한 갈증은 그대로 남아 있다.

일본에는 국립·현립·시립의 공공미술관이 전국 방방곡곡에 있고, 사립미술관이나 개인미술관도 많아 어디서나 잔치를 차려놓은 것 같다. 전시품에는 서양미술, 일본 전통미술, 일본 근현대미술, 향토작가작품, 이런 것들이 조금씩 있어, 어느 하나를 집중해서 보려고 하면 양이 모자라는 것이 일본음식 같다. 향토음식이 최상의 먹거리이듯이 향토작가 작품이 최상의 구경거리인데, 맛을 보기만 하고 떠나야 하니 아쉽다. 그래서 다음 도시로 가게 한다.

廣島(히로시마)에 갔다가 葛飾北齋(가쓰시카 호쿠사이) 특별전을 보고 대발견을 했다. 일본에서 가장 높아 숭앙을 받는 富士山(후지산)의 모습을 원경에다 두고 근경에서는 당시의 풍속화를 그렸다. 화가가 살았던 당시 사람들이 노동하고 생산하고 사회관계를 이루고 살아가는 모습을 한 단면씩 다양하게 선택해서 그린 목판화 연작이 36점도 있고 100점도 있는 것을 전시했다. 풍속화만이어서 金弘道나 고야(Francisco Goya)보다 폭이 좁다고 할 수 있으나, 풍속의 소재는 더욱 다양하고 묘사가 세밀하면서도 역동적이다. 멀리 있는 명산을 불변하는 정신의 상징으로 삼고 별의별 사람들이 서로 어울려 살아가는 동안에 시대가 달라지고 있는 것을 알려주었다.

그림이 모두 목판화여서 널리 보급되고 애호를 받은 것이 장점이다. 왕후장상이나 종교교단의 지원을 받으면서 주문하는 그림을 그리지 않고, 일반 대중의 모습을 그린 목판화를 시장에 내놓고 그림 속에 있는 것 같은 사람들에게 판매한 것은 칭송할 만하다. 동경에는 이 사람의 미술관이 있다고 하는데, 가보지 못한 것이 그리 아쉽지 않다. 거기 가야 원화를 볼 수 있는 것은 아니다. 목판화는 원화가 따로 없다. 찍어 낸 것을 어디서나 볼 수 있다.

倉敷(구라시키)는 岡山(오카야마) 인근에 있는 그리 크지 않은 도시인데, 면적의 상당 부분을 미술관이 차지하고 있다. 시립미술관은 오히려 초라한 편이고, 大原(오하라)美術館이라는 사설 미술관의 여러 건물이 위용을 자랑한다. 미술관을 설립한 부호 大原가 兒島虎次郎(고지마 도라지로)라고 하는 화가를 불국에 보내 공부시키고, 그림을 수집해 오라고 해서 세운 미술관이다.

兒島虎次郎의 그림이 건물 한 채를 차지하고 전시되어 있는데,

무엇을 그렸는지 얼른 알기는 어렵고 더덕더덕 발라놓은 물감이 눈에 먼저 들어온다. 불국에서 인상파 그림을 배우고 본뜬 것이 그렇게 되었다. 다른 건물에 전시되어 있는 모네(Claude Monet)를 위시한 몇몇 화가의 본바닥의 인상파 그림은 물감이 눈에 들어오지 않고 햇빛이 나고 바람이 살랑살랑 부는 풍경만 보이는 것과 아주 다르다. 일본의 근대 서양화는 수준 이하의 모방작임을 알리느라고 많은 돈을 들여 미술관을 짓고, 모방작은 얼마나 초라한지 분명하게 알라고 본바닥 그림과 대조해 보게 했는가?

모네와 兒島虎次郎의 차이보다 葛飾北齋와 兒島虎次郎의 차이는 더 크다. 모네와 兒島虎次郎는 한 시대의 모습을 보여주려고 하는 진지한 탐구를 저버리고 감각으로 그린 그림이라는 공통점을 가졌으며, 필치가 가벼운지 무거운지는 그리 큰 차이가 아니다. 葛飾北齋의 그림은 긴장되고 역동적인 삶으로 안내해 평면이지만 입체인데, 兒島虎次郎는 그림을 위한 그림을 그리고 말아 갑갑하게 막힌 느낌을 주는 것은 아주 다르다.

일본 근대 미술은 서양화만이 아니었다. 일본화라는 것도 이어졌다. 종이에다 일본화의 물감으로 그린 그림은 화사한 것을 자랑해 일본 고유의 특징을 지닌 것 같지만 인상파풍의 감각주의를 멀리서 재현했을 따름이고 葛飾北齋와는 아주 거리가 멀다. 그래서 일본 그림은 서양화든 일본화든 다 죽은 것은 아니다. 살아 있는 그림도 있다. 大原美術館의 한 건물, 작고 초라한 동양관이라는 곳에 棟方志功(무나카타 시코)의 그림이 몇 점 있는 것을 자세하게 보면 놀랄 만하다.

동양화도 서양화도 아니다. 재래식인지 새로운 방식인지 판가름하기 어려운 판화를 먹을 묻혀 찍어낸 것들이다. 서예의 굵은 선인지 야수파 필치인지 구분되지 않게 그려놓은 인물군상이 압도적인 무게를 지니고 다가온다. 보살을 그려놓은 것이 범속한 인물 같고, 범속한 인물은 보살처럼 그려 놓았다. 진지한 것을 야유하는 장난을 한다. 가만있는 것들이 꿈틀거리면서 쏟아놓는 말이 많다. 삶의 고난이 환희라고 하는가? 葛飾北齋가 보여준 역동적인 삶을 구체적인 내용은 제거하고 의지에서 또는 정신 상태에서 나타내는 축소판을 만들었다.

일본에 이런 화가가 여럿 있는 것 같지는 않다. 동경 上野(우에노)에 있는 日本藝術院(일본예술원)에 전시되어 있는 회원들의 작품을 보면, 착실하지만 그저 그렇고, 얌전해 맥이 빠져 있는 것들이어서 두 가지 생각이 났다. 그림을 좋아하고 열심히 그려도 용기가 부족하거나 통찰력이 모자라 어느 수준을 넘어서지 못하는구나. 예술원 회원을 선발할 때 빼어난 화가는 말썽꾸러기라고 여겨 제쳐놓고, 인사관리 능력으로 화단을 휘젓고 다니는 명사들에게 우선권을 준 것은 아닌가. 어느 쪽이 맞는지, 둘 다 맞는지 알 수 없다.

지방 도시로 가보면 일본 미술을 재평가해야 한다. 멀리 북해도에도 札幌(삿포로)에 도립미술관, 旭川(아사히카와), 函館(하코다테) 등지에 시립미술관이 있어, 변방에서도 미술에 대한 갈증을 해소할 수 있게 할 만큼 구색을 갖추었다. 札幌에 있는 三岸好太郎(미기시 고우타로) 미술관은 그 이상의 특별한 의의를 지닌다. 그 고장 출신 촉망받던 화가가 31세로 세상을 떠난 것을 애석하게 여겨 유작을 모아 도립미술관을 하나 더 만들었다.

작품을 보면 서양 현대미술을 따르기 시작하고 아직 자기 세계를 이루었다고 하기는 어렵다. 습작이라고 할 수 있는 것들을 잘 모셔 돈 보이도록 전시하고 있다. 화가의 아내는 90대까지 화가로 활동하면서 남편의 미술관에 가서 특별전을 개최한 적이 있다. 지방민의 애호에 아내의 사랑을 보태, 단명한 화가가 오랜 생명을 누리고 있어 큰 감명을 준다.

福岡(후쿠오카)도 미술관의 도시이다. 현립과 시립의 미술관이 대단한 규모이고, 아시아미술관이 있어 각국의 그림을 전시한다. 아시아미술관을 세운 것과 같은 취지에서 아시아문화상을 준다. 내게 그 상을 주면서 고등학생을 위해서도 강연을 하라고 했다. 무엇을 할까 고민하다가, 미술의 도시에 알맞은 선택을 했다.

내 그림 20점 슬라이드를 보여주면서 하는 간단한 해설을 일본어로 통역하라고 했다. 내 홈페이지 "조동일을 만납시다"의 '사진첩'에 들어가면 그 그림을 모두 볼 수 있다. 50여 명의 학생들이 모여들어 열심히 그림을 보고, 말을 듣고, 질문을 했다.

화가가 될 것인가는 생각할 문제이지만, 취미 삼아 하는 일에는 그림 그리기만 한 것이 없다고 했다. 은퇴 후에 그림을 그리는 즐거움을 누리려면 우선 고등학생 때 그려보라고 했다. 모인 학생들이 적극적인 관심을 보이고 질문도 했다. 왜 산수만 그리고 인물을 그리지는 않는가 하는 질문을 받고 동서미술의 차이에 관한 대답을 했다.

그 학생들 가운데 전업 화가도 나오고, 취미로 그림을 그리는 사람들도 생겨날 것이다. 장래의 일을 아직 알 수 없다. 그러나 모두 미술 애호가가 되리라는 것은 분명하게 알 수 있었다. 그림이 좋아 미술관이나 전시실에 부지런히 드나드는 애호가가 한국보다 월등하게 많은 것이 일본의 자랑이고 저력이다.

후쿠오카 아시아문화상 시상식 강연장에 토론자로 나온 동경대학 인류학교수 伊藤亞人(이토 아비토)는 말했다. 한국인은 방송극에서 부부 싸움을 하는 것을 보아도 논리로 싸우는 것이 놀라울 만큼 논리를 소중하게 여기는데, 일본인은 감정에 좌우되는 것이 개탄스럽다고 했다. 이에 대해 응답하면서 나는 말했다. "일본은 미술문화가 대단한 것이 부럽다. 이에 대해 자부심을 가지는 것이 마땅하다."

'미술문화'라고 하고 '미술'이라고 하지는 않았다. 미술 애호가가 넘칠 정도이고, 그림 그리기를 즐기는 사람도 흔하며, 미술관이 아주 많아, 일본의 미술문화는 다른 어느 나라보다 융성하다. 미술관에서 보여주고 있는 전문 화가의 작품은 그리 대단한 것은 아니다. 구경꾼의 기대와 열기에 충분히 보답한다고 하기는 어렵다. 감정을 휘어잡는 논리가 허약해서인가? 아주 다른 그림을 그릴 용기가 없어서인가? 총체적인 통찰력이 부족해서인가?

불국은 미술의 나라이다. 미술교육을 철저히 해서 그런 것이 아니고, 그 반대이다. 불국에서는 정규 학교교육에 미술 교과가 없다. 미술뿐만 아니라 음악, 무용, 체육 등 이른바 예체능 과목은 학교 교육이 아닌 과외수업의 소관이다. 희망자는 방과 후에 가르치는 곳을 스스로 찾아가 과외수업을 받아야 한다.

과외수업을 받으려면 별도의 수업료를 내야 하는 부담도 없다. 예체능계 과외수업을 하는 곳도 정규 학교와 마찬가지로 공공교육기관이고, 가르치는 사람들의 보수를 국가에서 지급한다. 사교육비 때문에 학부모의 부담이 끝없이 늘어나고 공교육이 망한다는 말이 나오지 않는다. 가서 공부하는 것은 필수가 아니고 선택이다. 몇 개를 선택해도 되고 전연 선택하지 않아도 된다.

미술 공부를 하고 싶으면 미술학교에 가면 된다. 학생뿐만 아니라 일반인도 미술 공부를 할 뜻이 있으면 미술학교를 찾는다. 미술 공부를 하지 않아도 되므로, 하고 싶은 학생만 열심히 한다. 가르쳐주는 대로 공부하지 않고, 자기가 하고 싶은 대로 한다. 하다가도 하고 싶지 않으면 그만둔다. 자발적인 동기와 스스로 선택하는 학습 방식이 창조를 위한 수련을 가능하게 한다.

미술 교과를 필수로 하고 누구나 점수를 따지 않을 수 없게 해서, 미술이 싫어지고 창조와는 멀어지도록 하는 것과는 아주 다르다. 미술은 입시학원을 다니는 정도에 그치지만, 음악은 제대로 하도록 하려면 재산이 상당한 학부모마저도 등골이 휜다고 한다. 이런 일이 불국에는 없다. 세계적인 피아니스트가 될 때까지 개인이 부담해야 하는 비용은 없다.

미술학교는 배우는 사람의 실력에 따라 등급이 있고, 최상위의 과정은 파리 고등미술학교(École nationale supérieure des beaux-arts de Paris)라는 곳이다. 미술 공부를 취미로 하다가 나중에는 전문과 과정에 들어가도록 한다. 이 학교는 학사학위나 석사학위를 주기 때문에 외국인 유학생들도 찾아간다.

한국의 미술인 두 사람이 거기 가서 공부하면서 뜻밖의 경험을 했다는 말을 들었다. 한 분은 원로화가 손동진(전 서울대학교 미술대학 교수)이고, 또 한 분은 중견 조각가 정현(현 홍익대학교 미술대학 교수)이다. 손동진이 하는 말은 직접 듣고, 장현의 경우에는 동영상으로 촬영한 인터뷰를 국립현대미술관에서 틀어주는 것을 보았다. 연배가 다르고, 말을 들은 시기에도 상당한 간격이 있지만, 하는 말은 꼭 같았다.

한국에서 하듯이 석고상을 상대로 하지 않고, 불국의 미술학교에서는 모델 노릇을 하는 사람의 모습을 그렸다. 꼭 같이 그리는 것이 자신 있다고 뽐내면서, 불국 학생들이 너무 못 그리는 것을 가소롭게 여겼다. 그런데 어느 날 교수가 보자고 하더니, "너는 아무래도 안 되니 그만두고 가거라"라고 했다. 청천벽력 같은 이상한 소리를 왜 하느냐고 물으니, "그림에 모델만 있고, 왜 너는 없느냐?"라고 했다.

꼭 같이 그리는 것이 잘하는 일인 줄 알았더니, 잘못이라고 나무라는 것이 아닌가. 그제서야 소스라쳐 놀라 무엇이 잘못되었는지 알아차렸다. 못 그린다고 가소롭게 여긴 그림이 그림다운 그림이다. 모델과 꼭 같이 그리는 것은 그림이 아니다. 모델을 그리지 말고 자기 그림을 그려야 한다. 마음속에 있는 그림을 불러내기 위해 모델이라는 매개체를 사용할 따름이다. 그림은 모사가 아닌 창조여야 한다. 그때까지의 잘못이 너무나도 부끄러웠다. 다시 출발하기 위해 힘든 노력을 해야 했다.

미술 공부를 하는 사람들은 그렇다 치고, 일반인은 미술에 대한 식견을 어떻게 얻는가? 불국인은 미술 교육을 전연 받지 않았어도 미술에 대해 일가견이 있는 것이 예사이다. 그 이유는 미술관 구경을 일상생활로 여기기 때문이다. 영화관에서 영화를 보거나 음악회에서 음악을 듣듯이, 미술관에서 미술을 즐기는 것이 늘 하는 일이다. 어디 가도 미술관이 있고, 구경하는 사람들이 넘친다. 학교에서 마지못해 미술 공부를 하고, 미술관은 없어서 가지 못하거나, 있어도 가지 않는 쪽과는 많이 다르다.

미술 가운데 건축이나 조각은 어느 정도 배우지 않을 수 없지만,

그림은 배우지 않아도 그릴 수 있다. 그림은 배우지 않고 그려야 잘 그릴 수 있다고 나는 주장한다. 불국의 미술학교 같은 곳에도 다닐 필요가 없고, 파리 고등미술학교에서 학위를 얻는 것은 허세일 따름이다. 어디서 누구에게도 배우지 않고 자기 좋은 대로 자기 방식을 지어내면서 그려야 창조를 이룩하는 지름길에 들어선다.

나는 내 체험에 입각해 이렇게 주장한다. 내 홈페이지("조동일을 만납시다")의 '사진첩'과 '그림마당'에 사진이 올라 있는 내 그림을 보아주기 바란다. 배우지 않고 내 스스로 좋은 대로 그린 그림이다. 좋은 그림이라고 자화자찬을 하지 않으나, "내 그림이다"라고 분명하게 말할 수 있다. "倣謙齋"(방겸재)라고 하면서 겸재 鄭歆(정선)의 그림을 본떴다고 하는 등의 말이 이따금 있어 비공식의 학력을 알릴 따름이다.

불국의 미술관은 거작의 내력을 가르치는 미술사 교과서이고, 보여주는 것이 회화만이 아니다. 조각을 함께 전시하고, 건축도 미술임을 깨우쳐준다. 회화와 조각이 밀접한 관련을 가진다는 것이 유럽의 오랜 전통이다. 루브르(Louvre)는 회화미술관이면서 조각미술관이다. 로댕(Rodin)미술관이 따로 있어 반드시 찾아보게 한다.

중국·한국·일본에서는 미술의 폭이 좁다. 건축은 미술로의 의의를 상실하고 있다. 갖가지 불상을 만든 다음에는 이렇다 할 조각이 없다. 그 대신에 그림이 서예와 쌍벽을 이룬다. 서예에서는 중국이 단연 우세이다. 한국인이나 일본인은 아무리 노력해도 서예는 중국을 따르지 못한다. 두 나라 모두 중국의 역대 서법을 충실하게 공부하고, 함부로 휘갈겨 쓴 狂草(광초)라는 것마저 일본에서는 따른다. 그림에서 각기 자기 길을 찾아 이루어진 균형이 서예에서 깨진다.

그림은 배우지 않고 그려야 한다고 했는데, 서예는 전연 그렇지 않은 것으로 알려져 있다. 선생을 정해 배우고, 선생이 써주는 본보기를 가지고 가서 본떠서 써야 글씨가 된다고 한다. 거의 투명한 종이를 위에 얹어놓고 밑에 있는 선생의 글씨를 그대로 복제하기까지 한다. 그 선생도 그렇게 배웠고, 선생의 선생도 그렇게 배웠다 한다. 근원을 찾아 올라가면 명성이 자자한 중국의 대가 명필이 있다. 그 제자의 제자의 제자의 제자… 인 것을 자랑한다.

유럽에서는 조각을, 동아시아에서는 서예를 그림과 형제로 삼는 것이 아주 다르다. 조각은 선생의 작품을 복제할 방법이 없다. 보고 그대로 만들려고 해도 결과는 다르게 된다. 조각을 형제로 삼는 그림은 선생이 있어도 독창성을 어느 정도는 확보한다. 서예를 형제로 삼고 데리고 다니는 그림은 운신이 자유롭지 못하다. "그림에 모델만 있고, 왜 너는 없느냐?"고 하는 말을 듣는 이유의 하나가 이런 데 있다.

서예도 자기 쓰고 싶은 대로 아무렇게 써도 된다. 그래야 자기 글씨가 되고, 창조라고 인정할 수 있다. 이렇게 주장하면 무식의 극치라고 핀잔을 듣고, 심하면 뭇매를 맞을 일이다. 서예 혁신은 보류하고, 그림 혁신이라도 분명하게 해서, 그림은 배우지 않아야 잘 그린다고 분명하게 결론을 짓는다.

서예를 문제 삼은 것은 그림을 걱정하기 때문이다. 그림도 서예처럼 선생을 본떠서 그려야 한다는 풍조가 있어 그림이 살아나지 못한다. 그림은 살기 위해 서예라는 형제를 버리자. 버린다 해도 처치가 곤란하니, 서예를 그림 속으로 끌어들여 그림의 일부가 되게 하자.

조각을 형제로 삼는 유럽의 그림은 입체적인 표현을 자랑한다. 서예를 끌어들여 일부로 삼는 그림은 평면에다 펼쳐놓은 것들이 깊은 의미를 지니도록 한다. 이제부터 불국을 비롯한 유럽 각국의 미술관을 구경하면서 입체그림보다 한 수 더 뜨는 평면그림을 어떻게 하면 그릴 수 있는지 생각한다. 남의 그림을 보면서 내 그림을 구상한다.

파리에는 루브르(Louvre), 오르세(Orsey), 퐁피두센터(Centre Pompidou) 미술관에 역대 미술의 수많은 작품이 19세기 전반까지, 19세기 후반부터 20세기 전반까지, 20세기 후반 이후 시대별로 구분되어 전시되어 있어, 여러 날 동안 든든히 먹고 큰 공부를 한다고 여기고 구경해야 한다. 이밖에도 많은 미술관이 있어 파리에 여러 날 머무르게 한다. 잠깐 동안 둘러보고 가는 사람은 수박 겉을 핥고 마는 것과 같다. 그림을 좋아하지 않는 사람이 파리에 가는 것은 이유를 알 수 없다. 거름 지고 장에 가는 것보다 더 심하다면 실례가 되는가?

루브르에 여러 번 갔으나, 그림이 너무 많아 대책이 서지 않는다. 그림을 다 보려고 하면 한 주일로도 부족하다. 시간을 하루만 내기로 하면 어디 가서 무엇을 보아야 하나? 안내지도나 안내서를 보고 작전을 잘 짜야 한다. 보고 싶은 것들이 무엇인지 정하고, 찾아가는 순서를 무리 없이 택해야 한다.

너무 붐비는 곳에는 가지 않는 것이 현명하다. 다빈치(Leonardo Da Vinci)의 〈모나리자〉가 걸려 있는 방이 그런 곳이다. 모나리자의 신비스러운 미소 어쩌고 하면서 그 그림이 최고라고 하는 것은 호사가들의 기만이 끼어들었기 때문이다. 기만의 효력이 대단하다. 자칭 명작애호가들로부터 어중이떠중이들까지 그 그림 앞에 겹겹으로 진을 치고 있어 다른 전시장은 비교적 한가하니, 다빈치가 호사가들 덕분에 큰 부조를 하는 셈이다.

일진이 좋으면, 뜻밖의 행운도 기대할 수 있다. 그냥 지나치던 것들에서 머물러 보아야 하는 보물을 발견할 수 있다. 나는 무엇을 발견하고 뛸 듯이 기뻤는지 비밀을 하나만 공개한다. 루벤스(Peter Paul Rubens)가 불국의 궁정화가로 불려와 그린 커다란 그림이 여럿 걸려 있는 방에 가서 하나를 눈여겨보았다. 도판을 제시하지 않는다고 나무라지 말기 바란다. "Rubens Louvre"를 인터넷에 치면 나오는 도판에서 지금 말하는 것을 찾아낼 수 있다.

그림 상단에는 왕과 왕비라고 생각되는 남녀가 옷을 반쯤 벗고 노닥거리고 있다. 하단에는 한껏 잘난 체하고 뽐내는 왕비가 내려다보고 있는 아래로 왕가의 자녀들을 태운 수레를 끌고 가는 사자 두 마리가 뒤를 돌아보면서 몹시 아니꼽다는 표정을 짓고 있다. 사자는 억압된 상태에서 혹사당하는 민중이기도 하고 루벤스 자신이기도 하다.

루벤스 자신은 몇 푼 수입을 바라고 궁정화가 노릇을 하면서 왕비의 비위를 맞추려고 하니 "내 참 더러워"라는 말을 내뱉는 것 같다. 민중은 굴종을 참을 수 없어 들고일어나 혁명을 일으켰다. 들라크루아(Eugène Delacroix)의 저 유명한 그림 〈민중을 이끄는 자유의 여신〉(la liberté guidant le peuple)이 역사의 전환을 명백하게 말해준다. 여기서 이 그림을 보아야 한다. 그림 이름을 한국어로 때려도 기다리고 있었다는 듯이 바로 나온다.

사자의 분노가 여신의 미소로 바뀌었다. 신은 왕후장상의 보호자라고 하던 말이 거짓이다. 자유의 여신이 손에 혁명의 깃발을 들고 민중을 이끌고 있다. 죽어 넘어지는 사람들이 있어도 투쟁을 멈추지 않는다. 최후의 승리가 가까웠다. 이 그림이 대단한 것은 누구나 다 알지만, 루벤스가 보여준 것과 연결시켜야 뜻하는 바가 더욱 분명해진다. 루벤스는 "내 참 더러워"라고 하고 말았지만, 들라크루아는 "보아라, 때는 왔다"고 외쳤다.

이런 발견이 이어지면 시간이 언제 가는지 모르지만, 다리가 아프고 피곤한 것은 어쩔 수 없다. 오전에 절반쯤 보고, 오후에 다시 보는 것이 마땅하다. 구내에 좋은 식당이 있는 것이 다행이다. 음식을 골라 담고 요금을 계산하는 식당에 먹을 만한 것들이 있고, 값이 비싸지도 않다. 식사를 하고 차를 마시고 한참 쉬어야 한다. 원기가 다 회복하는 것은 기대하지 말고, 어지간하면 일어서야 한다.

그림이 너무 많아 고생을 피할 수 없다. 인내는 쓰지만 그 열매는 달다는 격언을 나는 아주 싫어하지만 루브르에 갔을 때에는 떠올리지 않을 수 없다. 고약한 곳이라고 욕을 하고서도 다시는 오지 않는다고 맹세하지는 못한다. 오늘은 이 정도로 해두지만, 다음에 와서는 더 많이 보아 설욕을 하겠다. 이런 말을 하는 것도 부질없다. 내가 무어라고 해도 루브르는 달라지지 않는다. 언제나 그렇듯이 거만을 떨고 있다.

공연히 고생을 하지 않는 좋은 방법도 있다. 루브르 입구에서 사진만 찍고 와도 된다. 가이드를 따라가서 그림 대신 인파를 구경하고 와도 루브르의 한 면을 보기는 보았다. 루브르가 어떤 곳이라고 알리는 글을 써서 갔다 온 것을 자랑하지 않는다면 창피할 것은 없다.

나무라는 듯이 말했지만, 루브르의 전시품은 대부분 불국 자기네 것이어서 나쁘게 여길 필요는 없다. 조각은 그리스, 이집트, 메소포타미아 등지에서 약탈해 온 것들이 적지 않지만, 그림에는 훔친 것이 없다. 다빈치나 루벤스 그림이 루브르에 있는 것은 화가가 불국으로 가지고 왔거나 불국에서 그렸기 때문이다. 다른 외국 화가들의 그림도 절도품은 아니고 정상 거래품이다.

이런 말을 하는 이유는 영국 런던의 영국박물관(British Museum)과 비교하기 위해서이다. 이 박물관 이름을 일본의 번역을 그대로 따라 원어에는 없는 '大'(대) 자를 넣어 '대영박물관'이라고 하는 촌스러운 짓은 그만두자. 일본은 영국을 받들어야 영국을 추종하는 자기네가 빛난다고 여겨, 영국에다 '大' 자를 마구 붙였다. 박물관 이름을 가지고 말이 많은 것도 촌스러운 일이므로 결론을 맺자. '영국박물관'이라고 하면 된다.

영국박물관에는 자기네 것은 거의 없고 약탈품만 가득하다. 그리스 아테네에서 파르테논 신전 조각을 온통 뜯어온 것이 잘 알려진 예이다. 잘 알려지지 않은 예는 설명하기 어려우니 그만두자. 약탈품 창고를 박물관이라고 하고서, 일말의 양심은 있어서인지 입장료는 받지 않는다. 절간의 福田函(복전함) 같은 것을 입구에 두고 자선에 쓰는 돈을 넣으라고 한다. 거기에다 돈을 넣으면 어떤 복을 받는다는 말인가?

오르세는 루브르처럼 크지는 않지만, 여러 층에 각기 다른 그림이 있는 것을 알고 돌아다녀야 한다. 인상파를 대표하는 화가들의 그림을 걸어놓은 방이 이어져 있어 다리품을 팔지 않고도 소득이 있다고 기뻐하고 문을 나오지는 말자. 다른 그림도 보아야 한다. 인상파 직전 시기 도비니(Charles-François Daubigny)가 어두운 색채로 무겁게 그린 해질 녘의 풍경에서 나는 큰 감동을 받았다.

인상파의 주역 모네(Claude Monet)는 자연과 어울리는 사람의 모습을 가벼운 붓놀림으로 그려 얄팍하다는 인상을 주지만, 자기 나름대로 끈덕진 노력을 하면서 무언가 찾으려고 한 것을 알면 다시 보아야 한다. 오랑주리(Orangerie)미술관으로 가면, 모네의 垂蓮(수련) 연작의 거대한 화폭과 대면하는 충격을 받는다. 사람은 없고 자연만 있으며, 붓놀림이 자못 진지하다. 자연을 무시하거나 놀이터 정도로만 여기던 서양미술의 오랜 관습에서 벗어나, 자연을 존중하고 자연과 하나가 되기 위해 자기를 잊고 다가간 구도자의 고백을 들려준다.

구도의 과정은 험난했다. 그 내막을 알려면 마르모탕(Marmottan)미술관까지 가야 한다. 거기 모네 수련 습작들이 여럿 있는데, 짙은 물감을 아무렇게 찍어 바른 것들이 대부분이다. 분노를 삭이고 열정을 잠재우고 마음의 평정을 얻어 자연을 자연 그대로 받아들이기까지 어려운 고비가 적지 않았음을 말해준다.

어렵게 도를 닦아 物我一體(물아일체) 가까이 간 것이 그 나름대로 가상하다고 하겠는데, 그 뒤의 화가들은 모든 것이 도로 아미타불이 되게 했다. 산이나 나무에 황칠을 마구 해서 이상하게 그리다가 잘못이나 한 듯이 몰아내고, 그 자리를 사람이 차지하고는 도깨비나 귀신 같은 모습을 하고 보는 이들을 놀라게 한다. 조금 뒤에는 무엇이든지 닥치는 대로 부수고 난동하는 것을 일삼는다.

이런 구경을 하려면 퐁피두센터로 자리를 옮겨야 한다. 미친 짓에는 커트라인이 없다. 이 한 마디 말만 기억하면 무엇이든 재미있게 볼 수 있다. 온 세계에서 다투어 하고 있는 미친 짓의 원조가 여기로구나. 미친 짓에도 계보나 순서가 있구나. 이런 생각까지 하면 무언가 조금 정리가 되는 것 같다.

파리에 피카소(Picasso)미술관도 있다. 이 미술관은 가보지 않으면 허전하고, 가보면 허망하다. 공연히 험담을 하는 말이 아니다. 이름이 너무나도 많이 알려진 화가의 그림을 보여주는 미술관을 국립으로 야단스럽게 만들었으니 가보아야 하고, 가보면 걸어놓은 것들이 모두 불량품이다.

'피 가득한 소'(血滿牛)라고 풀이할 수 있는 성을 어머니에게서 물려받았다는 이 화가 피카소(Pablo Picasso)는 자기 나라 서반아를 떠나 법국에 와서, 파리를 놀이터로 삼고 온갖 장난을 일삼았다. 파리에 미술관이 있는 것이 어울리지만, 미술관이 생겨난 경위가 사생아 출생과 상통한다.

피카소는 마누라 갈아치우는 것을 일생의 장난으로 삼았어도, 호적에 올린 자식이 없지는 않았다. 피카소가 죽자 나라에서 자식에게서 상속세를 받아 내려고 했다. 계산하기 무척 어려운 상속세를 남긴 그림으로 내겠다고 해서 타협을 하고 피차 체면을 세웠다. 남긴 그림을 나라가 받아 미술관에 전시한 것들이 모두 실패작이거나 미완성이어서, 자세하게 보면 사인이 하나도 없다. 공식적으로 판정해 모두 가짜는 아니지만 불량품이다.

피카소는 평생 사람 얼굴을 가장 좋아하는 장난감으로 삼아, 떡주무르듯이 주무르면서 별별 이상한 것들을 다 만들어내 "요건 몰랐지?" 하면서 까꿍 놀이를 일삼았다. 미완성이나 실패작이 있다는 것은 의외이고, 맹탕 엉터리는 아니구나 하고 다시 보게 한다. 피카소는 그렇더라도, 불량품으로 국립미술관을 만든 것은 온당한 처사가 아니다. 피카소의 우롱에다 불국 정부의 우롱을 보태 순진한 구경꾼들을 완전히 졸로 만든다. 가보면 허망하다고 한 것이 지나친 험담이 아니다.

피카소미술관은 파리의 독점물이 아니고 다른 데도 여럿 있다.

서반아 바르셀로나는 피카소가 그림을 배운 곳이어서 피카소미술관이 있을 만하다. 피카소는 "나는 열네 살 때 이미 사실적인 그림을 라파엘로만큼 그릴 수 있었다"고 하면서 그릴 줄 몰라 아무렇게나 그리는 것은 아니라고 했다. 그 말이 거짓이 아님을 바르셀로나 피카소미술관에서 분명하게 확인할 수 있다. 나중에 그린 괴상한 그림도 모두 진품이다.

서반아 마드리드에는 피카소의 그림 〈게르니카〉(Guernica)를 한 미술관 특별실에 모셔놓았다. 나치 독일군의 폭격으로 서반아 한 마을의 사람들이 무수히 죽어간 비극을 고발한 이 그림은 피카소가 정신이 돌아와 마땅히 해야 할 일을 하기도 한 것을 알려준다. 이 한 점이 파리 피카소미술관의 전 작품보다 더 큰 무게를 지녀, 가보지 않으면 후회하고, 가보면 길이 남을 감동을 받는다.

남불 앙티브(Antibes)라는 마을 바닷가 古城(고성)에도 피카소미술관이 있다. 피카소가 그곳에다 널찍한 화실을 마련해 기발한 장난을 마음껏 하다가 남긴 모든 것을 그대로 보존하면서 미술관이라는 간판을 달았다. 피카소 찾아보기를 성지 순례를 하듯이 하면 반드시 가야 할 곳이다. 경치도 좋아 허망하지는 않다고 하면서 돌아설 수 있다.

스위스 루체른(Luzern)에도 피카소미술관이 있는 것은 무엇이 뛰니 무엇도 뛰고, 거름 지고 장에 가는 격이라고 하면 실례이다. 작품 기증자가 있어서 피카소미술관을 만들었다고 잊지 않고 설명한다. 작품은 대수롭지 않고, 피카소 사진이 많은 것을 자랑으로 삼는다. 그 정도라도 피카소 이름을 내걸 수는 있어, 이름난 관광지 이름이 더 나게 하는 데 보탬이 된다.

피카소를 나무라는 말을 너무 길게 했다. 길게 나무란 것은 할 말이 많고, 할 말이 많아 피카소는 그런대로 대단하지 않은가? 그림이 좋다 나쁘다 하고 분별하고 시비할 수 없게 한 것이 그 전에 누구도 하지 않은 피카소의 위대한 과업이라고 할 수 있다.

피카소를 흉내 내면 함께 위대해지는 것은 아니다. 피카소는 피카소이고, 나는 나다. 나는 그림의 좋고 나쁨을 분별하고 시비할 수 있게 방향을 돌려 피카소를 제어할 만하지 않은가?

리옹(Lyon), 보르도(Bordeaux), 툴루즈(Toulouse)를 비롯한 다른 여러 도시의 미술관은 파리의 세 미술관이 나누어 담당하는 시대의 미술을 차례대로 볼 수 있게 전시해 초등·중등·대학교 공부를 한 학교에 이어서 알 수 있게 한다. 미술관 구경은 미술사 공부이다. 이것이 불국 주요 도시 대형 미술관의 공통된 방침인 줄 알고 찾아가야 한다.

리옹미술관은 크기나 작품 수가 루브르 다음이라고 할 수 있어 다 구경하기 벅차다. 지쳐서 대충 보면서 지나갈 수 있으나, 찾을 것은 찾아야 한다. 루벤스의 거작을 잘 모셔놓은 데 이르면 걸음을 멈추고 한참 동안 자세히 살펴야 한다. 제목이 〈성 도미니크와 성 프랑수아가 분노하는 예수에 맞서 세상을 지키고 있다〉(St. Dominique et St. François préservant le monde de la colère du Christ)는 것이다. 인터넷에 이 이름 앞부분만 쳐도 그림이 나오니 보면서 아래의 글을 읽자.

화면 상단을 보자. 聖父(성부) 하느님은 앉아 있는 흐릿한 모습을 보여주어 존재한다는 것만 알린다. 性靈(성령)은 비둘기 모양을 하고 聖父와 聖子(성자)를 연결시켜 주는 것 같다. 붉은 옷을 입은 모습을 뚜렷하게 드러낸 聖子 예수는 분노하고 있다. 지구를 내려치려고 한다. 지구 밑에 뱀이 보여 타락했다는 것을 말해준다. 예수는 타락을 용서할 수 없어 준엄한 심판을 하려고 한다. 푸른 옷을 입은 聖母(성모) 마리아가 곁에서 진정시키려고 해도 소용이 없다.

바티칸에 있는 미켈란젤로 〈최후의 심판〉을 재현하면서, 예수가 빈손이 아니고 벼락으로 지구를 내려치려고 하는 것으로 고쳐 그렸다. 벼락은 그리스 신화에서 제우스가 애용하던 막강한 무기이다. 예수가 제우스를 본받으면 물리적인 힘은 더 강해지겠지만, 사랑은 어디 갔는가? 사랑은 힘이 없다고 인정하고 벼락을 선택했는가? 지구가 타락했다는 것이 다만 불복종을 두고 하는 말이 아닌가? 하찮은 뱀을 경쟁자로 여기고 질투하는 것이 아닌가?

화면 중간 이하에서 사람들의 모습을 갖가지로 보여준 것도 미켈란젤로의 그림과 다르다. 금관을 높이 쓰고 화려한 옷을 입은 위인은 손에 성경을 들고 있다. 무엇이 어떻게 되는지 모르고 자기 권위나 지키려고 하는 敎皇(교황)인 것 같다. 많은 사람이 모여들어 두려워하며 걱정해도 대책이 없다. 오직 두 성인만 지구를 지키려고 감싸고, 항변하는 표정으로 예수를 쳐다보고 있다. 벼락이 치면 손으로 잡으려고 한다.

두 성인은 청빈을 신앙으로 삼고, 몸을 낮추어 하층민을 돌보아 널리 알려지고 두터운 신뢰를 얻은 사람이다. 오른쪽에 있는 프랑수아(프란체스코) 성인은 가난 탓에 신발을 신지 못하고 있다. 두 성인은 예수가 거부하고 교황은 외면하는 헌신적인 사랑을 실행하면서, 어떤 희생이라도 각오하고 가엽게 된 지구를 지키려고 한다.

이 그림은 권위주의를 내세우며 군림하는 신앙에 반대한다. 타락은 조금도 용서할 수 없다는 근본주의도 나무란다. 루벤스는 궁정화가 노릇을 하면서 "내 참 더러워"라는 말을 내뱉는 것 같은 그림을 그렸다고 앞에서 말했다. 교회에서 시키는 그림을 그리는 것도 생업으로 삼으면서 종교화가 종교를 비판하는 그림이게 했다. 권위주의에 반대하고, 근본주의를 나무라며, 몸을 낮추어 가여운 사람들을 보살펴주는 것은 모든 종교의 교리를 넘어선 보편적인 선행이고, 인류 공통의 이상이다.

특색이 있는 도시에 각기 자랑하는 미술관이 많이 있는 본보기로 니스(Nice)의 마티스(Matisse)미술관과 샤갈(Chagall)미술관을 들 수 있다. 남불 지중해변 도시 니스는 예술적인 세련미에서 파리를 우습게 여기는 곳이다. 마티스가 그곳 사람인 것을 자랑한다. 벨라루스 출신의 러시아 화가 샤갈이 그 근처를 제2의 고향으로 삼은 것을 대견하게 여긴다. 고전미술·현대미술·동양미술을 보여주는 미술관을 갖추고, 그 두 화가의 작품을 모아 전시하는 곳을 따로 마련한 것을 자랑한다.

마티스와 샤갈은 현대미술의 미친 짓이 시작되기 전에 아직은 온전한 정신으로 구상이면서 추상이고 추상인 그림을 그렸다. 상상의 자유를 마구 펼쳐 보여 어린 시절로 되돌아가는 즐거움을 누리게 한다. 누구 눈치도 보지 않고, 형체를 아무렇게나 그리고, 색깔을 마구 칠해도 되니 참으로 후련하다. 현실인지 꿈인지 가리지 않고, 하늘을 마음대로 날아다니며 누구와도 어울리니 얼마나 즐거운가.

이렇게 생각하다가도 서운한 구석이 있다. 마티스는 가벼운 장난이나 해서, 그림을 벽지나 옷감 같은 것으로 만들었다. 샤갈은 기독교로 기울어져 날아오르는 날개가 무거워지게 하고, 자유로운 상상에

한정된 의미를 부여했다. 더 나은 그림은 찾을 수 없으니, 내가 그려
야 한다. 니스는 나를 화가로 만든다.

다르고 같은 모습

미술관이 대단한 나라는 불국만이 아니다. 서반아가 뒤지지 않는다. "서반아에 가서 프라도(Prado)미술관 구경을 했는가, 사람들이 프라도미술관을 피카소미술관보다 더 좋아하는 이유가 무엇인가?" 이런 질문을 받고 다음과 같은 대답을 글로 쓴 적 있다.

프라도미술관에 가보았다. 고야의 그림이 많이 있어 대단한 미술관이다. 고야는 각계각층 사람들의 거의 모든 삶을 갖가지 수법으로 실감이 넘치게 그린 위대한 화가이다. 그림으로 시대 전체의 모습을 보여준 점에서 우리나라의 金弘道(김홍도)와 상통하면서 더욱 강렬하다. 동서고금의 가장 우뚝한 화가가 고야라고 할 수 있다.

피카소는 그림을 장난으로 삼고 되도록 괴이하게 제작하고 파괴하기를 일삼은 문제아이다. 그림을 위해 기여한 것 못지않게 그림을 망쳐 양면의 평가를 해야 한다. 유럽 여러 곳에 있는 피카소미술관에 가면 충격과 허탈을 함께 맛본다. 그림 보는 사람들을 피카소는 우롱하고, 고야는 깨우쳐준다. 피카소는 보지 않아도, 고야는 보아야 한다.

프라도미술관을 많이 찾는 것이 당연하다.

유럽에서 그림을 자랑할 만한 나라는 이태리·서반아·불국이
다. 이 순서로 한 차례씩 절정을 보여주었다. 이태리의 미켈란젤로
(Michelangelo)나 서반아의 고야만 한 화가가 불국에서는 나타나지 않
았다. 불국은 진지함을 잃어버리고 감각적인 실험으로 미술사의 새
시대를 열다가 미술의 위기를 자초했다.

한국의 金弘道(1745-1806), 서반아의 고야(Francisco Goya, 1746-
1828), 일본의 葛飾北齋(가쓰시카 호쿠사이, 1760-1849)는 동시대의 화가
이다. 이 셋은 자기 시대 전체의 모습을 그리려고 하고, 시대 변화를
생생하게 보여주었다. 앞 시대 화가들은 고전의 세계를 이상주의적
관점에서 그려 폭이 좁고, 뒤의 화가들은 당대의 삶을 보여주는 현실
주의를 미세하게 구현하는 데 머물렀다. 그 중간 단계에 자리 잡은 이
들 화가는 고전과 당대, 이상주의와 현실주의를 폭넓게 공유하고, 양
자의 生克(생극) 관계를 역동적으로 표현했다.

국립중앙박물관에서 열린 '檀園(단원) 金弘道 탄신 250주년기념
특별전'을 본 것을 잊을 수 없다. 김홍도는 당시 모든 사람들의 삶을
모든 표현방식으로 그리고 시대변화를 생생하게 보여준 것이 놀랍다
고 새삼스럽게 감탄했다. 시대변화를 생생하게 보여준 점에서 朴趾源
(박지원, 1737-1805)과 상통한다. 박지원의 작품은 한문학이어서 일상
의 언어와 거리가 멀고 읽어내기 힘들지만, 김홍도의 그림은 누구든
지 보면 바로 안다. 김홍도는 여럿으로 나누어진 문학을 하나로 합쳤
다. 한문학·국문문학·구비문학의 여러 갈래에서 말한 사연을 모아놓

고 시대표현을 집약했다.

　그 전시회 도록을 자주 보면서 김홍도 그림 원화는 사방 흩어져 있어 만나기 어려운 것을 한탄한다. 김홍도뿐만 아니라 다른 옛적 화가도 그림을 모아 전시해놓은 고미술관이 없다. 澗松(간송)미술관에 많이 있으나 보여주는 날이 며칠 되지 않고, 장소가 너무 비좁아 길게 줄을 서서 차례를 기다려야 한다. 국립박물관을 크게 지었으나 그림 전시는 한두 방에서만 하고, 소장한 그림이 많지 않다. 국립현대미술관만 만들고, 고미술관은 뒷전이다. 간송미술관을 크게 열 날이 오기를 고대한다.

　서반아 마드리드 프라도미술관에 가서 고야 특별전을 구경하는 영광을 누린 것이 자랑스럽다. 두 층 가득 전시된 그림을 보고 감당하기 어려운 벅찬 감동을 받았다. 고야는 당시 모든 사람들의 삶을 모든 표현방식으로 그린 것이 김홍도와 같으면서, 유화의 강렬한 색채를 역동적인 필치로 구사해 충격이 더 크다. 상하층 사람들의 갖가지 삶을 보여주는 범위를 국왕에서 귀신까지 확대했다. 불국의 군대가 침공해 서반아 사람들을 학살하는 장면까지 그려 저항 정신을 강렬하게 나타냈다.

　金弘道나 葛飾北齋의 그림은 서예와의 관계를 잘 해결했다. 서예를 동반자로 삼아 보수적인 기풍을 띠고 기존의 그림을 본떠서 위신을 높이려고 하는 잘못을 말끔하게 청산했다. 서예의 선을 휘어잡아 그림에다 넣어 평면그림이 역동적이게 하면서 단순한 색채로 보이지 않은 많은 것까지 나타냈다. 고야는 이에 맞서 선을 굵고 뚜렷하게 색채를 강하고 다채롭게 했다. 입체그림을 보란 듯이 그려 더 큰 감동을 주려고 했다.

고야의 유화 거작만 대단한 것은 아니고, 흑백 판화 소품들이 더욱 놀라워 논의를 더 진행해야 한다. 프라도미술관에서 사 온 《고야의 변덕》(*Caprichos de Goya*)이라는 책을 보자. 그 미술관에서 소장하고 있는 고야의 판화집 복제본이다. 고야는 판화를 새기고 찍어 자기 그림을 널리 보급했다.

책을 사서 보라는 것은 아니다. 여기서 도판을 제공할 필요도 없다. 'Wikipedia'에서 'Caprichos'를 치면 그림이 뜬다. 원본의 느낌이 그대로 나타난다. 그림을 하나하나 제목과 함께 살펴보고, 이 글을 계속 읽기 바란다.

"고야가 그림을 그려 고발한 변덕스러운 세태", 책 제목을 이렇게 풀이할 수 있다. 자기가 살던 시대 서반아 사회에 만연한 변덕스럽고 우스꽝스러운 작태를 풍자한 연작이다. 미신이 판을 치고 이성은 사라진 시대에 이르러, 상층이 가장 무지하고 종교는 타락해 횡포를 자아내니 끔찍한 일이 벌어지는 것을 보여주었다. 사람의 모습이 일그러져 귀신과 섞이고, 짐승과 겹치기까지 하는 것을 흑백의 대조가 뚜렷한 수법으로 나타내 충격을 준다.

한 시대의 모습을 구석구석 들추어내면서 신랄한 비판을 한다. 어느 나라 한 시대에 국한되지 않은 인류 전체의 문제를 다루었다고도 할 수 있다. 작가나 학자의 저술보다 화가의 그림이 더 큰 발언권을 가지는 것을 입증한다. 그림은 언어를 매개로 하지 않아 바로 전달되고 직접적인 호소력을 가진다. 고야는 어느 작가나 학자보다 더 넓고 깊은 통찰력을 가지고 그림의 장점을 충분하게 활용했다.

프라도미술관은 거대한 규모를 자랑하는 서반아의 고미술관이다. 고야가 활약하던 시기 거장들의 그림을 많이 모아놓고 전 세계의 구경꾼을 유혹한다. 불국 루브르에는 별의별 것들이 다 있지만, 프라도는 서반아 미술의 영광을 알린다. 프라도에 다녀오지 않고 서반아를 말하거나 그림에 대해서 아는 체하는 것은 얼간이다.

金弘道 · 고야 · 葛飾北齋는 베토벤(Ludwig van Beethoven, 1770-1827)과 동시대 사람이고, 한 시대의 총체적인 모습을 역동적으로 표현한 것이 그림과 음악의 차이를 넘어서서 상통한다. 고전과 당대, 이상주의와 현실주의를 폭넓게 공유하고, 양자의 生克(생극) 관계를 역동적으로 표현한 것은 세 화가와 베토벤이 함께 한 일이다. 중세에서 근대로의 이행기 막바지에 과거를 청산하고 미래를 건설하는 거대한 작업에 동참하는 벅찬 감격이 신명을 고조시켜 예술의 역사상 가장 위대한 작품을 창작했다.

위대한 시대여서 여러 거인이 나타났다. 위대한 시대의 대전환이 무엇인지 당대인이 스스로 알지 못하고, 논리적 진술로 성격을 구명할 수 없는 일을 예술 창작에서 맡아야 했다. 헤겔(Georg Wilhelm Friedrich Hegel, 1770-1831)이 무언지 알기 어려운 정신 나간 소리나 해서 발이 땅에 붙지 못하게 한 잘못을 음악이나 미술에서 바로잡아야 했다. 괴테(Johann Wolfgang von Goethe, 1749-1832)의 어설픈 논설조 이야기를 크게 넘어서는 진지한 감동을 주는 것이 예술에서는 가능했다. 문학은 언어예술이고 논리적 진술을 배제하지 못해 음악이나 미술을 따르지 못했다.

근대로의 이행이 완수되는 단계에는 들라쿠루아의 〈민중을 이끄는 자유의 여신〉 같은 그림이 잠시 있다가, 신명이 사라져 일상적 현실을 왜소하게 다루는 예술이나 남았다. 인상파 그림이 그런 것이다.

얼마 뒤에는 그것마저 싫증이 나서 이상한 장난이나 하게 되었다. 마티스나 샤갈보다 한 수 더 뜨는 장난꾼 대장 피카소가 어린아이 그림을 흉내 내면서 세상을 우롱하는 시대가 되었다.

인류가 발전의 절정에 이르러 타락하니 이럴 수 있는가 하고 개탄하지 말자. 타락이 심해질 대로 심해져야 다시 살아나는 길이 열린다. 타락에 앞선 쪽에서 방향 전환을 선도하는 것이 아니다. 타락을 따르는 것이 힘겨워 후진을 한탄하는 쪽에서 방향을 돌려, 후진이 선진임을 입증하는 비약을 이룩할 것이다.

책
을

사
며

    중국에 처음 갔을 때에는 북경에도 서점이 몇 개뿐이고 파는 책
도 많지 않더니, 근래에는 圖書城(도서성) 어쩌고 하는 대형 서점이 여
럿 나타나고, 대중용 읽을거리가 넘쳐난다. 社會科學書店(사회과학서
점), 北京大學書店(북경대학서점) 같은 데서는 전문서적이 있으나 규모
가 작다. 琉璃廠(유리창) 거리에는 고전에 관한 서적을 파는 점포가 더
러 있어 기웃거릴 만하다.

    張炯 外 主編,《中華文學通史》(장형 외 주편,《중화문학통사》) 전10권
(1997)이 나온 다음 해에 초청을 받고 북경에 가서 북경대학 구내 숙
소에 머무르고 있는 동안에 구입하려고 했으나 뜻을 이루지 못했다.
서점마다 있으리라고 생각한 책이 어느 서점에도 나와 있지 않았다.
중국에 유학하면서 중국문학 박사과정을 이수하는 학생에게 부탁했
더니 가능한 방법을 찾아보겠다고 하고 여러 날 애써 어렵게 구한 것
을 가져왔다.

    책을 저술해 출판했으면 할 일을 다 했다고 여기고, 팔 생각은 하
지 않는 것 같다. 내막을 알아보니 전문서적은 아예 팔리지 않는다고

전제하고, 종이 배급에 맞추어 부수를 정하고, 더 찍을 수 없다고 한다. 이것은 사회주의 방식의 출판이다. 이것과는 별도로 자본주의 출판이 크게 늘어나, 아무 책이나 마구 내놓는다. 울긋불긋한 옷을 야단스럽게 입혀 저질임을 광고한다.

어느 때 가보니 《學哲學 用哲學》(학철학 용철학)이라는 책을 북경 대형서점 일층 중앙에 쌓아놓고 팔고 있었다. 책 이름을 번역하면 《철학 공부하기, 철학 이용하기》이다. 철학 서적이 대단한 인기를 모으고 있다니 놀랍다고 하면서 한 권 사서 읽어보니, 중국공산당 철학 이론가가 쓴 책이었다. 중국공산당의 정책은 어느 것이든지 전적으로 타당하다고 철학 용어를 사용해 설명한 내용이었다.

철학 책은 읽기 어렵다는 우려를 떨치고 누구나 쉽게 이해할 수 있게 쓴 것은 장점이라고 하겠으나, 철학이 왜 필요로 하는가 하는 의문이 생기게 했다. 철학은 정치를 위해 봉사하는 것을 효용으로 하고, 정치 이상의 차원에서 포괄적이고 총체적인 논의를 펼치지는 않는다고 알렸다. 공산당 지도자들은 철학에 반란의 위험이 없는 것을 확인하고 안심하겠지만, 철학을 공부해 일생의 학문으로 삼으려는 젊은이는 공연한 수고를 하지 않는가 하는 회의에 사로잡히게 했다.

인도의 지도자 네루 수상은 철학자 라다크리슈난(Radhakrishnan)을 자기 위의 대통령으로 받들었다. 중국의 국가주석 모택동은 철학을 지도하는 위치에서 군림하고 있어, 인도의 라다크리슈난에 견줄 수 있는 중국의 馮友蘭(풍우란)은 몸을 낮추어 철학자가 아닌 철학사가 노릇을 했다. 《中國哲學史》를 자료 정리 위주로 쓰고, 북경대학 교수 자리를 유지한 것을 만족스럽게 생각해야 했다. 그 책 마지막 권은 모택동은 '仇'(구, 원수)의 철학에 치우쳐 '和'(화, 화합)의 철학이 모자란다고 한 말이 있어 북경에서 출판하지 못하고 홍콩에서 출판해야 했다. 그래도 천수를 누린 것이 다행이다.

오늘날 중국에서는 모택동 사상을 이어받는다는 노선을 그대로 두고서 '和諧'(화해)만 떠들어댄다. 和諧 두 자는 뜻이 같아 모두 화합을 뜻한다. 和諧가 모택동 사상 어디에서 나왔으며, '仇'의 철학은 어디로 갔는지, 풍우란의 비판을 받아들여 생각을 바꾸었는지, 이런 것에 대해서 전혀 해명이 없다. 《學哲學 用哲學》에서 이런 것을 문제로 제기하지도 않았다. 중국공산당은 모택동 시대에도 지금도 항상 옳기만 하다고 했다.

일본은 서점의 나라이다. 거대한 서점이 곳곳에 있다. 동경 역전의 야에스북센터(八重洲ブックセンター)는 거대한 건물 8층 전체가 서점이다. 창업주가 책은 무엇이든지 다 갖춘 대형 서점을 만들기로 했다고 벽에 써놓았다. 그런데 출판사에서 기획해 만드는 대중용 읽을거리 소책자가 폭발적으로 많이 나와 서점을 점령해버리는 사태가 벌어졌다. 내용이 진지하고 값이 비싼 전문서적은 꽂힐 자리가 없다. 비슷한 규모의 대형 서점이 몇 개 더 있어도 사정이 다르지 않다.

대중용 읽을거리 소책자는 전철을 타고 시선을 가리는 데 쓰기 위해서도 누구나 산다. 값이 2천 엔 이상인 전문서적은 교수도 사지 않고 도서관에 있는 것을 이용한다. 대중출판이 극도로 발달해 학술출판을 위축시키는 양극화 현상이 일본에서 가장 심하게 나타난다. 전문서적은 많이 나오지 않고 점점 줄어든다. 자국 고전문학에 관한 연구 서적 출판 종수에서 일본은 한국의 10분의 1도 되지 못하는 것 같다.

일본 역사의 수수께끼를 풀어준다면서 알록달록하게 치장한 갖가지 책이 너무 많이 나와 서점을 다 메울 것 같다. 출판사 편집부에서 대강 만들었거나, 도깨비 같은 저자들이 독자를 현혹하는 시합을 하는 것들이다. 믿을 만한 학자가 일본 역사를 착실하게 정리한 개설서는 어느 서점에 가서도 찾을 수 없고, 나오지 않은 것 같다. 여러 사람이 분담 집필한 거질의 일본사 연구는 신간 서점에서 일부라도 구경하면 다행이고, 고서점에 가야 건재를 확인할 수 있다.

일본은 서점의 나라이다. 일본은 특히 고서점이 많아 서점의 나라이다. 神保町(진보초) 일대에 고서점이 몇백 개나 있으며, 각기 전문 분야의 책을 판다. 대형서점에서 꽂힐 자리가 없는 내용이 진지하고 값이 비싼 책은 고서점으로 직행해 독자와 만날 수 있다. 고서점을 돌아보는 것은 좋은 관광이고 취미이고 모험이다. 나는 큰맘 먹고 많은 시간을 배정해 神保町 일대의 고서점에 하나도 빼놓지 않고 다 들어가 보고 필요한 책을 샀다. 이것을 큰 자랑거리로 삼고, 일본 구경을 제대로 했다고 자부한다. 고서점은 일본의 큰 자랑이다. 고서점이 일본만큼 많은 나라는 없다.

파리, 런던, 동경, 경도, 나하, 함부르크, 베를린, 레이던, 암스테르담, 룬드, 스톡홀름, 루벤, 브뤼셀, 코펜하겐, 오슬로, 뉴델리, 북경, 대북, 보스턴, 뉴욕, 방콕, 프리토리아, 싱가포르, 쿠알라룸푸르, 시드니. 이것은 책을 사기 위해 신구 서점을 샅샅이 뒤진 도시의 명단이다. 내 여행 경력을 빛나게 하는 가장 큰 자랑거리이다.

인터넷에서 서점 정보를 얻고 찾아가 필요한 책을 사고, 우체국에 가서 부치고는 다음 도시로 떠났다. 그래서 세계문학에 대한 다각적인 연구를 하고,《세계문학의 전개》를 쓰는 준비를 오랫동안 했다. 서점 여행기를 쓰면 어떻겠는가 하는 생각을 해보다가 그만둔다. 어디 가서 무슨 책을 샀는가 하는 것이 공동의 관심사일 수 없으므로 말을 줄인다.

인도 델리의 국립 문학연구소(Sahitya Akademi)에 가서 책을 산 이야기는 진기해서 하지 않을 수 없다. 그 기관에서는 인도 각 언어의 문학사를 내고, 인도 전역의 문학사 출간도 시작해 사올 책이 아주 많다. 서점은 따로 없고, 지하에 있는 서고에 들어가 책을 찾아야 한다. 정리를 해놓지 않아 한참 동안 고생했다.

뒤지는 대로 보물이 늘어나 입이 벌어졌다. 다 사겠다고 하니 지켜보던 직원도 입이 벌어졌다. 모두 수십 권이어도 사는 돈은 감당할 만했다. 우편으로 보내줄 수 있는가 물으니 가능하다고 했다. 직원이 자기네 종이에다 책을 몇 뭉치로 나누어 포장했다. 다음 순서로 우편 요금이 얼마인지 알아보려고, 성능 나쁜 추 저울로 무게를 다는 데 한 시간 가까이 걸렸다. 책값과 우편 요금을 주고 종이에 적은 영수증 두 장을 받으면서, 차질 없이 보내달라고 신신당부를 했다.

책이 과연 무사히 도착할까 계속 불안했다. 반년쯤 지나 잊어버릴 때쯤 되니 책 뭉치들이 도착했는데, 포장한 종이가 너덜너덜 떨어지고, 책이 여기저기 손상되기도 했다. 죽었던 사람이 살아온 것처럼 반기고, 세계문학사에서 인도문학을 고찰할 때 요긴하게 이용했다. 지금은 그 책이 모두 다른 귀중서와 함께 계명대학교 도서관 동일문고에 있다.

신간서적을 파는 서점에서는 파리나 런던이 동경과 동급이고, 함부르크, 베를린, 레이던, 암스테르담, 코펜하겐, 룬드, 스톡홀름, 루벤, 브뤼셀, 오슬로도 동경에 그리 뒤지지 않는다. 그러나 고서점에서는 동경이 단연 으뜸이다. 파리에는 센느 강변에 고서점이 있으나 대부분 노점이고, 책이 많은 곳은 하나 정도이다. 스웨덴의 룬드는 작은 규모의 대학도시인데, 고서점이 거리에 가득해 감탄을 자아내지만 총수가 동경처럼 많지는 않다. 영국에는 고서점 마을이 있다고 하는데 가보지 못해 유감이다. 대도시 중심지에 고서점 거리가 넓게 자리를 잡고 있는 곳은 동경뿐이다.

이야기 한 토막 삽입하자. 스웨덴 룬드(Lund)에 들른 것은 불운으로 얻은 행운이다. 코펜하겐에서 스톡홀름으로 가는 기차를 타려고 하니 좌석이 없다고 했다. 룬드는 좌석권이 필요 없는 완행으로 갈 수 있어 하룻밤 자고 가는 곳으로 정했다. 대학 도시라는 말을 들었는데, 대학뿐인 도시, 대학 속에 들어 있는 도시였다.

거리를 가득 메운 고서점이 대학 속 도시의 중심을 이루고 있었다. 유럽 여러 언어의 책을 팔고 있어 어느 나라인지 알기 어려울 정도였다. 서점을 구경하면서 책을 사는 것이 얼마나 즐거운지 쇼핑이 취미라고 자랑하는 사람들은 모르리라. 이렇게 중얼거리면서 신명나게 돌아다녔다.

유럽을 벗어나면 서점이 많은 도시가 있는지 의문이다. 뉴욕은 신구서점이 다 대단하지 않아 공부하는 곳은 아님을 알려준다. 프리토리아, 싱가포르, 쿠알라룸푸르, 시드니, 이런 곳들에서도 영어를 공용어로 하고 영어 책을 읽지만 서점은 많지 않다. 북경에서는 고서점을 찾아보기 어렵다. 앞에서 이미 말했듯이, 琉璃廠이라는 곳에서만 중국 고전 진귀본을 고가에 팔고 있을 따름이다.

천하의 진귀한 고서점 거리가 인도에 있는 것은 특별한 사례이다. 전에는 캘커타(Calcutta)라고 하다가 재래의 명칭인 콜카타(Kolkata)로 개명한 또 하나의 거대 도시에 오랜 역사를 자랑하는 캘커타대학이 있다. 대학 입구 양쪽에 조그마한 고서점이 다닥다닥 붙어 몇 킬로에 걸쳐 늘어선 광경이 놀랍다. 마음 단단히 먹고 다 둘러보면서 진기한 것을 찾다가 뜻을 이루었다.

인도독립운동사를 여러 종이나 찾아냈다. 인도에서는 국사와는 별도로 독립운동사도 고등학교 교과목으로 삼아 교과서를 다양하게 펴낸 것을 알았다. 모두 더럽혀진 고본인데 보물이라고 여기고 기뻐하면서, 놀랄 만큼 싼값으로 다 사 왔다. 가져와 읽어보니, 식민지 통치를 받는 기간 동안 농민의 소득이 8분의 1로 줄어들고, 유럽 각국보다 앞서던 인도가 최빈국이 된 것을 간명하게 밝혀 논한 것이 깊은 감명을 준다.

문제는 우리 서울이다. 서울에는 고서점이 조금 있다가 없어진 것이 아주 애석하다. 책을 구하는 데 지장이 있을 뿐만 아니라, 공부를 열심히 하지 않는 나라임을 알리는 증거이기 때문이다. 내가 사는 곳인 경기도 군포시 어느 전철역 앞의 거리가 온통 고서점으로 가득차 널리 이름이 나고, 책을 살 사람들이 몰려들면 좋겠다고 생각한 것이 한때의 공상이다.

그런데 인터넷으로 거래하는 대형 서점에서 고서도 취급하기 시작해서 사정이 달라졌다. 고서를 쉽게 구할 수 있다. 내 책 가운데 가지고 있지 않은 것이 있어 인터넷 고서점에서 샀다. 이런 변화는 전 세계에 일어나고 있다. 지금은 신간은 물론 고서를 사기 위해서도 외국에 갈 필요가 없게 되었다. 인터넷을 이용해 필요한 책을 무엇이든지 구할 수 있는 세상이 되었다. 《세계문학사의 전개》를 쓸 때 이미 그 혜택을 많이 보았다.

神保町 일대의 고서점이 인터넷 고서점에 밀려 문을 닫지 않고 계속 살아남을 것인가? 이런 걱정이 생긴다. 인터넷 고서점의 영역 확장이 일본에서는 더디게 이루어져 당분간은 타격이 크지 않더라도 장래를 낙관할 수 없다. 고서점가는 덩치가 너무 커서, 인류문화유산으로 유네스코에서 지정해 보존할 수도 없다.

영업이 되지 않아 서점이 없어지는 것은 어떻게 해도 막을 수 없다. 그런 날이 오지 않기를 바라고, 오더라도 더디 오기를 바란다. 동경에 다시 갔을 때 고서점이 없어졌으면 얼마나 허망하겠나? 마음의 고향을 잃어버린 것 같은 느낌일 것이다.

일본에 서점이 많다고 해서 구하고 싶은 책을 구할 수 있는 것은 아니다. 행운을 기대하고 모험을 해야 한다. 일본 학문의 큰 업적인 小西甚一, 《日本文藝史》(고니시 진이치, 《일본문예사》) 제5권(1992)이 나왔다는 말을 듣고 한국에서 교보문고에 주문을 하니, 사전 예약주문을 한 부수만 찍어 구할 수 없다고 했다. 일본에 간 기회에 대형서점에 가서 찾으니 제5권뿐만 아니라 앞의 것들도 없었다. 고서점을 수없이 뒤져 겨우 샀다. 내 책 《한국문학통사》 전6권을 상당한 크기의 서점이면 다 갖추어 쉽게 살 수 있는 것과 형편이 많이 다르다.

1994년에 小西甚一와 함께 京都의 국제일본문화연구센터에 초청되어 문학사에 관한 발표를 하고 저녁을 먹을 때 물어보았다. 《日本文藝史》는 얼마나 팔렸는가? 자기는 모른다고 했다. 팔리는 부수를 알고 인세를 받는 것은 아내의 소관이고, 자기는 일정한 액수의 용돈만 받는다고 했다. 바로 대답하기 난처해 너스레를 떤 것이라고 생각된다. 서점에 나와 있지 않은 책이 많이 팔렸을 수 없다. 《한국문학통사》가 그 당시에는 4만 질, 지금은 6만 질 가까이 팔린 것과 많은 차이가 있다.

久保多淳 主編, 《岩波講座 日本文學史》(구보다 준 주편, 《이와나미 강좌 일본문학사》) 전18권(1995-1997)을 일본에 간 기회에 사려고 여러 차례 노력해도 서점에 나와 있지 않아 뜻을 이루지 못했다. 출판사 직영서점에도 없었다. 2009년 4월에는 동경 고서점가의 모든 점포를 다 뒤지기로 단단히 각오하고 찾아나섰다가 전질을 묶어놓은 것을 발견하는 행운을 얻고 즉시 구입했다. 놀랍게도 값이 정가의 3분의 1정도였다. 찾는 사람이 없고 팔리지 않아 헐값에 내놓았다고 생각된다.

小西甚一, 《日本文藝史》나 久保多淳 主編, 《岩波講座 日本文學史》가 발붙이기 어렵게 밀어내는 신구서점이 많고 크고 야단스러워 무슨 소용이 있는가? 장사를 잘하는 것과 좋은 책을 파는 것이 전혀 별개이면, 장사를 잘하는 것이 무슨 소용이 있는가? 이런 생각을 하니, 神保町 일대의 고서점이 마음의 고향이라고 한 것이 오판이고 실언이라고 하지 않을 수 없다.

불국에는 프낙(FNAC)이라는 대형서점 연쇄점이 있다. 파리의 프낙에 여러 번 가서 많은 시간을 보냈는데, 각 분야의 전문서적이 대중용 읽을거리로 나와 있는 점이 놀랍다. 사고 싶은 책이 너무 많아 선택의 어려움을 겪었다. 불문학사 최근 저작을 구하지 못하는 것은 상상할 수 없는 일이다. 길거리 곳곳에 있는 서점에도 상당한 수준의 서적이 진열장에 나와 있다.

더욱 놀라운 것은 전문서점이다. 학문 분야별로 전문서점이 있어 신구의 서적을 함께 판다. 나는 제3세계문학에 관한 책을 구하려고, 동남아시아·아프리카·아랍·인도·월남에 관한 책을 파는 서점을 자주 찾아다녔다. 취급하는 지역에서 나온 원문 서적도 있고, 불어나 영어 서적도 있다. 이런 점은 런던은 물론 동경도 따르지 못한다.

'L'Harmattan'(아르마탕)이라는 간판을 건 곳은 아프리카를 비롯해 제3세계에 관한 책을 전문으로 내는 출판사이고 파는 서점이다. 홈페이지에서 "국제서점: 아프리카, 아시아, 라틴아메리카, 동유럽, 스페인 및 미주대륙 스페인문학"(Librairie Internationale : Afrique, Asie, Amérique Latine, Europe de l'Est, Littérature espagnole et hispano-américaine) 이라고 했다. 출판사가 서점도 하는 오랜 방식을 이으면서, 자기네가 내지 않은 신구서적도 판다. 요지에 자리 잡고 있으며, 매장에 책이 아주 많고, 드나드는 고객이 넘칠 정도이다. 그 서점에 드나들면서 많은 책을 사서 제3세계문학을 논하고 아프리카 소설을 고찰했다.

'L'Harmattan'은 세네갈의 소설가 우스만(Sembène Ousmane)이 1964년에 낸 소설 이름이다. 이 작품을《소설의 사회사 비교론》에서 중요한 작품으로 들고 자세하게 살폈다. 이 작품 제목으로 내세운 말은 '열풍'을 뜻한다. 사하라 사막에서 남쪽으로 부는 건조한 열풍으로 식민지 통치를 비유했다. 수난의 역사를 종식시키고 해방을 이룩하기 위해서 무엇을 어떻게 해야 하는가 하는 문제를 다루었다. 이 작품의 표제를 수난 받는 아프리카를 의미하는 말로 사용해 출판사 이름 겸 서점 이름으로 사용한다.

　　월남 서점에 갔을 때 있었던 일을 하나 소개한다. 월남에서는 우리 《東文選》(동문선) 같은 《李陳詩文》(이진시문)이라는 책을 편찬해 한문학 고전을 집성했다. 우리의 고려 전기에 李朝(이조)가, 고려 후기에는 陳朝(진조)가 있었으니, 수록한 시문을 창작한 시기도 비슷하다. 이 책 첫 권은 파리7대학 월남학과에 있어 복사를 했다. 제2·3권이 나왔다는 소식을 듣고 월남 서점을 찾아갔다. 하노이에서 파견된 직원들이 운영하는 월남 국영 서점이다. '李陳詩文'이라고 쓴 것을 내보인 다음 아래와 같은 대화가 오갔다.

　　"이 책이 있는가?"

　　"우리는 일본 책을 팔지 않는다."

　　"이것이 일본 책이 아니고, 당신네 나라 월남 책이다."

　　"우리는 그 글자를 읽지 못한다."

　　"글자를 읽지 못해도 볼 줄은 아니, 이런 글자가 있는 책이 있으면 다 내놓아라."

　　한문 고전을 자랑하는 나라 월남이 오늘날에는 한문 교육을 하지 않아 파리에 파견되어 자기네 책을 파는 사람들이 이 지경이다. 자기 나라에서 낸 책 표지도 읽지 못한다.

　　"이런 글자가 있는 책이 있으면 다 내놓아라"고 하니, 반 아름쯤 안고 나왔다. '李陳詩文'을 비롯해 고전국역서가 여럿 있었다. 모두 다 사도 값이 얼마 되지 않았다. 자기네 나라에서 정한 원래의 가격대로 팔고, 불국 물가에 맞추어 재조정하지 않았다. 장사할 줄 모르는 사회주의 방식이다. 횡재를 하고서, 남의 걱정을 했다.

나라에서 고전을 돌보지 않는 것은 아닌데 교육이 잘못되어 월남어 번역만 읽고 한문 원문은 모른다. 한문 원문을 모르고 월남어 번역만 읽으면 이해가 깊을 수 없고, 번역이 잘못된 것을 알아차릴 수 없다. 우리도 그 지경이 되지 않을까 걱정이다.

한자를 몇 자 노출시켰다고 지금 쓰고 있는 이 책을 외면하는 독자가 있을까 염려하게 되었으니 월남과 그리 다르지 않다. 한문으로 이룩한 문명을 구두어를 사용하는 민족문화로 이어받아 재창조하려면 필요한 과정을 오랫동안 거쳐야 하는 줄 모르고 한자가 눈에 보이지 않게 하는 것을 능사로 삼으면, 조상이 물려준 유산이 소용없어 졸지에 가난뱅이가 된다.

파리에서 무슨 책이든지 구하려고 했다. 터키 작가 야샤르 케말, 《메메드》 국역본을 감명 깊게 읽어, 채만식의 《탁류》와 비교하는 논문을 국어로도 영어로도 쓰기로 하고 파리의 서점을 뒤졌다. 터키어 원문은 구해 봤자 읽을 수 없으므로, 불역본을 찾아 두 가지 과제를 해결하기로 했다. 불역본을 국역본과 함께 보아 작품 이해를 더 잘 하고자 하고, 국역본에는 없는 등장인물 이름 로마자 표기를 확인해야 했다. 신간 서점에서는 뜻을 이루지 못하고 고서점에서 마침내 보물을 찾았다. (Yasar Kemal, tr. par Guzino Dino, *Mèmed le mince*, Paris: Gallimar, 1961라고 하는 것이다.)

이집트 소설가 마흐푸즈의 소설 《거울들》을 《쉰 다섯 개의 거울》이라는 제목으로 국역한 것도 높이 평가할 작품이고 소중한 연구 자료이다. 아랍어 원본을 읽지 못하는 것을 탄식하다가 영역본을 구했는데, 시시하게도 타자를 쳐서 복사한 것이다. 불역은 멋진 것이 나와 있으리라고 기대하고, 파리7대학 앞에 있는 아랍 전문서점을 여러 차례 기웃거렸다. 아랍인인 주인이 무엇을 찾는가 물어 마흐푸즈의 《거울들》이라고 하니, 그 책은 불어로 번역되지 않았다고 했다. 국역본은 정식으로 출판되어 자랑스럽다는 것을 멀리 가서 알아차렸다. 번역자 송경숙 교수, 출판한 지학사에 경의를 표한다.

불국은 책에 대한 자부심이 대단한 나라이다. 명저가 베스트셀러인 것이 자부심에서 큰 비중을 차지한다. 좋은 책과 잘 팔리는 책의 근접 정도가 한 나라의 문화 수준을 평가하는 척도라면, 비교할 만한 나라들 가운데 불국이 최상위이고, 일본은 최하위이다. 우리는 어떤가? 아직 일본보다는 상위이다. 명저라고 평가되는 학술서적이 불국에서는 동네 서점에서도 좋은 자리를 차지하고, 한국에서는 웬만한 서점에 가면 있으며, 일본에서는 대중의 관심을 끌 수 없어 신간 취급을 받지 못하고 고서점으로 직행하면 다행이다.

불국에서는 학술서적이 잘 팔려 훌륭하다고 할 것만은 아니다. 푸코(Michel Foucault)라는 기인은 좋은 책이 잘 팔리는 것을 거듭 입증했는데, 좋게만 보기는 어렵다. 철학, 정신의학, 역사학, 법학, 정치학, 언어학, 문학, 미학 등 온갖 분야를 있는 대로 휘젓고 다니면서, 狂氣(광기)니 性(성)이니 하는 충격적인 주제를 마구 들추어내면서 아무 소리나 마구 쏟아놓았다. 파격을 일삼으면서 학문의 관습을 어기고, 글쓰기를 제멋대로 했다. 학술서적이라는 것들을 소설보다 더 기발하게 써서 대중의 평가를 받은 명저가 되게 했다.

데리다(Jacques Derrida)는 무슨 말을 하는지 알기 어려운 알쏭달

쏭한 책을 써서 난해한 것을 자랑으로 삼았다. 바로 그 이유 때문에 대단하다고 인정되어 널리 알려졌다. 미국에서 수입해 가서 중간도매를 하는 것을 떼어와 소매상을 차리는 나라에 한국도 끼어 있다. 난해한 책을 구태여 읽은 것은 커피는 쓴맛 때문에 마시는 것과 같다. 설탕 탄 커피를 마시는 무리를 얕보는 한다하는 고수들은, 조청처럼 진한 에스프레소를 까다로운 미각으로 감정하면서 어지간한 독자는 근처도 가지 못하는 데리다 책을 함께 음미하는 고고한 자세를 뽐낸다.

푸코의 미친 짓이나 데리다의 난해한 글쓰기 취향을 수입해 가면 장사가 되는 수많은 나라에서 그 비슷한 것들을 자국산으로 만들지는 못한다. 재간이 모자라지 않고 오히려 앞선다고 해도, 불국 제품이어야 알아주는 물건을 국산으로 대치하면 거들떠보는 사람이 없어 장사가 되지 않는다. 번역을 잘못해서 도저히 읽을 수 없는 악서가 되었어도, 푸코나 데리다의 유령이 얼찐거려 마력을 지닌다고 인정한다. 푸코나 데리다의 뒤를 잇는 괴짜들이 계속 나타나 불국은 어느 한 쪽에서 독점적인 이익을 단단히 누린다.

속
마
음

중국·일본·불국 사람들의 속마음을 어떻게 하면 알 수 있는가? 문학사를 써놓은 것을 읽어보면 알 수 있다. 문학은 마음의 표현이다. 문학사는 마음의 표현을 마음에 맞게 정리하고 논의한 책이다. 나라마다 대표적인 문학사가 있어 속마음을 알아볼 수 있는 자료가 된다. 자국문학사보다 세계문학사가 더 좋은 자료이다. 세계를 인식하고, 세계에서 자기가 차지하는 위치를 확인하는 것이 마음가짐의 요체이다.

이제부터 다루는 내용은 조금 난해하다. 책 앞뒤의 다른 대목처럼 술술 읽을 수 없을 것이다. 속마음을 들여다보는 것은 쉽지 않기 때문에 힘든 작업을 해야 한다. 증거를 제시하지 않고 함부로 말할 수 없어, 인용이 많고 논의가 번다하다. 재미없다고 생각되면 건너뛰어도 된다. 책을 끝까지 더 읽고 더 없어 서운하면 돌아와 이 대목을 읽기 바란다. 서운함을 확실하게 메워줄 것이다. 술 마시는 데 이력이 나면 독한 술이 반갑듯이, 독서도 단계가 올라가면 부담스럽다고 생각되던 글을 즐겨 읽게 된다.

중국에는 세계문학사라는 것이 없다. 문학사를 외국문학사와 중국문학사로 나누고, 외국문학사는 서방문학사와 동방문학사로 갈라 각기 따로 서술한다. 동방문학사라는 것은 유럽문명권 밖의 모든 문학사를 다 포괄하는 광의의 개념이다. 동방이라는 말을 자주 쓰면서 중국이 동방의 맹주라고 자부하고, 중국문학사는 동방문학사에 포함시키지 않고 별도로 다룬다. 서방문학사나 동방문학사가 무엇인가는 이념의 틀로 설명하고, 세부는 자료 열거로 메우는데, 이런 것을 중국인의 속마음이라고 할 수 없다. 중국인의 속마음은 중국문학사에 나타나 있다. 소수민족을 존중한다고 표방하면서 무시하는 속마음이 방대한 분량으로 쓴 중국문학사에서 쉽게 확인할 수 있다.

국가 연구기관 사회과학원에서 오랜 준비 기간을 거친 다음 張炯 外 主編,《中華文學通史》(장형 외 주편,《중화문한통사》, 1997)를 전10권으로 출간했다. 거창한 서론에 말했다. 중국은 문명이 일찍부터 발전하고 문학이 대단한 나라임을 자랑하는 애국주의 언사를 늘어놓고서, "歷代我國文學的 出色 成就, 都是 中華民族的 各兄弟民族 所共同創造的"(역대 우리나라 문학의 특색이 뛰어난 것은 모두 중화민족의 각 형제민족 공동창조이다)라고 했다. "中華民族的 各兄弟民族"이라는 말은 "중화민족을 이루는 각 형제민족"이기도 하고, "중화민족과는 형제인 각 민족"이기도 하다. 공식적으로는 앞의 뜻이지만, 뒤의 뜻이라고 해야 말이 된다. 각 형제민족의 집합체가 '中華民族'(중화민족)이라는 상위 개념의 민족을 이룬다고 하면 민족의 개념을 부당하게 확대한 것은 잘못이다. 민족에는 상하위의 개념이 있을 수 없다. '中華民族'이라고 하는 것은 漢族(한족)과 여러 소수민족으로 구성된 중국인 이외의 다른 무엇이 아니다.

"兄弟民族"이라고 한 소수민족의 문학은 "以各具 民族風采的 文學創作, 爲豊富 和發展 我國文學 作出新的 貢獻"(각기 민족적 특색이 있는 문학 창작을 풍부하게 발전시켜 우리나라 문학을 참신하게 하는 데 공헌했다)고 했다. 소수민족의 문학을 중요시해서 문학사에 등장시키는 이유를 이렇게 설명했다. 어느 민족의 문학이든 그것대로 소중하다고 하지 않고 "我國文學"(아국문학)을 위해 기여한 바를 평가한다고 했다. 그 다음에도 소수민족문학의 의의를 거듭 말했다. 민족의 분열을 막고 단합을 이룩하는 것을 최대의 국가 시책으로 내세우는 데 호응하는 문학사를 만들고자 했다.

다수민족인 漢族이 다른 여러 민족을 침탈하고 지배해온 것이 역사의 실상이다. 중국문학사를 한족문학사로 쓰고 다른 민족의 문학도 평가할 만한 것들은 모두 한족문학이라고 해온 잘못을 재론하지는 않고, 소수민족 예찬론을 늘어놓기만 했다. 한족문학사와 소수민족문학사를 통합하는 서술 체계를 마련하지 못하고, 소수민족문학을 곁들인 한족문학사를 중화문학사라고 했다. 제1권에 〈隋唐 以前的 少數民族文學〉(당 이전의 소수민족문학)이라는 항목을 넣어 소수민족문학을 그것대로 다루는 자리를 마련하고, 제2권 이하에는 그런 것도 없다. 소수민족문학은 그 자체의 시대구분이 없으며, 한족문학과 공통된 시대구분도 하지 않고, 중국 어느 왕조시대에 이루어졌는지 가려 취급할 장소를 정했을 따름이다.

서술 내용에서는 중국 왕조가 소수민족에게 끼친 작용은 중요시하면서 상호간의 친선을 부각시키고, 소수민족문학이 반작용을 하면서 민족의 주체성을 옹호하려고 한 노력은 무시했다. 소수민족문학에 관한 고찰 서두에서 신화에 이어서 '創世史詩'(창세사시)라고 한 창세서사시의 자료를 여럿 소개한 자료는 소수민족문학사에서 각기 다른 것을 한 데 모아놓았을 따름이다. 그런 것들이 중국문학 인식의 공백이나 단절을 보충해주는 의의가 있다 했을 따름이고, 한족문학사에 대한 종래의 견해를 시정하는 데 이용하지 않았다.

한족에게는 거의 없는 서사시가 소수민족의 문학에는 풍부하게 전승되는 이유를 밝혀 논하려고 하지 않았다. 서사시를 史詩라고 해서 개념의 혼란을 초래한 것도 문제이다. 역사적인 사실과 연결되는 서사시와 그렇지 않은 서사시를 별개의 갈래로 하고, 뒤의 것을 지칭하는 일정한 용어는 없다. 이런 관습이 정치 노선인 듯이 굳어져, 재검토의 기회가 없다. 누구나 같은 말을 되풀이하고, 용어부터 다시 설정하고 새로운 이론을 전개하는 혁신이 가능하지 않아 학문 발전이 이루어지지 않는다.

개념이나 이론보다 더 심각한 차질은 소수민족의 문학을 사실과 다르게 설명하는 것이다. 突厥(돌궐)의 〈闕特勒碑〉(궐특륵비)에 관한 서술을 보자. 두 가지 언어로 쓴 비문인데, 서로 무관하다는 이유를 들어 돌궐어 비문은 무시하고, 한문 비문만 들어 중국과의 친선관계를 말했다고 했다. 이것은 실상을 무시한 잘못된 견해이다. 南詔(남조) 〈德化碑〉(덕화비)는 당나라의 침공을 물리친 전공을 격식을 잘 갖추어 쓴 序(서)와 銘(명)에서 길게 자랑한 명문인데, 당나라를 부득이 모반한 고충을 말했다고 왜곡해 설명했다. 국가의 위업을 나타낸 그런 금석문이 중국에는 거의 없고, 다른 민족들은 크게 중요시한 차이점에 대해 관심을 가지지 않았다.

'吐蕃'(토번)이라고 표기한 티베트의 문학을 다루면서, 티베트는 오늘날처럼 언제나 중국이 통치하는 범위 안에 들어 있었다고 알도록 하려고 실상과는 거리가 먼 설명을 했다. 독자적인 내력과 주체적인 전통을 지닌 티베트문학의 방대한 유산을 돌보지 않고, 당나라와 밀접한 관계를 가진 티베트에 중국의 고전이 전해져 영향을 끼쳤다고 했다. 티베트가 인도에서 불교를 받아들이면서 산스크리트를 익혀 그 문자로 자기네 언어를 표기하고, 산스크리트 경전을 번역하면서 민족어 글쓰기를 확립한 과정에 대해서는 말하지 않았다. 티베트가 산스크리트문명권이 아닌 한문문명권에 속했다고 오인하도록 했다.

티베트의 《게사르》(格薩爾王傳), 몽골의 《장가르》(江格爾), 키르기스의 《마나스》(瑪納斯) 같은 민족서사시의 웅편을 다룬 대목을 보자. 이런 작품들의 공통된 특징을 문학갈래론의 관점에서 고찰하지 않고, 언어 사용과 문자 기록에 관한 해명도 하지 않고, 실상을 왜곡해 설명하기나 했다. 중국의 압력에 맞서서 민족의 주체성을 선양하기 위해 중국인은 스스로 파괴한 민족서사시를 힘써 가꾼 사실을 무시하고, 그것들이 모두 중국과의 우호적인 관계를 나타냈다고 하는 거짓된 진술을 했다.

앞에서 한 말을 더 자세하게 한다. 이 책을 북경에 가서 구하려고 했는데, 출간된 지 몇 해만에 자취를 감추었다. 찍은 것이 얼마 되지 않아 다 나가고 더 찍지 않은 것 같다. 공공기관에서 막대한 노력과 경비를 기울여 내놓은 저작이 비밀문건이라도 되는 듯이, 아니면 도둑이 제 발이 저려서인지 국내외에 널리 알려질 필요는 없다고 여기는 것 같아 분통이 터졌다. 그래도 물러설 수 없다고 여겨 북경대학에 유학해 중국문학을 전공하는 학생에게 선금을 주고 간곡하게 부탁하니 며칠이 지나 겨우 구했다고 하면서 가져왔다.

일본에서 나온 세계문학사 가운데 阿部知二(아베 도모지),《世界文學の流れ》(세계문학의 흐름)(1963);《世界文學の歷史》(《세계문학의 역사》, 1971)를 대표작으로 들 수 있다. 편집과 장정이 훌륭하며 천연색 도판이 많이 있다. 나온 지 한참 되었는데 지금도 살 수 있는 인기 서적이다. 일본에 갔을 때 사서 가지고 있다가 계명대학교 도서관에 기증했다.

서문에서 "하나의 세계"를 이룩해야 한다고 했다. 동양문화와 서양문화의 간격을 넘어선 "세계문화의 융합"을 이룩하기 위해 노력하겠다고 하고서, 자기는 서양문학 중심의 세계문학사를 서술했다. 책 뒤에서 동경대학 영문과 출신이라고 특별히 소개되어 있는 저자가, 언어 이해의 사정 때문에 자기에게 비교적 친숙한 영문학을 교두보로 삼으면서, "영문학에서 재료를 얻어" 서양문학을 고찰하는 데 치중하고, 연극은 셰익스피어의 연극을 특히 중요시하겠다고 스스로 밝혔다. 셰익스피어에 관한 서술을 찾아보면 본문이 6면이고 화보가 5면이나 되어, 대단한 비중을 두었다.

일본에서 동경대학 영문과 출신은 최정상의 지식인이고, 세계에 관해 무엇이든지 가르칠 수 있다고 인정되었다. 일본은 영국을 배우고 따르는 것을 목표로 삼았다. 수도 중심부에 크게 자리 잡고 있는 皇居(고쿄)라고 하는 天皇(덴노) 거처 곁에, 비등한 면적의 영국 대사관이 자리 잡고 위세를 자랑하도록 배려했다. 영국을 배우고 따르는 고리를 동경대학 영문과 출신이 맡고 있다고 인정되어 존경을 모았다.

영국과 일본은 둘 다 섬나라이다. 섬나라라는 것보다 문명권의 주변부라는 것이 더욱 중요한 공통점이다. 주변부이기에 중세문명의 수준이 낮을 수밖에 없었으며, 그 때문에 겪는 수모를 분발의 동기로 삼았다. 중세가 흔들릴 때, 후진이 선진이 되는 전환을 이룩하고 근대를 만드는 데 앞섰다. 근대의 자본과 기술로 군사력을 키워 세계 도처 또는 아시아 일대를 침략하고 식민지로 삼았다.

세계문학사를 써서 영문학을 높이고 유럽문학을 기리는 것이 동경대학 영문과 출신의 자랑이다. 책을 들여다보자. 영문학만이 아닌 독일·불국·이태리·서반아·러시아의 문학도 어지간히 고찰해서 영국을 통해 얻은 지식을 자랑했다. 다른 문명권의 문학은 중국문학만 유럽 각국 문학에 버금가는 정도의 비중을 두어 다루고, 인도문학에 관한 논의를 조금 곁들였을 따름이다.

아랍문학에 관해서는 자기의 "교양이 부족"하다는 이유를 내세워 간략하게 언급하는 데 그쳤다. 한국문학은 모두 세 줄에 걸쳐 소개하고, 작품의 예로 《춘향전》 하나만 들었다. 아시아의 다른 나라 문학이나 아프리카문학은 왜 다루지 않는지 해명하지도 않았다. 서술의 분량이나 비중에서 철저하게 유럽문명권 중심의 세계문학사이고, 그 편향성이 유럽의 전례보다 더 심하다.

더욱 납득하기 어려운 것은 일본문학을 제대로 취급하지 않은 점이다. 이에 관해서 초판 서문에서 미리 설명하기를, 일본문학은 세계문학을 이해하는 주체의 입장이므로 별도의 장을 설정해서 따로 고찰하지 않는다고 했다. 그러나 실제 작업에서는 유럽문명권문학을 주체로 하고 일본문학은 오히려 객체로 하는 문학사를 서술했다. 유럽문명권문학에 있었던 일을 먼저 들어 세계문학 일반론의 근거로 삼고, 일본문학에도 그 비슷한 것이 보인다고 몇 줄씩 보태어 말하기나 했다. 유럽문명권 중심주의를 추종하면서 열등의식을 버리지 못하는 일본인의 속마음을 나타냈다.

불국 사람들의 속마음을 그 나라의 가장 방대한 세계문학사에서 확인해보자. 불국이 잘 나가고 있던 시절에 지아옹 총편《문학의 일반적 역사》(Pierre Giaon dir., *Histoire générale des littératures*)(1961)를 큰 책 전6권 호화판으로 내놓았다. 책 서두에서 "몇 천 가지 가변적인 면모를 포괄하면서 세계문학의 일반적인 현상의 역사"를 서술하겠다고 했다.

"모든 구체적이고 다양한 사실에서 문학의 본질을 추출하는", 전에 볼 수 없던 업적을 내놓겠다고 했다. 이렇게 표방하고서 유럽문학 중심, 불문학 위주의 서술을 했다. "불국 독자를 당황하지 않게 하고, 외국의 독자를 화나게 하지 않는 방식을 택해" 불문학 위주의 서술에다 외국문학을 적절하게 곁들이겠다고 했다. 이렇게 거만할 수 있는가?

시대구분을 보면, "제1장 알려져 있는 최초의 문학; 제2장 고대: 문학의 모체; 제3장 고대에서 중세로; 제4장 유럽 및 세계 다른 곳의 중세; 제5장 16세기 유럽: 새로운 시대의 새벽; 제6장 유럽의 "제왕" (17-18세기); 제7장 1848년까지의 낭만주의; 제8장 1848-1945 격동, 항쟁, 출생, 발견; 제9장 1945년 이후-세계의 전망"으로 이루어져 있다. 다룰 것을 다 다루는 듯이 표방하고, 자기중심의 시각을 보여주었다.

제1·2·3·4장과 제8·9장에서는 유럽문학에다 다른 여러 곳들의 문학을 보태 서술했다. 제5·6·7장의 시기에는 유럽문학이 독주했다고 하면서, 제5장에는 터키문학, 제6장에는 중국·일본문학을 곁들였다. 제7장은 유럽문학의 독무대이다. 유럽문학은 계속 다루고 다른 곳들의 문학은 다루다 말다 해서, 발전 과정에서 정상과 비정상의 차이가 있다고 생각하게 했다. 유럽문학이라도 제4장에서 제9장까지 계속 등장하는 것은 불국·이태리·서반아·포르투갈·영국·독일·러시아·폴란드·남슬라브문학만이다. 이들 가운데 불문학은 언제나 중요시해 자세하게 고찰했다. 유럽문학의 원조라고 칭송되는 그리스문학도 중간에 어떻게 되었는지 알 수 없게 했다. 중세 그리스문학은 비잔틴문학이라고 이름을 바꾸고 따로 다루어, 그리스문학의 연속성을 훼손했다.

비잔틴문학은 아주 무시하는 태도로 다루면서 한 말을 보자. 비잔틴문학은 "멸시의 대상이 되어 쉽게 접근하지 않게 된다"고 했다. "불국에서 그리스어를 읽고 즐거움을 맛보는 몇백 명의 교수 가운데 비잔틴인이 쓴 글을 한 면이라도 온전하게 읽어본 사람이 얼마 될까?"라고 했다. 역겹다고 할 수 있는 오만을 부끄러운 줄 모르고 드러냈다. 가까이 있고 언어를 해득할 수 있는 유산을 이렇게까지 무시하는데 먼 나라의 문학은 말할 것도 없다. 자국 우월주의를 재확인하려고 세계문학사를 써냈다.

인도, 중국, 그리스, 이란 등지의 문학은 불문학보다 오랜 역사를 지니고 면면한 발전을 해왔다는 사실을 무시하거나 왜곡했다. 인도문학은 제5·6·7장에서 등장하지 않아 동향을 알 수 없게 했다. 중국문학사는 제5·7장의 시기를 공백으로 만들었다. 이란문학사는 제3·5·6·7·8장에서는 제외해 더욱 심하게 손상시켰다. 고대에서 현대까지의 연속성을 알아볼 수 없는 누더기로 만들었다. 캄보디아나 월남의 문학도 불문학보다 일찍 시작되었는데 제9장 시기에 출현했다고 사실을 왜곡했다.

제8장에 아프리카문학을 등장시킨 것은 다행이지만, 다룬 분량이, 존재 의의가 인정되기 어려운 스위스문학보다 훨씬 적다. 아프리

카문학을 "아랍문학, 흑인문학, 에티오피아문학, 아프리칸스문학"으로 나누어 고찰했다. 아랍문학은 아시아의 아랍문학과 함께 다루어야 하겠는데, 아프리카의 것을 분리시켰다. 아프리칸스문학은 남아프리카에 이주한 화란어 사용자들의 문학이다. 그것도 아프리카문학의 하나이기만 하지만, 흑인문학과 대등한 위치에 있다고 인정될 수 있는 것은 아니다.

에티오피아문학을 별도로 다룬 것은 적절한 처사이지만, 오랜 역사를 무시했다. 흑인문학이라고 한 데서는 너무 많은 내용을 엉성하게 취급했다. 한국문학은 아예 무시했다. 베르베르, 에스키모, 시베리아나 오세아니아 여러 곳의 문학까지 취급하고, 한국문학은 언급의 대상으로도 삼지 않고 무시했다.

이 책이 한국에는 없다. 어느 도서관에서도 찾을 수 없다. 유럽문명권의 중심지 불국에서 보란 듯이 호화판으로 내놓는 방대한 세계문학사에서 한국문학을 무시한 것도 알 길이 없는 나라에서 학문을 어떻게 할 수 있는가? 이렇게 개탄하지 않을 수 없다. 뜻이 있으면 길이 없는 것은 아니다.

나는 일본에 가서 이 책이 동경대학 도서관에 있는 것을 이용하고, 주요 부분을 많이 복사해왔다. 복사물을 계명대학교 도서관에 장서를 기증해 동일문고를 만들 때 함께 전했다. 밖에 내놓지는 못하고 상자 속에 보관하겠다고 했는데, 그대로 있는지 의문이다. 관심을 가진 호사가가 있으면 수색해보기 바란다.

나는 세계문학사를 온통 다시 고찰하는 《세계문학사》(2002)를 내놓고 말했다. 세계문학사를 온당하게 이해하기 위해서는 널리 알려진 문학, 광범위한 영향력을 행사하는 문학, 세계를 제패하는 나라의 문학이라야 세계문학이라고 하는 차등의 관점을 버려야 한다. 인류가 산출한 문학이 모두 세계문학이라고 하는 대등의 관점을 마련해야 이름과 실상이 합치되는 세계문학사를 쓸 수 있다. 민족국가를 이루지 못한 소수민족의 문학은 관심의 대상에서 제외하는 잘못을 시정하고, 어떤 소수민족의 문학이라도 세계문학으로서 인식하고 평가해야 한다. 제3세계문학에서 한 걸음 더 나아가 제4세계문학을 정당하게 이해해야 한다.

역사가 시작된 이래로 줄곧 있어온 우세집단과 열세집단, 중심부와 변방, 다수민족과 소수민족 사이의 불평등, 근대 이후 세계를 제패한 유럽열강과 그 피해지역의 불행한 관계에 대해서 반론을 제기하는 것이 문학의 사명이다. 정치나 경제에서의 우위가 사상과 의식에서는 역전된다는 것을 보여준다. 표리의 역전이 선후의 역전으로 바뀐다. 이렇게 말할 수 있는 결과를 구체적인 증거를 갖추어 제시해야 한다.

경제성장에 의한 빈곤 해결, 정치적 자유의 확대와 신장뿐만 아니라, 내심의 표현을 함께 즐기는 행위에서 얻는 자기만족의 고조, 세계인식의 역동적인 경험 축적 또한 역사발전이다. 그 가운데 어느 한 쪽의 일방적인 발전은 다른 쪽의 후퇴를 가져온다. 외면의 발전을 지나치게 추구하면서 남들과의 경쟁에서 승리하는 것을 능사로 삼는 쪽은 내면이 황폐화되어 세계사의 장래를 암담하게 만드는 데 가담한다.

피해자가 된 쪽은 인간의 존엄성과 문화의 주체성을 지키기 위한 힘든 노력을 하면서 평화의 이상을 더욱 고양시켜 인류의 지혜를 향상하는 데 기여한다. 그 가치를 스스로 인식하면 세계를 변혁하고 재창조할 수 있는 활력을 얻는다. 가해에 반드시 수반되는 자해행위는 스스로 알아차리지 못해 계속 키우다가 회복되기 어려운 지경에 이르러 자멸의 원인이 된다. 그렇게 해서 승리가 패배이고, 패배가 승리이게 하는 커다란 전환이 이루어진다.

내 책은 신간으로 팔고 있다. 국내외 어느 곳에 있는 사람이라도 원하면 쉽게 살 수 있다. 많은 사람을 동원하지 않고 혼자서 써서 내 생각을 나타냈다. 한 권에 지나지 않고 값이 부담되지 않는다. 외국어 번역이 아쉬운데, 일본어 번역이 진행 중이라는 소식이 들린다.

살
만
한
곳
인
가

어느 나라가 살 만한 곳인가는 병이 나면 어떻게 해야 하는가를 두고 먼저 말해야 한다. 건강할 때에는 어지간한 조건에서도 잘 견딜 수 있지만, 스스로 해결하지 못할 병이 나면 도움을 청해야 한다. 환자를 위한 도움을 어떻게, 얼마나 잘 해주는가 하는 것이 나라를 평가하는 가장 중요한 척도가 된다.

중국에서는 병원을 이용하지 않아 북경에 있을 때 중국인 교수가 해준 말을 적는다. 아이가 아파 병원에 가려면 의료보험을 담당하는 직장의 직원에게 말해 허락을 얻는 것이 첫째 절차이다. 진료비가 직장에서 지출되기 때문이다. 담당 직원은 증세에 관한 설명을 듣고 병원에 가야 하는지 판단해 허락을 하면서 병원을 지정해준다. 병원에서는 9시부터 진료를 하고, 7시부터 접수를 받고, 5시부터 접수 번호표를 준다. 5시가 되기 전에 나가 줄을 서 있어도 뜻을 이루지 못할 수 있다. 당일 진료 예정 인원을 초과하면 번호표를 받지 못하고 접수를 할 수 없다.

진료비를 환자가 부담하지 않고 소속 직장에서 내는 것이 자랑으로 삼는 사회주의 제도이다. 공인된 직장이 없으면 혜택에서 제외된다. 직장의 의료 예산이 한정되어 있어, 담당 직원이 상당한 재량권을 가진다. 환자는 늘어나도 병원이나 의사 수는 그대로이다. 의사는 진료 인원이 많으면 수입이 늘어나는 것은 아니므로 소정의 근무시간에 일정한 수의 환자만 본다. 공급이 수요를 따르지 못하는 심한 불균형을 시정하는 데 중국의 사회주의는 무력하다.

일본에 있을 때에는 외국인 등록을 하고 건강보험에 가입했다. 건강보험료나 보험에 의한 병원 진료비가 한국의 3배 정도 되었다. 전기 요금도 3배 정도 되고, 교통비는 몇 배 되니, 의료비만 비싼 것은 아니다. 내가 받은 동경대학 교수의 월급이 한국 서울대학교 교수의 월급보다 약간 많아 일본인이 살기 어려운 것을 알 수 있었다. 선진국은 물가가 비싼 나라이다. 한국도 물가가 오르면서 선진국이 되어간다.

일본에는 병원 안내서가 있다. 병의 종류마다 가장 잘 치료하는 병원이 어딘지 순위를 밝히고 소개한 책이 여럿 있어 서로 경쟁이다. 그 가운데 제일 좋아 보이는 책을 사서, 순위와 위치를 고려해 일본여자대학 부속병원을 가장 적절한 병원으로 정하고 아내가 류머티즘을 알아 매월 한 번씩 갔다. 예약한 시간에 가면 늦지 않게 진료를 했다. 조교수 井上(이노우에)라고 기억되는 담당의사가 친절하고 정중했다. 영어가 잘 통해 불편을 겪지 않았다.

한국의 강남성모병원에서 가지고 간 진료기록을 보이자 약을 하나하나 살피더니, 그 가운데 어떤 약은 눈에 해로워 일본에서는 쓰지 않는다고 했다. 벽에 류머티즘 약 붙여놓은 것들을 짚어가면서 설명했다. 약 그림도, 약을 짚어가면서 하는 설명도 한국에는 없는 것이다. 다음 순서의 예약까지 시간이 넉넉해 자세한 문답이 오고 갔다. 갈 때마다 증세를 자세하게 묻고, 좋아졌다면 의사의 얼굴이 환하게 밝았다. 비싼 의료비는 그만큼 가치가 있었다.

불국에서는 의사가 환자를 찾아다닌다. 파리에 있는 동안에, 여행을 하겠다고 뒤따라 온 딸이 한밤중에 아팠다. 숙소 근처 공중전화에 가서, 의사를 부르는 번호에다 그곳 공중전화 번호를 누르고 기다리고 있으니 조금 있다가 의사가 왔다. 자기 차를 몰고 순찰을 하고 있는 의사 가운데 가장 가까이 있는 사람이 호출 신호를 받고 오게 되어 있다. 국적을 불문하고, 불국에 간 이유를 따지지 않고 누구나 같은 혜택을 본다. 이것이 불국의 사회주의 의료 제도이다.

숙소로 들어가자고 하더니, 의사가 딸을 진찰하고 구급차를 불러주었다. 응급 진료 의사는 돈을 받지 않고 봉사한다고 했다. 구급차가 의사가 지시한 병원으로 딸을 데리고 가는 데 동행했다. 구급차 기사는 우리 돈 3만 원 정도의 차량 이용료는 내야 한다고 했다. 거의 비어 있는 응급실에서 의사와 간호사들이 딸을 열심히 치료해 이튿날 아침에 퇴원했다. 진료비가 얼마냐 하니, 진료비는 직접 받지 않고, 누구에게든지 우편으로 청구하게 되어 있으니 주소를 적어달라고 했다. 우리가 떠날 때까지 청구서가 오지 않아 진료비는 아직 미납이다.

청구서가 제때 오지 않은 것은 사무착오가 아니면 직원의 태만 때문이다. 태만일 가능성이 더 크다. 응급의료 제도는 잘 되어 있어도, 다른 행정은 엉성하기 이를 데 없다. 파리7대학에서 경험한 것을 말한다. 직원들이 자기 근무시간을 스스로 정하고 출근하지 않는 날이 절반은 된다. 가서 강의를 하고 한 달이 넘었어도 월급을 주지 않았다. 동양학부 서무과장과 본부 경리과장의 근무 시간이 어긋나 서류 처리가 되지 않는 탓이라고 했다. 항의를 하고서야 둘이 가까스로 만나더니, 내게 건강보험을 들었느냐고 물었다. 사전에 말해주지 않은 사항이다.

건강보험을 들어야 월급을 줄 수 있다고 해서 급히 들고 영수증을 가져갔다. 보험증서는 우편으로 보내준다고 했는데, 떠날 때까지 도착하지 않았다. 건강보험 영수증을 확인하고 월급을 수표로 주었는데, 학교 바로 앞의 은행은 버려두고 멀리 있는 궁벽한 은행에 힘들게 찾아가야 돈을 찾을 수 있는 것이었다. 외국인 교수가 불편해 하는 것은 전연 생각하지 않았다. 이처럼 근무 태만이 상습화되어 있어 능률이 말이 아니다. 응급의료 잘 되어 있다는 말만 듣고 불국을 과대평가하지 않도록 아주 잘못되고 있는 면도 알린다.

중국 건국 60주년이라는 2009년 10월에 중국 북경에 있었다. 1949년 10월 1일에 중화인민공화국이 들어선 것을 건국이라고 하고, 그 60주년을 대대적으로 기념했다. 천안문 광장에 여러 소수민족문화 전시회를, 역사박물관에서 중국문명기원전을 크게 열었다.

"和諧"(화해)라는 말이 소수민족문화 전시회를 휩쓸다시피 하고, 도시 전체에 도배를 하듯이 쓰여 있었다. "和"와 "諧"는 두 글자이지만 뜻이 같다. 화합하라는 말이다. 소수민족문화를 다채롭게 전시하고서는 화합하라고 되풀이하고 되풀이해 말한다. 다른 말이 없는데도 거듭거듭 강조해 말한다.

그다음 해 2010년에 낸 《동아시아문명론》에서 나는 말했다. "중국에 와서 보니 孔子(공자)를 크게 받들면서, 도처에 和諧라는 글자를 써 붙여 놓았다. 和諧 두 자는 같은 개념이다. 和만이고 不同은 없다. 공자가 말한 "和而不同"에서 和만 택하고 不同은 버리면 공자 사상이 훼손된다. 공자가 훌륭하다는 것과 배치된다. 공자는 중국인이라고 자랑하는 것과 맞물려 의도한 바와는 반대로 공자 폄하 운동을 벌이는 결과를 초래한다. 중국은 和를 일방적으로 선호하지 말고 和而不同의 가치를 발현해야 한다. 중국만 그런 것은 아니다. 동아시아도, 세계 전체도 마땅히 和而不同해야 한다. 중국은 和를 이루어 외부의 不同과 맞서는 힘을 삼자고 생각한다면 더 큰 잘못이므로, 공자에게 물어 바로잡아야 한다."

　　2013년에 나온 중국어 번역본 《東亞文明論》(동아문명론)에 이 대목은 온통 다 빠져 있다. 받아들일 수 없다고 여긴 것이다. 이런 말을 썼으므로 이 책은 중국어로 번역될 수 없을 것이다. 한국어를 알거나 한국학을 강의하는 중국인은 이 책을 읽고 중국이 달라지도록 하는 작용을 조금이라도 하기 바란다.

　　중국문명기원전은 중국문명 기원의 일원설을 버리고 多元說(다원설)을 공식화한 전시회이다. 華夏(화하)문명이 중국문명의 단일한 기원이라고 하는 종래의 견해를 버리고, 오랑캐라고 폄하하고 배격하던 북방의 東夷(동이), 남방의 荊蠻(형만) 등이 모두 중국문명을 이룩하는 데 대등하게 기여했다고 했다. 고고학적 증거가 華夏문명의 선행과 우위를 부정하는 것과 함께 다민족국가의 和諧를 지향해야 하는 정치적인 필요성이 이유가 되어 역사 이해를 바꾸었다. 이렇게 되니 東夷는 우리 민족의 선조라고 하는 주장이 타격을 받는다.

중국은 민족 차별을 하지 않는다고 대대적으로 선전하지만, 과연 그런가? 심양에서 만난 遼寧大學(요녕대학) 퇴임 교수가 말했다. 자기 형은 모택동의 주치의이고, 자기는 북경대학 물리학과에 다녀 장래가 보장되어 있었다. 졸업 후 원자탄 제조하는 곳으로 배정되어 일하고 있는데, 어느 날 주은래가 시찰 와서 "여기 왜 조선족이 있나?"라고 해서 쫓겨나, 요녕대학 교수가 되어 자리를 옮긴 것이 전화위복이었다고 했다.

서울에 나와 있는 중국의 외교관은 물론 상사 직원에도 조선족은 없다. 한국어를 배운 漢族만 한국인을 상대로 하는 국내외의 공무에 종사한다. 인종차별의 나라라고 비난을 받는 미국이 미국으로 이민한 한국인을 주한 미국대사로 보낸 것과 아주 다르다.

일본은 어떤 나라인가? 국립대학 교수가 私信(사신)에서도 平成(헤이세이)라는 연호를 쓰지 않고 서기를 쓰는 것은 잘못이니 시정하라고 지시하는 공문이 학교에 자주 온다고 어느 국립대학 교수가 말했다. 자기는 그 지시를 정면에서 어길 용기가 없어 丙申(갑신) 같은 干支(간지)를 쓴다고 했다. 이런 사실은 전혀 보도되지 않으니 구두로 알리고, 한국이나 중국에서 열심히 비판하면 숨쉬기가 조금 나아질 것이라고 했다.

1995년도 동경대학 정년퇴임 교수 명단이라는 것을 보내와서 보니, 태어난 해를 거의 다 昭和 7년이라고 하고, 이따금 1932년도 보였다. 본인의 신고에 의거해 같은 해를 다르게 적었다. 昭和(쇼와) 7년에 태어났다고 하지 않고 같은 해를 1932년이라고 적는 소수는 불복한다는 의사를 나타냈다. 자연과학계 교수라야 어느 정도 자유가 있고,

그 일부가 1932년이라고 적는 용기를 가졌다.

정부의 지시를 어기면 정부는 가만있어도 극우파 愛國黨(애국당)이 나서서 협박을 하니 누구나 두려워한다. 이른 시기에 일본에 와서 살게 된 외국인을 '歸化人'(귀화인)이라고 하던 말을 '渡來人'(도래인)이라고 바꾸자고 제안한 학자가 國賊(국적)을 처단하겠다는 협박을 받았다고 한다. 내가 동경에 있을 때 노벨문학상을 받은 작가 大江健三郞(오에 겐자부로)가 國賊이라 처단하겠다고 愛國黨 녀석들이 전주마다 써 붙이고, 차에 확성기를 장치해 떠들고 다니는 것을 보고 크게 놀랐다.

무슨 일인가 알아보니, 노벨문학상을 받은 것이 일본의 영광이어서 문화훈장을 주겠다고 하니 작가가 거절했다. 상을 받기 전에는 가만있다가 상을 받은 뒤에 훈장을 주는 것이 마땅하지 않고, 상은 자기가 받았고 일본이 받은 것은 아니라고 한 것이 처단의 대상이 되어야하는 죄목이었다.

그런 횡포에 신념을 가지고 맞서는 사람들이 있으니 일본공산당당원이다. 종전 50년이 되는 1995년 8월 15일 일본공산당 동경대학지부에서 일본의 침략 전쟁을 규탄하는 모임을 가진다는 광고가 붙어있는 것을 발견했다. 가서 보니, 넓지 않은 실내의 장소에 수십 명이모여 이야기를 조용조용 하고 있었다.

《朝日新聞》(아사히신분)은 양심을 지키려고 하는 신문이다. 1995년 8월 15일자 제1면에 "두 개의 總督府(총독부)"라는 기사를 사진과함께 내놓았다. 臺北(대북)의 총독부는 공터에 지었으므로 문화재로보존하고, 서울의 총독부는 왕궁을 헐고 지었으므로 철거하는 것이당연하다고 했다.

중국인과 불국인이 한 자리에서 만나, 두 나라 사람들이 사는 형편을 비교하는 데 참여했다. 사소한 것 같은 사실에서 출발해 역사의 거대한 움직임을 이해하는 데 이르렀다. 서로 무관한 것 같은 두 나라가 맞물려 돌아가면서 세계사가 진행되는 것을 알아차릴 수 있었다.

불국인이 말했다. 파리 시내의 집은 대부분 나라의 집이고, 주민이 세를 내고 산다. 몇 년에 한 번씩 집세를 다시 정한다. 집세를 소득이 높고 가족이 적으면 많고, 소득이 낮고 가족이 많으면 적게 한다. 대학생은 등록금을 내지 않고 숙식비를 장학금으로 받아, 대학교육까지 사실상 무료이다. 나라에서 제공하는 집에서 살고, 무료교육을 받는 것이 사회주의라면, 불국은 사회주의 나라이다.

불국은 오랜 기간 동안 의회민주주의 방식의 개선을 거쳐 사회주의를 점진적으로 실현했다. 이런 사회주의는 사회민주주의라고 한다. 중국은 사회주의를 통해 성취했다. 이것은 혁명사회주의라고 하자. 사회주의의 하위 개념에 사회민주주의도 혁명사회주의도 있다고 하면 구분이 분명해진다. 하위 개념이 공유하고 있는 사회주의의 공통된 특징이 더욱 소중하다.

중국은 사회주의의 이상을 일거에 실현한다고 널리 자랑해 세계의 이목을 집중시켰다. 소련을 대신해 전 세계 사회주의 혁명의 선두에 섰다고 자부했다. 천안문에 붙인 구호 "世界人民大團結萬歲"(세계인민대단결만세)가 그런 말이다. 불국에도 중국혁명 예찬론자들이 자기 나라 사회주의가 철저하지 못한 것을 질타하고 과격한 시위를 벌였다.

그런데 중국이 달라졌다. 자기 집을 사서 살아야 하고, 대학생이 등록금과 기숙사 숙식비를 부담해야 하는 변화가 일어났다. 개혁개방을 거쳐 시장경제를 한다고 하면서 사회주의와 거리가 멀어지게 되었다. 중국에서 하고 있는 시장경제는 누가 무어라고 해도 사실상 자본주의이다. 사회주의 혁명을 하느라고 엄청난 희생을 치르고 자본주의로 되돌아가고 있다. 그래서 혼란이 심하고 차질이 많다. 중국의 대학교수는 아직 사회주의 월급을 받고, 자식을 위해 이제는 자본주의 학비를 부담해야 하므로 견딜 수 없다고 한다.

불국은 자본주의에서 사회주의로, 중국은 사회주의에서 자본주의로 나아가 서로 반대로 돈다. 이것은 얼마나 이상한 일인가? 우연한 착오나 실수인가? 납득하기 어려워도 어쩔 수 없는 추세인가? 아니면 역사 변화의 필연적인 과정이고 그럴 만한 이유가 알고 보면 분명한가?

나라에서 제공하는 집에서 살고, 무료교육을 받는 사회주의는 훌륭하다. 인류의 이상이라고 하는 데 반론을 제기할 수 없다. 그러나 달성 방법이 문제이다. 무산계급 폭력혁명을 하고, 무산계급 독재를 통해 목표를 달성해야 한다고 공산주의자들은 주장한다.

공산주의 폭력혁명을 하지 말고 의회민주주의 방식으로 사회주의를 실현하는 것이, 이런 의미의 사회민주주의가 더 좋은 대안이라고 할 수 있다. 그러나 이것은 오랜 기간 동안 전연 타당성이 없었다. 공산주의 투쟁이 고조되어 큰 위협을 받게 되자 자본주의가 사회민주주의를 받아들이며 변신해 자구책을 마련하게 되었다. 소수의 공상이던 사회민주주의가 다수의 선택으로 마침내 실현되었다.

공산주의는 자본주의의 산물이고, 사회민주주의는 공산주의의 산물이다. 자본주의의 모순이 공산주의를 낳았다. 공산주의의 위협이 사회민주주의를 키웠다. 그래서 자본주의가 공산주의처럼 되고 있다.

지금 중국에서 일어나는 변화를 보면, 자본주의는 공산주의의 산물이라는 말까지 보탤 수 있다. 공산주의가 자본주의와 맞서는 경쟁력을 가지려고 고유한 특성을 잃고 시장경제라고 일컬어지는 자본주의로 변모하고 있다.

불국에는 사회주의자만 있는 것은 아니다. 극좌·중도좌·중도우·극우파가 공존한다. 극좌파인 공산당이 오래전부터 합법적으로 활동한 주요 정당이다. 중도좌파인 사회당과 중도우파 정당이 간발의 차이로 정권을 주고받는다. 극우파도 그 나름대로의 세력을 자랑한다.

네 정파는 외국인이나 외국인 이민자에 대한 정책에서 두드러진 차이가 난다. 공산당은 무산계급의 국제적 연대를 견지한다고 한다. 사회당은 사회복지에서 외국인을 차별하지 말아야 한다고 하고, 중도우파는 외국인이 불국인과 같은 수준의 복지를 누릴 수는 없다고 한다. 극우파는 외국인 추방을 주장한다.

극우파는 양식 있는 사람이면 누구나 위험하게 여긴다. 중도우파는 한국의 우파와 많이 다르지는 않아 적극적인 관심의 대상이 되지 못한다. 사회당과 공산당은 무엇을 어떻게 하는지 알고 싶은 것이 당연하다. 사회당 노선의 신문 《르 몽드》(Le monde, '세계'라는 뜻)가 불국의 양심과 지성을 대변한다고 알려져 자주 사보았다. 공산당 기관지 《뤼마니테》(L'humanité, '인류'라는 뜻)도 신문 판매대마다 팔고 있어, 무엇을 어떻게 말하는지 알고 싶었다.

두 신문은 사건보다 논평을, 국내보다 세계를 중요시하는 공통점을 지니고 진보적인 견해라고 할 것을 그리 다르지 않게 제시했다. 루마니아에서 공산정권이 무너진 것을 《뤼마니테》에서 올 것이 왔다고 하고 긍정적으로 평가했다. 두 신문, 두 정당의 차이는 노동자의 권익을 옹호하는 강도에 있다. 때로는 격렬한 투쟁이 벌어지지만 파국으로 치닫지는 않는다. 정치적 성숙이 불국의 자랑이다.

어느 날 파리7대학에서 사회당 학생모임이 집회를 하는 것을 보았다. 커다란 현수막을 내걸고, 불국 사회당은 자유와 복지 양면에서 국내외의 문제를 해결하는 최상의 방안을 제시해 인류의 이상을 실현하고 있다고 했다. 누구를 규탄하고 무엇을 요구하는 것이 아니고, 승리를 자축하면서 사회당에 투표하라고 했다. 그렇게 자신만만하던 사회당이 몰락하고, 정체가 분명하지 않은 인물이 대통령이 되어 국회의 다수 의석을 장악해 나라를 이끌겠다고 한다. 어디로 간다는 말인가?

불국은 흠 잡을 데가 없이 좋은 나라인 듯이 말해 오해가 생길 수 있다. 화장실에 문제가 많은 것을 말해 평가 수준을 조절하고자 한다. 유럽 각국이 거의 다 그렇듯이, 불국에서는 무료 공중화장실이 미술관 같은 데 가야만 있다. 그 밖의 다른 모든 곳의 공중화장실은 유료이다. 기차역에서도 돈을 내야 화장실을 이용할 수 있다. 지하철역에는 화장실이 아예 없다.

길에 원통형 유료 공중화장실이 덩그렇게 있어 자리를 많이 차지하고 보기에 흉하다. 오랫동안 공중화장실 없이 지내오다가 뒤늦게 궁여지책을 마련한 표가 난다. 이용 방법이 간단하지 않아, 들어갔다가 나오지 못하고 갇힐 것 같아 불안하다. 카페의 화장실을 슬쩍 이용하곤 했는데, 눈치가 보이기는 해도 제지당한 적은 없다.

중국과 일본은 무료 공중화장실이 있어 복지 상위 국가라고 할수 있으나, 중국에서는 깨끗하지 않고, 일본에서는 흔하지 않은 것이 문제이다. 일본 지하철역에는 화장실이 없는 것이 우리와 많이 다르다. 도심에서 벗어나 외곽에 가야 안심할 수 있다. 세계 각국 화장실 비교론을 전개하는 것은 쉬운 일이 아니므로 탐내지 말고 물러나자. 우리는 어떤가 말하기 전에, 극단적인 차이가 있는 나라들을 소개하기만 하자.

최고의 복지국가라고 칭송이 자자한 스웨덴이나 노르웨이에서는 무료 공중화장실은 미술관 같은 데나 있을 따름이다. 화장실을 이용하려고 미술관 입장료를 낼 수는 없다. 역에도 공중화장실이 있으나 유료이다. 미술관이나 역 같은 공공건물을 벗어나 거리로 나서면 유료인 공중화장실을 찾을 수 없다. 하나도 찾지 못해 당황해 했다.

카페나 식당, 또는 호텔의 화장실은 번호를 물어서 눌러야 문이 열리므로 슬쩍 이용할 수는 없다. 화장실 때문에 비싼 요금을 지불하고 커피를 한 잔 마셔야 한다. 돈이 많다는 나라에서 왜 그렇게 인색한가? 넓은 국토와 어울리지 않게 마음이 좁아서인가? 대소변 해결을 위한 편의도, 자유도 없는 나라가 무슨 복지국가인가? 그런 복지가 무슨 소용이 있는가?

여행하는 기간 내내 분통이 터졌다. 멀리 가서 마음이 넓어지지 않고 도리어 좁아지는 곤경을 겪었다. 곤경에 빠지지는 말아야 한다. 곤경을 이겨내고 마음을 더 넓혀야 한다. 마음을 넓히는 것이 무엇인지 분명하게 아는 것이 공연히 마음을 좁히는 나라를 여행하고 얻은 축복이다.

한국의 의료나 정치는 그저 괜찮은 수준이어서 칭찬이나 험담을 길게 할 것은 없다. 국민은 누구나 공공의료보험을 이용하니 다행이라고 하겠으나, 응급의료가 미비하고, 큰 병원 쏠림이 문제이다. 고교 동창 서울대학교 교수 모임에서 의과대학 교수들이 말했다. "우리가 아무리 명의라도 환자를 보는 시간이 너무 짧아 오진할 수 있다. 병이 나면 동네의원을 믿고 찾아가기 바란다."

평화적 정권교체를 여러 번 해서 정치의 민주화는 상당한 정도로 정착되었으나, 불안 요인이 남아 있다. 돈을 써서 좋은 일을 하겠다고 거듭 발표하는데, 어디서 지출을 줄여 재원을 마련하는가? 검찰과 언론, 아주 다른 이 둘이 전 정권과 단절되도록 개혁해야 한다고 소리를 높이는 사태가 정권 교체를 다시 했을 때에 재현되지 않을 것인가?

의료나 정치를 말하면 조금 갑갑하다가, 화장실로 화제를 돌리면 기분이 상쾌해진다. 한국은 화장실이 자랑거리이다. 모두 다 잘 알고 있는 바와 같이, 지하철역마다 무료 공중화장실이 있다. 길에 나서도 곳곳에 무료 공공화장실이 있고, 개방화장실이라는 것들도 있다. 개방화장실 지도를 그려 요소요소에 붙여 놓았다. 모든 화장실이 깨끗하고, 돈을 내고 이용해야 하는 곳은 없다. 궁전처럼 화려한 화장실이 곳곳에 나타나고 있다. 화장실에서는 한국이 내가 다녀본 모든 나라 가운데 단연 으뜸이다.

누구나 자유롭게 이용할 수 있는 무료 화장실, 이것이 복지 수준을 평가하는 으뜸 항목이다. 철저하게 조사하고 통계를 내서 널리 알려야 한다. 한국이 전 세계 모든 나라 가운데 1등인 것을 누구나 알 수 있게 해야 한다. 국민소득 8만 불의 최고 복지국가라고 하는 노르웨이가 화장실 제도가 있는 나라 가운데 꼴찌인 것도 함께 주지시켜야 한다.

세계화장실협회(World Toilet Association)라는 국제기구가 있다. 세계 22개국이 참여해 "화장실의 혁명이 인류의 미래를 바꾼다"라고 하는 구호를 내걸고 화장실의 개선을 함께 추진하고 있다. 한국이 발의해 사무국을 한국에 두고 있으며, 현재 2014-2018년의 회장이 한국의 염태영(수원시장)이다. 바람직한 화장실을 개발해 보급하는 사업을 한국이 주도하고 있다. 중국은 회원이며, 일본은 총회에 참석한 적 있다. 불국, 스웨덴, 노르웨이 등의 유럽 각국은 관심을 보이지 않고 있다.

2017년 9월 26일 오늘 경주에서 신라시대의 수세식 화장실 유적이 발굴되었다는 소식이 보도되었다. 이미 알려져 있는 익산 왕궁리의 백제 수세식 화장실보다 고급이고, 오늘날의 것과 원리상 큰 차이가 없다고 한다. 그런 것들이 오늘날까지 직접 이어지지는 않았다. 서양 전래의 변기를 이용해 오늘날의 화장실을 다시 만들었다. 그러나 서양에서보다 화장실을 한층 소중하게 여기고 더 잘 만들려고 하는 것은 오랫동안 잠재되어 있는 의식이 발동되었기 때문이라고 할 수 있다.

화장실은 반드시 있어야 하는 것은 아니다. 없는 나라도 적지 않다. 화장실이 없다는 것은 주위에 있는 자연 전체를 이용한다는 말이다. 산천이 광활하게 펼쳐지고 초목이 왕성한 생명을 누리는 곳에서는 소수의 인간이 배설하는 대소변이 오염의 원인이 되지 않고, 자연예찬의 한 절차이다. 이제 이런 곳이 얼마 남지 않았고 시대가 변했으므로, 최선진 복지국가 한국의 전례를 널리 본받아야 한다.

대학
겉과
속

    중국 대학은 대체로 경내가 넓다. 북경대학은 둘러보려면 차를 타야 할 정도이다. 건물이 헤아리기 어려울 정도로 많다. 그래도 교수의 개인 연구실은 없다. 학과에서 공동으로 사용하는 사무실이 있을 따름이다. 학교 바로 옆에 교수 사택을 제공해 연구실이 따로 필요하지 않다고 한다.

    북경대학 교수 사택에 가 보았다. 열 평 남짓한 면적이고 시멘트 바닥이었다. 노동자 주택에 살고 있어 교수도 노동자임을 분명하게 했다. 아이는 하나만 낳으니 별도의 공간이 많이 필요하지 않다. 시대가 달라져 이제는 이런 집도 제공하지 않는다고 한다. 집을 사야 하는데 월급으로는 가능하지 않아 고민이다. 북경의 집값은 엄청나다. 사회주의 보수로 자본주의 물가를 견디어야 하니 죽을 노릇이다.

    중국에서는 이발사를 뇌수술을 하는 의사보다 우대한다고 한다. 이발사는 노동자여서 존중하는 것이 당연하고, 뇌수술을 하는 의사는 이른바 인텔리이니 대우를 낮추어야 한다는 것이 그 이유이다. 숙련 과정, 노동의 강도, 가치 창출의 정도를 모두 무시하고 단순한 구분을 해서 그렇게 되었다.

북경대학의 이름난 물리학 교수가 보수가 적어 살기 힘든 것을 널리 알리려고 퇴근 시간 이후에 학교 교문 근처에서 구두 수선을 했다는 말이 들린다. 북경대학은 학교 담을 모두 헐고 상가를 지어 수입을 보고 그 혜택의 일부가 교수들에게 돌아간다. 사회과학원이라는 데서는 그 정도의 주변머리도 없어, 당대 석학이라는 사람들이 파장에 뒹구는 푸성귀를 주어가야 연명을 할 정도라고 한다.

사회주의 시절에는 어려움이 많아도 함께 참고 견딜 수 있었다. 시장경제라는 이름의 기형적인 자본주의가 시작되면서 불평등을 심각한 문제로 만드는, 전에 없던 차질이 계속 생기고 있다. 부자들은 해외여행을 일삼으면서 돈을 마구 쓰는 다른 한편에서 대학 교수들은 좌절감을 안고 빈곤에 시달린다.

각자의 연구실이 없고 사무실 하나를 여러 교수가 공동으로 써야 하는 것만 불만 사항이 아니다. 도서관이 부실한 것이 더 큰 문제이다. 북경외국어대학 조선어과는 중국에서 漢族(한족)이 한국학을 하는 가장 중요한 학과이다. 그 학과 교수들에게 한국 사신이 중국에서 견문한 바를 기록한 방대한 자료《燕行錄》(연행록)을 연구하면 많을 것을 얻을 수 있을 것이라고 했다. 자료를 집성한 영인본이 있어 쉽게 이용할 수 있다고 했다.

그 책이 자기네 대학 도서관에 없고, 어떻게 구할 수 있을지 막연하다고 했다. 그런 거질의 자료뿐만 아니라, 단권인 한국학 책도 보아야 할 것들을 입수하지 못한다고 했다. 인터넷으로 한국의 서점에 접속해 신용카드로 필요한 책을 사면 된다고 했더니, 교수들에게는 국제적으로 통용되는 신용카드가 없다고 했다. 신용카드가 있어도 책을 살 돈이 없다고 했다. 遊客(유커)라고 하는 관광객들은 국제적으로 통용되는 신용카드를 가지고 한국에 몰려와서 아무 물건이나 마구 사대는 것이 교수들에게는 별세계의 기적 같다.

중국 대학의 진풍경도 하나 소개한다. 산동대학에서도 북경대학에서도 학교 구내 숙소에서 기거하면서 목격한 사실이다. 학생들이 아침 일찍 밖에 나와 큰 소리로 영어 책을 읽었다. 읽는 수준을 넘어서서 암송했다. 예전에 한문을 익히던 방식으로 영어 공부를 맹렬하게 하는 것이 놀라웠다. 한국 학생들은 등교하느라고 교통지옥에서 시달리는 시간을 중국 학생들은 모두 기숙사에서 생활하는 덕분에, 시간을 유용하게 사용하니 부러웠다.

왜 영어 공부만 하는가? 한국에서 간 유학생들이 말해주었다. 중국 대학생들은 미국에 가서 돌아오지 않는 것을 일생의 목표로 삼고, 영어 공부에 모든 것을 건다고 했다. 영어 성적이 아주 우수해 장학금을 받고 미국으로 유학가기를 바란다고 했다. 미국에 가서 중국을 잊는 것은 아니다. 학생 시절에도 장학금을 받아 여유가 있으면 가족에게 송금하고, 졸업 후 취직을 하면 송금액을 늘린다고 했다. 미국에 가서 자기를 위하고, 가족을 돌보고, 나라에 유익하게 하니 칭송해야 할 것인가?

소리 높여 영어 공부를 한 다음에는, 학생들이 자루 달린 밥그릇을 하나씩 들고 기숙사 식당으로 우르르 몰려가 먹을 것을 담아 나왔다. 식당에는 앉을 자리가 없어 먹을 것을 기숙사 방에 가서 먹어야 하는 규칙을 어기고 아무 데서나 먹어, 실례의 말이지만 거지 떼 같았다. 음식이 밥그릇에 담긴 것 하나만이고 반찬이 따로 없어 가련해 보였다. 이런 말을 하니, 유학생들이 모르는 소리 하지 말라고 했다. 밥에다 얹어준 반찬에 온갖 영양소가 구비되어 한국 학생들보다 더 잘 먹는다고 했다.

기숙사 한 방에는 다층 침대를 놓고 여덟 명이 기거한다고 했다. 컴퓨터가 한 대씩 있어 공동으로 이용하는데, 인터넷의 외국 연결은 정부 방침에 의해 차단되어 있다. 학과 사무실 컴퓨터의 인터넷도 외국과 연결되어 있지 않아 이메일을 검색하지 못하고, 학교 앞 PC방에 가야 했다. 대학에 입학하면 몇 달 동안은 군사훈련만 시키고, 모택동 사상을 기본 교과목으로 삼는다. 중국은 겉보기로는 자본주의가 다 된 것 같지만, 내부를 공산당이 철저하게 통제하려고 한다.

대학의 실권자는 총장이 아니고 당서기이다. 외국인 교수가 가면 당서기가 먼저 초대해야 총장 차례가 온다. 유능한 교수는 연봉을 파격적으로 높여 우대하는 제도를 만들고 해당자 선발을 당서기가 맡는다. 학과에도 학과장과는 별도로 당서기가 있다. 교수는 거의 다 당원이어서 당서기의 통제를 받는다. 당원이 아닌 교수는 정치협상회의에 나가야 하는 것이 더욱 번거로우므로, 당원이 되어 하라는 대로 하는 것이 편하다고 한다.

산동대학에서 가르치는 동안 얼마 되지 않는 강사료를 받는 대신에 학교의 차를 쓰는 것이 어떻겠는가 하고 제안해서 그렇게 하기로 했다. 그 차를 타고 조선족 강사 한 분과 함께 泰山(태산)이며 曲阜(곡부)며 여러 곳을 돌아다녔다. 마지막 날 운전기사에게 저녁 대접을 하겠다고 하니 사양했다. 조선족 강사가 원래 두 번은 사양하는 법이니 세 번 말하라고 해서, 그대로 해서 가까스로 응낙을 받았다.

운전기사는 조금 있다가 오겠다고 하더니, 아내와 아들을 데리고 왔다. 학교 직원이라는 운전기사의 아내가 말을 혼자 다 하고 음식을 자꾸 시켰다. 돈은 문제가 아니고 많이 남을 것을 걱정했는데, 다 싸 가지고 갔다. 조선족 강사의 말이, 운전기사의 아내는 요직을 맡고 있는 실세여서 학교의 좋은 집을 차지하고, 자기와 같은 말단은 집 하나를 여럿이 방 하나씩 사용한다고 했다.

사무직원이 교수와 대등하거나, 하위교수보다는 우위에 있는 것은 사회주의 방식의 조직 운영이다. 그 때문에 교수가 정신적으로 위축되어 자부심을 가지지 못하고, 가르치기만 하고 연구에 힘쓰지 않아 능력 향상이 이루어지지 않는다. 학사 학위만 가져도 전임으로 근무하는 강사가 될 수 있어 사전 준비가 많이 필요하지 않다. 교수를 예사 노동자의 하나로 여기고 채용하고 대우하면서 전문성을 존중하지 않으니 대학이 발전할 수 없다. 대학의 발전 없이 중국의 발전을 기대하지 못한다.

산동대학 조선어과에 석사과정이 개설될 예정인데, 자기네 교수들은 감당하지 못하니 나를 보고 정년 후에 와서 맡아 달라고 외사처장이 제안했다. 이 제안에 두 가지 비정상이 나타났다. 외사처장은 사무직인데, 학과 교수들을 제쳐 놓고 그런 교섭을 하는 권한을 가졌다. 산동대학은 산동성에서 으뜸가는 대학인데, 석사과정을 감당할 교수진이 없었다. 가서 고생해도 그런 비정상을 바로잡을 수는 없고 대우를 특별하게 하겠다는 것도 아니어서, 제안을 거절하지 않을 수 없었다.

1993년 6월에 서울대학교 강의를 마치자 바로 중국 吉林省(길림

성) 延吉(연길)에 있는 延邊大學(연변대학)으로 달려가 20일쯤 머물렀다. 연변대학은 중국 연변조선족자치주 연길에 있는 민족대학이다. 우리 민족의 교수와 학생들이 모여들어 어문학은 우리말로 공부하는 곳이다. 내 연구를 고스란히 전하는 수준 높은 강의를 우리말로 할 수 있어 열성적으로 돕고자 했다.

연변대학에서 겸직교수라는 사령장을 주었다. 남북 학계에서 한 사람씩 겸직교수를 선임하고 초청강의를 부탁하기로 했다 하고, 먼저 남쪽의 나를 불렀다고 했다. 당시까지 내놓은 주요 저서 12권을 골라 한 시간에 한 권씩 고찰하는 공개강의를 했다. 정판룡·허호일·이해산 교수를 비롯해 전공 분야 안팎의 학자 30여 명이 열심히 청강해 큰 격려를 받았다. 연구를 하고 책을 쓴 보람을 다른 어디서보다 크게 누린다고 했다.

우리말로 내는 지역 신문 기자가 찾아와 인터뷰를 하고, "연변대학에 와서 강의하는 최초의 남조선 학자"라고 소개했다. 강의 시간에 말했다. "연변대학에서 강의하는 최초의 남쪽 사람이라고 하니, 북쪽까지 절반은 간 것 같습니다. 북쪽에 가서 강의하는 최초의 남쪽 사람이고 싶습니다." 정판룡 부총장이 이에 대해 응답했다. "우리가 소개하면 그렇게 될 것입니다. 날이 개이거든 봅시다." 날은 개이지 않고 더 어두워지고, 정판룡 부총장은 세상을 떠났다.

연변대학에 다시 오라고 해서 가고 싶었으나, 시간을 마련하기 어려웠다. 연구년을 얻은 2002년 가을에는 중국 산동대학과 중앙민족대학에 가서 각기 두 주일씩 집중강의를 했다. 중앙민족대학에서도 우리 민족의 어문학을 공부하고 있어 연변대학과 동일한 수준의 강의를, 같은 방식으로 할 수 있었다. 2004년에 정년퇴임을 하자 계명대학 석좌교수가 되어 5년 동안 밖에 장기간 나가지는 못했다. 인도 네루대학에 두 번 가서 강연을 하고 며칠씩 머문 것이 특기할 사항이다.

2009년 8월 70세로 두 번째 정년을 한 다음에 비로소 자유롭게 되었다. 10월에 북경외국어대학에 가서 강의를 하고, 그곳과 다른 한 대학에서 강연도 했다. 동아시아학을 이룩하는 것이 절실한 과제임을 거듭 확인하고, 강연한 원고에다 필요한 내용을 보태《동아시아문명론》을 냈다.

연변대학에 다시 찾는 것을 더 미룰 수 없어 2010년 9월 6일부터 18일까지 시간을 냈다. 17년이나 지나, 위에서 든 분들은 다시 만날 수 없었다. 그 당시에는 소장교수이던 김병민이 총장, 채미화가 대학원장의 직책을 맡고 뜨거운 환영을 하며 과분한 대우를 해주었다. 김관웅·김호웅·우상열·서동일도 박사지도교수가 되어 전공분야를 이끌고 있다.

학과 규모였던 朝文系(조문계)가 단과대학의 하나인 朝鮮·韓國學學院(조선·한국학학원)으로 확대되었다. 그 아래에 朝鮮語言文學專業(조선어언문학전업), 朝鮮語專業(조선어전업), 新聞學專業(신문학전업)이라는 학과 셋이 있다. 처음 것이 우리어문학을 우리말로 공부하는 곳인데, 국가 단위 중점학과로 지정되어 특별한 지원을 받는다. 둘째 것은 중국인 학생들에게 우리말을 가르치는 곳이다.

조선·한국학학원 김영수 원장, 이관복 부원장이 세심한 배려를 하면서 모든 일을 돌보아주었다. 전에는 겸직교수였다가, 이번에는 명예교수가 되었다. 겸직교수는 학교에서 발령하면 되고, 명예교수는 북경 교육부의 승인을 받아야 한다고 했다. 여비, 강의료, 체재비 등 여러 명목으로 돈을 넉넉하게 주고 쓸 필요는 없게 해서 대우가 지나치다고 하지 않을 수 없었다.

전과 같은 방식으로 공개강의를 하기로 하고, 근래에 낸 책을 몇 권 택했다. 일자와 다룬 책을 들고, 책의 출간 연도를 괄호 안에 적으면 다음과 같다. 책을 모두 몇 달 전에 보내고 미리 읽어 오기를 바란다고 했다. 이 가운데《한국문학통사》는 대학원 입시 필독서로 삼는다고 했으나, 제4판은 알려지지 않았을 것 같아 첫 순서로 다루었다.

7일(화)《한국문학통사》제4판 1-6(2005)
8일(수)《중세문학의 재인식》1-3(1999)
9일(목)《한국의 문학사와 철학사》(1996);《철학사와 문학사 둘인가 하나인가》(2000)
14일(화)《소설의 사회사 비교론》1-3(2001)
15일(수)《세계문학사의 허실》(1996);《세계문학사의 전개》(2002)
16일(목)《동아시아문명론》(2010)

교수들이 전보다 더 많아졌으나 학기 중이고 바쁘게 지내야 하는 점이 달라져 자주 출석하지는 못했다. 대학원생들은 위의 기간 동안 정해진 강의는 중지하고 와서 청강해 성황을 이루었다. 여러 교수와 자주 식사를 하고 백두산에 함께 오르고, 다른 곳들 여행도 하면서 많은 이야기를 나누었다.

방대한 분량의 저작을 다루기 때문에 자세한 논의를 하지는 못했다. 내 학문이 민족학문에서 동아시아학문을 거쳐 세계학문으로, 문학연구에서 인문학문을 거쳐 학문 일반론으로 나아간 과정을 고찰하는 것을 기본 내용으로 삼았다. 중세에 대한 새로운 이해, 문학과 철학이 하나이면서 둘인 관계, 여러 문명권 많은 나라 소설의 사회사를 통괄해서 파악하는 작업, 동아시아문명의 재인식 등에서 필요한 각론을 펴고, 내 학문의 기본 이론 生克論(생극론)에 입각해 총괄했다.

질문에 대답하면서 연변대학에서 하는 학문의 방향에 대한 지론을 적극적으로 폈다. 민족학문에서 동아시아학문으로, 세계학문으로 나아가는 것이 시대의 요청임을 확인하면서, 나는 하려고 해도 하지 못한 작업을 성과 있게 이룩하기를 바란다고 했다. 민족학문을 제대로 하려면 남북·안팎을 합쳐야 하므로 뜻을 세우면 길이 열리는 연변대학에서 분발해야 한다고 했다. 한중 두 언어를 능숙하게 구사하면서 비교연구를 하는 이점을 최대한 살리고, 이미 갖춘 일본어 구사력까지 활용해 동아시아학문 발전을 선도하는 것이 마땅하다고 했다.

내가 있는 동안 총장이 힘써 늘린 새로운 박사과정에 민족학이 포함되었다. 민족학을 하려면 몽골, 만주, 퉁구스 등 여러 민족의 언어와 문화를 본격적으로 탐구해야 한다. 우리 문학 전공자들이 이에 참여해 비교연구의 영역을 확대하면 연변대학의 이점을 더 잘 살릴 수 있다고 했다. 또한 가까이서 사용하고, 연변대학에 전공학과가 마련된 러시아어를 열심히 공부해 유럽으로 나아가는 통로로 삼는 것이 바람직하다고 했다.

역사학 교수와는 깊은 고민을 논의했다. 우리는 민족사의 전폭을 소중하게 여기는데 중국은 오늘날 중국 강역의 과거사는 모두 중국사라고 해서 고구려사나 발해사의 소속을 둘러싸고 갈등이 있다. 연변대학에서는 중국의 공식적인 견해를 따라야 하는 조건을 감수하면서 설득력 있는 반론을 제기해야 하는 어려움이 심각하다는 것을 확인했다. 이에 대해 내 의견을 말했다. 후대의 소속에 대한 논란은 뒤로 돌리고, 고구려나 발해뿐만 아니라 北魏(북위), 遼(요), 金(금), 西夏 (서하), 南詔(남조) 등의 역사도 독자성을 존중하면서 그 자체로 연구하고, 동아시아사에서 차지하는 위치와 의의를 밝히는 한 차원 높은 작업에 일제히 힘쓰는 것이 마땅하다고 했다.

민족국가를 위해 봉사하는 근대학문을 넘어서서 문명권의 결속을 다지면서 보편적 가치를 추구해 세계가 하나이게 하는 다음 시대 학문을 하는 것이 이제부터 어디서나 힘써 해야 할 일이다. 그러려면 후진이 선진이 되는 전환이 다시 필요하다. 변방이 중심이 되고, 접경이 새로운 창조의 진원지가 되어야 한다. 연변대학이 이런 조건을 너무나도 잘 갖추어 행복한 줄 알면 커다란 업적을 이룩할 수 있다.

학문하는 방향을 다시 설정하면서 연변대학의 새로운 위상을 적극적으로 정립하는 것이 기대된다. 중국이라는 국가와 우리 민족 양쪽의 변방이라는 착각을 떨쳐버리고 우리학문에서 동아시아학문으로, 다시 세계학문으로 나아가는 새로운 길을 찾는 작업의 주역으로 나서는 것이 마땅하다고 했다. 그 성과가 중국과 한국 양쪽에서 각성과 분발을 촉구하게 되면 모두 함께 기뻐할 일이다.

총장이 마지막으로 공식적인 접견을 할 때 건의할 사항이 있는가 하고 물어, 업적 평가 개선에 관한 소견을 말했다. 교수의 업적을 논문으로 평가하고 게재지의 등급에 따라 점수를 부여해 보수 책정에 반영하는 제도는 어디서나 폐단이 많은데, 발표지면이 절대적으로 부족한 실정을 고려하지 않고 무리하게 실시해 부작용이 더 크다는 것을 확인했으므로 시정해야 한다고 했다. 연구가 작은 단위에서 외면치레 위주로 이루어지고, 학계 실세들의 환심을 사느라고 혁신을 자제해야 하는 폐단이 심각하니 다른 길을 찾아야 한다고 했다.

대안은 자명하다. 학문 발전을 선도하는 창조적 가치가 큰 전작 저서를 이룩하도록 적극 권장하고 높이 평가하는 방향으로 나아가야 한다. 책이 나오고 평가를 거친 다음에 사후 연구비를 넉넉히 지급해 소요된 비용을 보상해 낭비를 막고 효율을 높이는 것이 좋다. 우리말 저서는 중국어로, 중국어 저서는 우리말로 옮겨 양국 학계를 함께 뒤흔들 수 있게 지원하는 것이 또한 바람직하다고 했다.

좁은 공부 넓히기

일본 대학은 건물이 낡았다. 동경대학의 경우를 들어보자. 駒場(고마바)라는 곳의 예전 第1高等學校(제1고등학교) 건물 교양학부에 2개월, 本鄕(혼고)라는 곳의 예전 東京帝國大學(동경제국대학) 건물 문학부에 1년 가 있어서 사정을 잘 안다. 멀리 제3캠퍼스가 있다는 곳은 가보지 않았다. 새로 지은 곳에 대학 일부만 가 있게 하고, 전교 이전은 생각하지 않는다.

대학 본부도 있는 本鄕 교사에 주차 공간이 없어 화물수송용 이외에는 차가 들어오지 못하게 한다. 총장 차라는 것도 없다. 택시를 부르면 교문에서 대기한다. 건물을 신축할 자리가 없어 지하로 파고 들어간다. 식당이 지하에 있다. 문학부도서관도 지하에 자리 잡았다. 옹색하다는 말이 꼭 맞는데도 불편해 하지 않는 것 같았다.

교양학부 비교문학과에서는 교수 연구실에 곁방살이를 하라고 해서 자주 나가지 않았다. 문학부에서는 객원교수 연구실을 따로 주어 마음 놓고 이용했는데, 더위가 문제였다. 냉방 시설이 객원교수 연구실에만 있는 것이 특혜라고 했는데, 전기만 넣으면 작동을 멈추었다. 고쳐주어도 소용이 없었다. 창문을 열면 모기가 들어왔다.

다른 연구실은 모두 더 좁고, 옥탑방도 있어 5월이면 40도를 넘는다고 했다. 그래도 견디면서 연구를 하는 인내가 놀라웠다. 학교 바로 앞의 우체국은 공간이 넓고 냉방이 잘 되어 있어 점심 식사 후에 한동안 시간을 보냈다. 다 같이 국가 예산을 쓰는 공무원인데, 우체국원이 교수보다 우대받는 것을 이해할 수 없었다.

기이한 과정을 하나 소개한다. 만화를 수십 권 가져와 포개 놓고 하나씩 애독하는 학생들을 동경대학 도서관에서 발견할 수 있었다. 만화 보는 취미를 입시 때문에 살리지 못한 것이 원통해 대학에 입학하고서 한풀이를 하는 것 같았다.

도서관 책을 열심히 찾아 이용하는 사람은 보이지 않았다. 문학부도서관에 여러 학과 책이 모여 있고, 복사기가 한 대 있었다. 복사기를 이용하기 위해 기다린 적은 없었다. 자기 책이 많아 도서관 책이 소용없는 것은 아니다. 집이 좁기 때문에도 책을 많이 가질 수 없다. 입시 경쟁에서 이기느라고 공부할 마음이 없어졌다. 동경대학에 입학한 수재는 더 공부할 필요가 없다고 여긴다. 교수는 연구실에 있는 학교 책만 가지고 평생 우려먹는 것 같았다.

동경대학은 학사과정 졸업생만 眞骨(진골)이고, 석사나 박사를 한 사람은 지체가 형편없다. 동창회를 學士會(학사회)라고 해서 진골에게만 회원 자격을 준다. 학사 논문을 쓰느라고 졸업을 몇 년 늦추는 일이 흔하다. 대학원은 유명무실하다. 일단 대학원에 들어갔다가 대학의 전임이 되어 중퇴하는 것이 수재의 표준 이력이다. 자기 소개서에 "대학원 중퇴"를 자랑스럽게 쓴다.

수재니 천재니 하는 말을 자주 쓰면서 칭찬하는 것은 일본의 풍조이다. 조선 삼대 천재가 누구누구라는 말을 전에 한 것은 전에 없던 일이다. 우리 옛 사람들은 才勝薄德(재승박덕)을 경계했다. 재주가 지나치면 덕이 모자라게 마련이므로 칭찬하지 않고 눌러두어야 한다고 했다. 朴趾源(박지원)이 열다섯이 되어 장가들 때까지 글을 배우지 못했다고 한 것은 재주를 눌러두었기 때문이다. 글을 배우기 시작하자 곧 천하의 명문을 썼다. 재주를 일찍 개발했으면 글을 더 잘 쓸 수 있었을 것은 아니다. 사람됨의 무게는 갖추지 못하고 재주만 풀풀 날리는 천하의 악문을 썼을 것이다.

한국에서는 일본인이 물러나자 천재나 수재라는 말이 들리지 않는다. 재주 못지않게 사람됨이 중요하다고 하는 옛 사람들의 생각을 잇는다. 어린아이들 가운데는 영재가 있어 특별히 교육을 해야 한다고 법석을 떨 따름이고, 대학생 정도 되면 성적이 아무리 우수해도 특별히 칭찬하지 않고 장래를 기대한다고 하기만 한다. 기대에 부응하려면 앞으로 여러 과정을 거치면서 많은 노력을 해야 한다.

일본에서는 재주를 지나치게 칭찬한다. 남들은 입시학원 입학을 위해 재수를 하는데, 제때 동경대학에 우수한 성적으로 입학했으면 수재로 공인된다. 학사과정에서 놀라운 재능을 나타내면 학사만인데도 일거에 조교수로 발탁된다. 그러면 선배들까지 찾아와 인사를 드리고, 장차 주군의 자리에 오른 태자의 등장을 경축한다. 대학원에 입학하면 수재가 아니라고 자인하는 것이다. 대학원을 중퇴하지도 않고, 과정을 다 이수한 다음 박사학위를 받는 것은 둔재라는 증거이다.

최근 5년간 동경대학 박사학위 취득자의 진로를 알리는 자료를 보니 박사가 되어 교수가 된 사람들은 한국인뿐이고, 일본인은 하나도 없었다. 한국에서는 박사 학위가 없으면 교수 공채에 응모하지도 못해, 유학생들이 어떻게 하든 자격을 따려고 한다. 이런 사정을 모르는 일본의 교수는 박사에 집착하지 말라고 하면서 학위를 주지 않아 신세를 망치고도 잘못한 줄 모른다.

학사 논문을 쓰느라고 졸업을 몇 년 늦추는 일이 흔하다고 앞에서 말했다. 그래 보았자 학사이다. 온 세계의 대학이 박사과정까지 연장되어 9년제로 되고 있는데, 일본의 대학은 여전히 4년제인 것을 일본 정부에서 안타깝게 여겨, 동경대학을 대학원대학으로 하면 총예산을 30% 증액하겠다고 제안했다. 교수회에서 논란 끝에 투표해 정부의 제안을 받아들였다.

교수회가 결의기관이어서 결론을 내는 것이 부럽다. 이 말을 삽입하고 넘어가야 한다. 한국에는 전체교수회가 없고, 임의 단체인 교수협의회라는 것만 있다. 단과대학 교수회는 있으나 의결권이 없다. 그래서 큰 문제가 생기면 와글와글 떠들고, 교수협의회가 앞장서서 여론을 수렴하고 데모를 하기까지 한다. 민주적 해결의 방법은 없어, 총장이 정부 시키는 대로 하고 욕 분배도 뜻대로 하지 못한다.

일본대학에서는 교수회를 야단스럽게 한다. 강의보다 더 소중하게 여긴다. 매주 수요일 오후 1시에 문학부 교수회가 정기적으로 열린다. 이런저런 의논을 하다가 3시가 되면 조교수는 내보내고, 교수들만 남아 안건에 대한 결의를 한다고 했다. 연말이 되어 내가 한국에 가서 과세를 하고 오겠다고 신청한 것도 교수회의 결의를 거쳐 허락되는 사안이었다.

동경대학이 교수회의 결의를 거쳐 대학원대학으로 개편되었다. 모든 교수를 동경대학대학원 교수로 다시 발령했다. 학사과정에는 교수가 없어 대학원교수가 대리로 근무하는 이상한 꼴이 되었다. 그래도 하나도 달라지지 않았다. 돈만 받고 다른 것은 그대로이다. 학사과정 강의와 논문 지도를 교수의 임무로 삼고, 대학원은 외면한다. 수재를 가르치는 것을 보람으로 삼고, 둔재는 돌아보지 않는다.

내가 동경대학에 있을 때 서울대학교에서 동경대학의 개혁을 알아보려는 위원들이 왔다. 한참 동안 묻고 대답해도 무엇이 어떻게 되었는지 이해하지 못해 어려움을 겪었다. 그래서 곁에 있는 내가 말했다. "실제로 달라진 것은 없지요?" 그랬더니 실제로 달라진 것은 없다고 했다. 나는 위원들에게 자리에서 일어나자고 하고, 밖으로 나와 내막을 설명했다.

일본은 도장을 숭앙하는 나라라고 위에 어디서 말했다. 도장 이야기를 더 하자. 동경대학에 가자마자 도장이 필요하다고 해서 조교에게 맡겼다. 은행 계좌를 개설하기 위해 도장이 또 필요했다. 일본인은 5천이나 되는 氏(씨)를 기계로 새긴 기성품 도장을 사서 은행 거래를 한다고 하고, 사인은 인정되지 않는다고 했다. 그 5천에 "趙"는 없어 하나 더 가지고 간 도장을 이용했다. 도장을 둘 가지고 가지 않았으면 큰일 날 뻔했다. 도장을 새기려면 엄청난 돈을 주어야 한다고 했다.

일본의 氏와 한국의 姓(성)이 다른지 알아보자. 둘을 합처 姓氏라고 하는데, 姓은 혈통이고, 氏는 지연이다. 姓을 일컬어 李資謙(이자겸)이라고 하는 인물을 氏를 말해 仁州資謙(인주자겸)이라고도 했다. 仁州는 지금의 인천이다. 仁州資謙은 인천 사람 자겸이라는 말이다. 한국에서는 성을 일컬어 반드시 平秀吉(평수길)이라고 한 인물을 일본에서

氏를 말해 豊臣秀吉(도요토미 히데요시)라고 하는 것이 상례이다.

한국에서는 氏가 없어지고, 원래 270여 개인 姓만 사용한다. 일본에서는 姓은 몇 개 되지 않고 가진 사람이 적어 변별력을 잃고, 5천 개나 되는 氏를 널리 사용한다. 姓은 名(명)과 함께 姓名으로 부르고, 氏는 名을 붙이지 않고 氏만 지칭하는 일이 흔하다. 氏만으로 은행 거래를 하고, 기성품 도장을 사용하는 것은 이해하기 어려운 기이한 일이다. 신뢰하면서 사는 사회이기 때문인가? 사인은 함부로 갈길 수 있어 신뢰를 해치는가? 氏만 새긴 기성품 도장을 신뢰하면서, 개성 표시는 위험하게 여기는 것이 아닌가?

일본 대학에서 教室(교실)이라고 하는 소규모의 전공집단은 氏만큼이나 다양하다. 수평적으로 분포되어 있는 것들이 모두 대등하고 등급이 없다. 그러면서 어느 전공집단이든 교수를 정점으로 일사불란한 수직관계를 가지며 불변의 특징이나 규범을 갖춘 것이 氏만 새겨놓은 기성품 도장 같다. 교수가 퇴임하고, 조교수가 교수가 되어도 달라지는 것은 없다. 名으로 표시되는 개성은 어느 때든 중요하지 않다. 한국의 대학은 姓名을 사용하는 것과 같다. 姓이라는 대집단에 소속되는 구성원들이 모두 자기 名으로 행세해 각양각색이고 천차만별이다. 사인을 남과 다르게 하듯이 제멋대로 생각하고 행동한다.

동경대학 일본문학 교수는 한 학기 동안 부지런히 강의하면서 글자 수가 57577밖에 되지 않는 단시 和歌(와카) 세 수를 다룬다고 유학하고 있는 한국인 학생이 말했다. 질려서 숨을 쉬기 어렵다는 말을 덧붙이고, 발표를 하기만 하면 범위를 너무 넓게 잡는다고 핀잔을 들어 지쳤다고 했다. 교수는 모두 좁은 분야 하나씩만 평생 파고, 일본문학사 같은 것은 아무도 강의하지 않고 거들떠보지 않는다고 했다.

대학의 직원은 교수보다 한 수 더 뜬다. 9월 1일부터 근무하게 되어 그날 출근하니 직원이 찾아와서, 집을 떠나 동경대학에서 제공하는 숙소까지 어떻게 왔으며 돈이 얼마나 들었는지 적어 달라고 했다. 집에서 김포공항까지 택시를 타고, 나리타공항에 내려 기차를 타고, 기차역에서 지하철을 타고, 끝으로 숙소까지 택시를 탄 경과와 요금을 적어주니, 그 돈을 다 계산해주었다.

떠나기 얼마 전에는 어떻게 가겠느냐고 물어, 짐이 늘어나 숙소에서 上野(우에노)역까지는 택시를 타고, 거기서부터는 기차를 타겠다고 하니, 아주 난감한 표정을 짓더니 정중한 어조로 기차역까지 택시 대신 지하철을 이용할 수 없겠느냐고 했다. 그리고 마지막 날 8월 31일 오전에는 일본 영공에서 벗어나지 않는 비행기를 타고 가야 한다고 했다. 오전에 일본 영공을 벗어나면 그만큼 돈을 물어내야 할 것 같았다. 계산이 얼마나 복잡했겠는가?

1994년 10월부터 한 해 동안 동경대학에 초청되어 가서 강의를 했다. 문학부에 조선문화연구실이 초청의 주체가 되고 강의를 개설했다. 나중에는 전공 학생들이 생겼으나, 그때는 교수 한 사람, 조교 한 사람뿐이었다. 제목은 '한국문학사와 동아시아문학사'라고 하고 한국어로 강의했다.

강의를 듣는 사람들은 일본인 한국문학 전공자, 일본에서 한일비교문학을 전공하는 한국인 유학생, 다른 분야 공부를 하는 한국인 유학생이었다. 일본인 한국문학 전공자에는 한국에서 석사학위를 받고 가서 일본의 대학에서 한국어와 한국문학을 가르치고 있는 사람들이 있어 내 강의가 재교육의 좋은 기회가 되었다. 동경외국어대학에서 한국어를 공부하는 학생들도 있었다. 일본에서 한일 비교문학을 전공하는 유학생들은 거의 다 한국의 일본어문학과에서 공부해 한국문학은 모르고 있어 내 강의가 절실하게 필요했다. 다른 분야를 공부하는 유학생들도 찾아와 열심히 청강했다.

한국문학사를 개관하고 말면 관심을 끌 수 없고, 이해를 하기 어려울 것을 염려해, 한국문학사를 동아시아문학사의 영역에서 고찰했다. 《동아시아문학사비교론》에서 다룬 것을 기본 내용으로 하고, 한국문학사에서 동아시아문학사로 논의를 확대하면서 일본문학에 대해서도 새로운 견해를 폈다. 일본문학사 서술의 경과와 문제점에 대해 고찰한 것이 긴요한 내용인데, 일본 학자들은 한 적이 없는 작업이다.

한 학기 동안 和歌 세 수를 다루는 일본인 교수와 취급 범위나 논의 방법이 아주 다른 강의를 했다. 한국문학사의 전개를 총괄해서 고찰하는 것을 논의의 출발점으로 하고, 한국문학사가 중국·일본·월남문학사와 기본적인 공통점을 지녀 동아시아문학사가 하나라고 했다. 미시적인 현미경 학문이나 하고 있는 일본에 충격을 줄 만한 거시적인 망원경 학문을 하는 본보기를 보여주었다. 자료학에 머무르지 않고 이론학으로 나아가, 나라의 구분을 넘어서서 어디서나 타당한 문학사 일반이론을 정립하고자 했다.

2004년 6월 25일 일본 동경대학 駒場(고마바) 캠퍼스에서 〈전근대 한국문학에서의 캐논의 형성: 異文化(이문화) 요소의 異化(이화)와 同化(동화)〉라는 이름의 학술회의가 열렸다. 동경대학 超域文化科學(초역문화과학) 전공의 포럼이며, 일본비교문학회 국제활동위원회가 주최한다고 했다. 양쪽의 책임자인 大澤吉博(오사와 요시히로) 교수가 행사를 주관했다. 한국에서 세 사람이 가서 발표했다. 나는 〈한국문학에서 제기된 正典(정전) 문제〉를, 서울대학교 사범대학의 김종철 교수는 〈춘향전은 어떻게 정전이 되었는가〉, 성균관대학교의 조건상 교수는 〈정전으로서의 한국 골계소설: 1920년대 김동인·현진건 소설을 중심으로〉를 발표했다.

동경대학 駒場(고마바) 캠퍼스의 超域文化科學 전공에 대해서 우선 설명이 필요하다. 그곳은 동경대학 교양학부이다. 교양학부에다 상위 과정을 두고 總合文化研究科(총합문화연구과)를 설치했다. 문학부에서는 학문을 세분화해서 다루는 것과는 방향이 다르게 종합을 특징으로 한다. 總合文化研究科 하위에, 超域文化科學, 그 하위에 比較文學比較文化(비교문학비교문화) 연구실이 있다. 그 연구실 구성원들이 일본비교문학계를 이끌고, 국제적인 활동도 많이 한다.

과거 동경제국대학 자리 本鄕(혼고)의 동경대학과 제1고등학교였던 駒場(고마바) 동경대학은 별세계이다. 어느 날 大澤吉博 교수가 물었다. "本鄕에도 드나드는데, 그쪽과 우리 쪽이 어떻게 다른가?" 내가 대답했다. "혼고에서는 모두 넥타이를 매고, 여기서는 아무도 넥타이를 매지 않는다." 그런 줄 몰랐다고 하면서, 자기는 本鄕에 한 번도 가 본 적이 없다고 했다.

本鄕 일본문학과에서 한 학기에 和歌 세 수를 다루는 것이 낡은 학풍이라고 배격하고 駒場 비교문학과에서는 넥타이를 벗어 던지는 과감한 자세로 새로운 시도를 하려고 한다. 비교문학에 비교문화까지 곁들여 광범위하게 강의하고 연구한다고 표방한다. 학사과정은 없으

므로 운신의 폭이 넓다. 대학원 석·박사 과정을 미국에서 하듯이 운영해 엄청난 개혁을 하는 선두에 선다.

그런데 교수진이 영·불·독문학자뿐이다. 근대 이후 일본문학은 상식수준에서 알지만 일본고전문학은 모르고, 중국문학은 아득하고, 한국문학은 보이지 않는다. 영·불·독문학도 구석에 있는 미세한 영역을 전공해 근대 이후 일본문학에서 그 비슷한 것을 찾아내 비교하는 작업에 골몰하다. 이렇다 할 업적이 없는 것이 당연하다. 국제적인 활동을 많이 해 허점을 메운다. 나는 여러 사람과 각국의 국제학술회의에서 거듭 만났다.

그런 비교문학과에 한국인 유학생이 많다. 한국에서 일본문학을 공부한 다음 일본에서 비교문학의 석사 및 박사과정을 이수하는 학생이 일본 본국인 학생보다 더 많다. 本鄕 일본문학과에 가면 고생만 직사하게 하고 끝이 좋지 못할까 염려해, 駒場에서 한일 비교문학을 하는 것을 현명한 대책으로 삼고 모여든다. 교수는 일본인이라도 일본문학을 잘 모르고, 학생은 한국인이라도 학국문학은 공부하지 않았으니, 한일 비교문학을 어떻게 한다는 말인가? 난감한 일이 아닐 수 없다.

1994년 9월부터 1년 동안 本鄕에서 '한국문학과 동아시아문학'이라는 공개강의를 한국어로 할 때, 駒場 한국인 유학생들이 여럿 와서 열심히 들은 것이 당연한 일이었다. 그보다 먼저 1993년 1월에서 2월까지 비교문학과에 초청되어 두 차례 특강을 했다. 일본어로 말할 능력이 없고, 통역을 거치는 것이 번거로워 영어를 사용했다. 本鄕는 영어가 통하지 않는 곳이고, 駒場에서는 영어가 거의 공용어이다.

〈전근대 한국문학에서의 캐논의 형성: 異文化(이문화) 요소의 異化(이화)와 同化(동화)〉라는 이름의 학술회의를 연 것은 한국문학에 대한 이해를 넓히기 위해서이다. 현대문학만으로는 부족하므로 한국 고전문학에 대해서도 알려고 사람을 불러 말을 들었다. 학술회의라는 것이 사실은 집약된 강의였다. 한국인 유학생들이 최상의 청중이고, 그 학과 교수들도 반드시 듣고 공부해야 했다. 외부에서 온 비교문학자들도 적극적인 관심을 가지고 많은 질문을 했다. 일본이 달라지는 모습을 볼 수 있었다.

나는 전에처럼 영어로 말해야 하는가 생각하고 원고를 영어로 썼다가, 그렇지 않은 줄 알고 한국어본을 다시 만들었다. 다른 두 사람은 한국어로만 썼다. 세 사람의 원고가 일본어 번역본과 함께 배부되었다. 발표할 때에는 한국어본만 읽고, 토론은 통역을 거쳤다.

말한 요지를 간추려보자. 한국의 전통사회에서는 정통 한문학만 숭상했다. 민족적 자각이 일어난 근대에는 국문문학의 명작을 높이 평가하고, 한문학은 의심스럽게 여겼다. 오늘날에는 한문학이나 국문문학의 전폭을 수용하고, 모든 구비문학을 소중하게 여기면서, 한문학·구비문학·국문문학의 유산이 대등한 의의를 가진다고 한다. 발표를 간추리면서 끝으로 한 말을 옮긴다.

문명권 전체의 공동문어로 이루어진 고전적인 정전이 보편적인 이상주의가 이념을 주도하는 오랜 기간 동안 크게 행세했다. 근대 민족주의의 시대에는 그 대신 민족어 정전이 등장했다. 지금은 정전의 개념을 검토의 대상으로 삼고 불신하면서 새로운 형태의 평등사회를 만들고자 한다.

한국의 경우를 두고 더 자세한 연구가 필요하고 가깝고 먼 곳들과 비교연구를 힘써 해야 한다. 우리는 오랜 여정의 출발선상에 서 있다. 동일한 과정을 세계 도처의 다수의 유용한 자료에서 확인하면, 인류가 겪어온 내력이 같다는 것을 입증하는 데 크게 기여할 것이다.

발표에 대해 문답한 말을 요약해 제시한다. 문제의 중요성에 따라 순서를 재조정해서 정리한다.

문(일본인 비교문학자): 정전 결정하는 데 영국의 옥스퍼드대학출판사, 불국의 플레야드(La Pléiade) 총서, 일본의 岩波(이와나미) 등에서 맡아 하는 출판 사업이 사실상 결정적인 구실을 한다. 한국의 경우는 어떤가?

답: 한국에는 그런 출판사가 없어 정전을 정착시키고 보급하지 않은 것이 불행이면서 다행이다. 정전을 문학사가가 맡고 있어, 재론하고 비판하기가 쉽다.

문(일본인 비교문학자 여성학자): 정전에 관한 논의에서 누가 정전을 만들었는가, 정전을 만들어 어떤 특권의식을 누렸는가 하는 것이 중요하다. 한국의 경우는 어떤지 말해 달라.

답: 정전을 만들어 상층, 남성, 중앙지방 사람의 특권을 강화하고, 하층, 여성, 지방민을 무시한 것은 세계 공통의 현상이다. 그 점에 관해 근래 영미학계에서 많은 논의를 펴면서 정전 비판을 하는 것을 알고 있다. 그런데 영미의 논의를 수입해 되풀이하는 것이 능사가 아니다. 한국의 영문학자들은 정전 비판 수입을 일본에서만큼 열심히 하지는 않는 듯하다. 그래서 뒤떨어진 것은 아니다. 한국문학 전공자들은 영미의 동향을 알지 못한 채 하층, 여성, 지방민의 문학을 소중하게 평가하는 작업을 열심히 해오고 그릇된 관점을 시정하는 성과를 크게 이룩하고 있다. 1970년대 이래로 구비문학을 문학의 기본영역

으로 받아들이고, 문학사 전개의 근간으로 이해하기까지 한 것이 결정적인 전환이다. 정전 비판에 대한 대안을 제시하는 작업에서 영미학계보다 크게 앞서고 있다. 한국에서 이룩하는 새로운 관점은 제3세계문학에 대한 적극적인 평가를 가능하게 하고, 세계문학사를 제3세계의 시각에서 이해할 수 있게 한다. 이런 연구를 한 성과도 많이 나와 있다. 일본의 경우에 영미학계에서 정전 비판론을 수입하는 것보다 아이누문학이나 유구문학을 이해하고 정당하게 평가하는 것이 선결 과제라고 생각한다.

문(한국인 일본문학자): 골계가 한국문학의 특징이라고 했는데, 일본문학에 더 많은 골계 작품이 있는 것을 무시하고 하는 말이 아닌가?

답: 골계라는 상위개념은 문학의 특질을 규정하기에 적합하지 않다. 하위개념을 찾아야 한다. 부드러운 골계인 해학, 사나운 골계인 풍자를 들어 말하면 논의가 구체화될 수 있다. 일본문학에서는 부드러운 골계인 해학이 흔하고, 한국문학은 사나운 골계인 풍자가 많다. 일본의 狂言(교겐)·狂歌(교카)·狂詩(교시)를 한국의 각기 가면극·사설시조·풍자한시와 견주어보면 특징의 차이가 뚜렷하다. 狂言이라는 골계극은 막간극이지만 가면극은 극 전체가 풍자로 이루어져 있다. 狂詩에서는 중국 고전시를 희화(parody)하고, 한국 한시에서는 사회를 비판했다.

문(일본인 비교문학자): 한국에는 落語(라쿠고) 같은 것이 없는가?

답: 한국에도 그런 것이 있다. 야담이니 만담이니 하는 것이다. 그러나 일본에서만큼 성장하지 않았고, 그 대신 판소리가 대단한 위치를 차지하고 큰 인기를 누렸다. 두 나라의 골계문학에 대한 비교연구와 상호조명을 힘써 할 만하다.

마지막 순서로 일본비교문학회 회장 私市保彦(기사이치 야스히코) 교수가 폐회인사를 하면서, 오늘의 발표에서 특히 주목한 사실에 대해서 말했다. 근대 이전에 한국한문학이 평가되고 정전의 위치를 차지하게 된 것은 일본에는 없던 일이라고 했다. 일본한문학은 근대에 이르러서 정전이 될 수 있었다고 했다.

그것은 우리는 알지 못하던 사실이다. 거기다 소감을 보탠다. 일본한문학은 정전으로 받아들여지는 시기에도 일본어를 사용하지 않았다는 이유에서 대단치 않게 여겼다. 지금도 일본어문학의 고전이라야 소중하게 받들면서 한문학의 가치는 무시한다. 일본한문학은 학문 편제상에서나 도서 분류에서나 중국문학으로 취급된다. 이것은 잘못된 관습이다.

다음 날인 6월 26일에는 동경 시내 東洋大學(동양대학)에서 일본비교문학회 발표대회를 참관했다. 저녁에 있는 리셉션에 초대되고, 말을 한마디하라는 주문을 받았다. 통역을 정확하게 하도록 할 말을 미리 적어 한 부 전해주었다. 적어둔 것을 옮긴다. 통역의 편의를 위해 단락을 자주 바꾸었다.

나는 한국 서울대학교 한국문학 교수이며 비교문학에 대한 연구도 함께 하고 있는 조동일이다. 오늘 일본비교문학회 발표대회를 참관한 것을 좋은 인연으로 생각한다. 김종철, 조건상 두 교수와 함께 저는 일본비교문학회 국제활동위원회가 주최한 한국 전근대문학의 정전 형성에 관한 포럼에서 발표를 하기 위해 일본에 왔다. 그 행사는 어제 동경대학 고마바 캠퍼스에서 있었다.

오늘 이곳 학회에 와서 中西(나카니시), 芳賀(하가) 교수, 私市(기사이치) 회장 등의 석학을 만나고, 좋은 발표를 들었다. 많은 회원이 참가한 것을 보고 감명을 받았다.

오는 8월 20일부터는 스웨덴 외테보리(Göteborg)대학에서 열리는 '스칸디나비아 일본 및 한국 학회'가 열린다. 일본에서는 川本(가와모토) 교수가, 한국에서는 제가 초청되어 가서 기조강연을 한다. 먼 곳에 가서도 우리 두 나라 학자는 밀접한 관련을 가진다.

일본비교문학회와 한국비교문학회, 일본학계와 한국학계가 한층 적극적인 교류를 하면서 공동의 관심사를 함께 논의하는 기회가 더욱 많아지기를 바란다.

그런데 우리 두 나라 모두 동아시아의 이웃보다 멀리 있는 유럽문학에 대해서 더 많은 관심을 가지고 비교문학을 연구하고 있다. 유럽 학자들은 어느 나라 사람이든 자기네 문명권 유럽문학 전반에 대해 공통적인 이해를 가지고 개별 주제를 다루는 것과 많이 다르다.

〈문학에서의 자연〉에 관한 발표를 들어보니, 동아시아 선인들의 山水(산수)·자연 이해에 관해서는 논의하지 않은 것이 유감이다. 자연은 근대 유럽인의 발견인 듯이, 그 성과를 동아시아에서 뒤늦게 받아들인 것처럼 오해하게 되어 있어 잘못이라고 하지 않을 수 없다. 편향된 지식과 협소한 안목에서 벗어나야 하는 과제가 제기되어 있다고 하겠다.

오늘 이 懇親會(간친회)에 한국에서 온 저희들 일행을 초대해주시고, 또한 한마디 말씀을 드릴 기회를 주어 참으로 감사하다.

〈문학에서의 자연〉에 관한 발표를 언급한 부분은 설명이 필요하다. 그것이 이번 발표대회의 기획주제이다. 세 사람이 주제발표를 했다. 그런데 발표 내용이 미국 소로우(Thoreau)의 자연관, 영국 워즈워스(Wortsworth) 시에 나타난 자연, 불국 프루스트(Proust) 소설의 자연 묘사에 관한 것이었다. 두 번째 논자는 워즈워즈 시에 나타난 자연과 유사한 것이 일본 근대시에도 보인다는 말을 덧보탰다. 동아시아 또는 일본의 山水・자연 이해에 관해서는 그 이상의 언급이 없었다.

발표자들의 실수라기보다 기획 잘못이다. 기획 잘못이 우연은 아니다. 일본학계가 지닌 특징을 명확하게 보여준 사례이다. 토론 과정에서 불만을 나타내는 발언이 더러 있었지만 대안을 내놓을 수 있을지 의문이다.

일본에서는 유럽문명의 어느 미세 국면에 대해 고도로 정밀한 전문적인 지식을 가진 기능공을 뛰어난 학자라고 평가한다. 커다란 문제의식을 가지고 전체의 국면을 고찰하는 작업은 하지 않는다. 평론가라는 사람들이 수필체의 글을 판매용으로 쓸 때 그런 내용이 더러 들어가는데, 사실에 근거를 두지 않고 논리가 결여되어 있다. 연구를 큰 범위로 확대해 이론이나 사상을 창조하는 성과를 보여주지 않아 학문 후진국에서 벗어나지 못한다.

발표회를 다시 조직한다면 어떻게 해야 하는가 하고 생각했다. 중요한 착상을 몇 가지 간추려 말해보겠다. 커다란 논의를 전개하려면 어느 한 곳에 치우치지 말고 (가) 동아시아, (나) 남아시아, (다) 아랍세계, (라) 유럽의 경우를 다 들려고 노력해야 한다. 그런 토대를 확보하고 동아시아 여러 나라의 차이점을 비교해야 한다.

(가)에서 (라)까지의 네 곳에서 말하는 자연의 개념을 정리하고 고찰해야 한다. 동아시아의 경우에는 '山水'(산수)라는 경물과 자연이라는 이치가 이중으로 존재하면서 양자의 관련 이해를 두고 많은 논

의가 있었다. 다른 곳은 어떤지 알아야 한다.

특히 중요시하는 자연의 영역이 서로 다른 점을 비교해야 한다. (가) 산, (나) 숲, (다) 사막, (라) 바다가 두드러진 구실을 해서 비교대상이 된다. 그런 곳이 일상생활의 공간인 궁전, 도시, 마을 등과 어떻게 다른지 문제이다. (가)에서 (다)까지와 (라)는 상당한 차이가 있다.

자연 이해가 시대에 따라서 어떻게 달라졌는지 고대·중세·근대로 나누어 고찰해야 한다. 고대에는 일정한 자연관이 없었다. 중세에는 자연관을 이상화·규범화했다. 근대에는 자연이 소중함을 새삼스럽게 깨달았다. 유럽 근대문학의 자연 재발견은 이에 해당한다.

표현 방식은 자세하게 살필 만하다. (가)에서는 산수화와 산수시가 오랜 기간 동안 많은 작품을 산출하면서 공존했다. 둘 다 묘사보다는 감흥을 소중하게 여겨 자세한 내용을 생략했다. (라)의 풍경화는 그런 시대나 다룬 소재가 제한되어 있다. 자연을 다룬 (다)의 문학은 대상 묘사를 중요시해서 길고 번다하다. (나)와 (다)의 경우는 어떤가 알아야 한다.

이 전체의 내용을 대강 엉성하게나마 개관하는 주제발표를 한 사람이 맡아서 먼저 하고, 다음 기회에 세분화된 주제에 대한 발표를 여러 사람이 하도록 하는 것이 좋은 방법이다.

나는 한국문학에서 출발해 비교문학을 하면서 일본문학에 대한 이해를 갖추고 동아시아비교문학에 힘쓰는 것을 중요한 과제로 삼는다. 일본에서도 일본문학과 서양문학의 관계를 고찰하기 전에 동아시아비교문학을 해야 하므로 한국어를 알고 한국문학을 공부하는 것이 필수 과제이다.

한국을 무시하는 헛된 우월감 때문에 일본학문은 뒤떨어지고 있다. 일본어로 번역된 내 책 《동아시아문학사비교론》, 《동아시아문명론》, 《하나이면서 여럿인 동아이사문학》을 읽고 얼마나 뒤떨어졌는지 알면 분발하지 않을 수 없을 것이다. 《세계문학사의 전개》도 번역되고 있어 더 큰 충격을 줄 것이다.

학
문
을

위
한

배
려

　이제 불국으로 가자. 불국 대학의 진풍경도 하나 소개한다. 학생
들이 샌드위치와 마실 것을 들고 들어와 강의를 들으면서 먹고 마신
다. 강의 시간이 점심시간과 겹쳐 그런 것은 아니다. 나는 점심을 먹
고 강의를 하는데, 학생들은 자기 좋은 시간에 먹을 것은 먹는다.

　대학 시설에도 문제가 있다. 대학에 샌드위치 파는 곳만 있고, 앉
아서 먹을 식당은 없다. 파리7대학 건물은 현대식으로 새로 지었지
만, 식당, 커피숍. 휴게실, 학생회관, 교수회관 같은 것들이 하나도 없
다. 교수 연구실도 없다. 강의실 외에 학과에 방이 하나 있어, 사무실,
회의실, 도서실 등 다목적으로 사용한다. 강의실에 분필이 없어 달라
고 하니, 반 토막을 하나 가져와 일본학과에서 꾸어 왔으므로 갚아야
한다고 했다.

　일본 대학에는 교수 연구실이 있고, 좁고 낡았어도 그런대로 이
용할 수 있다. 중국과 불국의 대학에는 교수 연구실이 없다. 중국에서
는 교수들에게 학교 근처에 집을 주는 것을 제도화해 연구실을 따로
만들지 않았다. 지금은 집을 주지 않는데도 연구실이 없다. 불국에서

는 교수들이 원래 부자여서 자기 집 호화판 서재에서 연구를 하다가 강의가 있으면 대학에 나가는 관례가 이루어졌다. 지금은 교수들의 형편이 달라졌어도, 여전히 대학에 연구실이 없다.

불국에서는 모든 교수가 한국의 강사와 다름없다. 편하게 지내면서 자기 연구를 한다. 교수의 강의 시간 수, 학생이 교실에 들어가서 공부해야 하는 시간 수가 둘 다 한국의 절반이다. 대학 강의 한 시간은 일반 노동 열 시간으로 계산하는 원칙이 있어 강의를 많이 하지 않는다. 학생들이 스스로 하는 공부를 점검하고 지도하는 것이 강의이다.

교수뿐만 아니라 대학의 직원도 편하게 지낸다. 자기 근무시간을 임의로 사무실에 써서 붙이고 그 시간에만 일한다. 그래도 나무라는 사람이 없다. 여름 방학이 되면 대학 문을 걸어 잠그고 다 논다고 한다. 노는 날이 많은 것이 최상의 복지로 삼는다.

나라 형편이 어려워 대학의 시설이 미비한 것은 아니다. 사회복지를 철저하게 하느라고 다른 지출은 아낀다. 대학생들은 등록금을 내지 않고, 기숙사비에 해당하는 장학금을 받는다. 등록금을 내지 않는 혜택은 외국인 유학생도 누린다. 중국의 대학생들은 부담해야 하는 등록금과 기숙사비를 불국에서는 사실상 면제한다. 가족이 있는 학생은 아파트를 얻을 수 있다. 한국에서 간 유학생이 가족과 함께 파리에서 벗어난 소도시에서 거의 무료로 이용하는 제법 그럴듯한 아파트에 살고 있어 초대받아 간 적 있다.

파리대학은 원래 하나였다가 여럿으로 갈라져, 파리7대학처럼 숫자를 붙여 구분한다. 그래도 하나이다. 모두 국립이고, 사립대학은 없다. 대학 기숙사가 대학마다 있지 않고 어느 대학 학생이든 이용할 수 있는 공동의 시설이다. 시내 곳곳에 있는 대학생 식당에서 3분의 1 가격으로 좋은 식사를 제공한다. 대학생 식당을 정부에서 운영하고, 어느 대학 학생이든 이용할 수 있게 한다. 학생증 검사를 하지 않고, 학생이라면 식권 다발을 판다.

외국인 여행자인 학생은 2배, 교수는 3배의 가격을 부담해야 한다고 되어 있으나, 효력이 없는 규정이다. 나도 처음 갔을 때에는 유학생들이 귀띔해주는 바에 따라, 학생인 척하고 학생 식권을 사서 이용했다. 대학생에게 질과 양이 충분한 식사를 값싸게 제공하는 복지를 무자격자가 나누어 가져도 어느 정도 묵인한다. 이런 점에서도 불국은 관용의 나라이다.

불국의 대학에 관해 쓴 글이 겉 구경에 그치고 학문은 다루지 않아, 불만일 수 있다. 불국이 학문을 잘하는 이유도 말해야 해서 아래의 글을 쓴다. 사실 소개에 치우쳐 재미가 없는 것을 미안하게 생각한다. 재미까지 보태려면 시간이 더 필요하니, 우선 이것을 읽고 궁금증을 풀기 바란다.

불국에는 정규 대학 밖에 대학이 있다. 정규 대학의 교수는 강의를 필수로 하고 연구는 선택이다. 대학 밖의 대학은 강의는 선택으로 하고 연구를 필수로 한다. 불국이 학문의 여러 분야에서 탁월한 업적을 내고, 특히 인문학문의 발전을 주도하는 것은 남다른 제도가 있기 때문이다.

'고등연구학교'(École Pratique des Hautes Études)라고 하는 것은 대학원만 있는 대학이고, 연구발표를 강의로 삼는 연구기관이다. 근래에는 사회학문 분야(École Pratique des Hautes Études en Sciences Sociales)가

독립해서 둘이 되었다. 그곳 교수들은 자기연구를 통해 학문 발전에 적극 기여하면서 극소수의 대학원 학생들을 지도한다. 양쪽 다 한국학 과정도 있어 파리에 간 기회에 각기 한 차례씩 특강을 한 적 있다.

'콜레주 드 프랑스'(Collège de France)라는 곳은 이름을 직역하면 '불국대학'이지만, 대학이 아닌 대학이다. 입학하고 졸업하는 학생은 없고, 공개강의만 하는 곳이다. 대통령 지속 기구이고, 교수 대우가 일반대학보다 월등하다. 불국 학자들은 누구나 선망하는 자리이다. 정원은 학문의 모든 분야를 포괄하면서 52명이다. 분야 안배는 하지 않고 능력과 업적을 보고 선발한다.

공개강의에서 같은 내용을 두 번 취급할 수 없고, 진행 중에 있는 새로운 연구만 내용으로 삼아야 한다. 연구 결과를 출판해야 하는 임무는 없다. 공개강의는 누구나 들을 수 있으나, 현직 교수 청강생이 가장 많다. 새로운 연구를 하지 않고 자리를 지킬 수 없고, 교수들이 몰려들어 들을만한 공개강의를 하지 않으면 체면이 서지 않는다.

그곳 교수로 선발된 석학들이 불국은 물론 세계의 학문 발전을 선도해왔다.(Georges Dumézil, Fernand Blaudel, Étienne Gilson, Maurice Merlaeau-Ponty, Claude Lévi-Strausse, Michel Foucault, Raymond Aron, Michel Foucault, Roland Barthes, Pierre Bourdieux 등이 그런 사람이다.) 뒤메질은 인도·유러피안 신화에 대해 방대하고 치밀한 연구를 했다. 레비-스토로스는 구조주의 인류학에 대한 자기 학설을 정립하고 발표하고 발전시켰다. 푸코는 여러 학문을 통해 전혀 새로운 연구를 개척했다. 바르트도 기발한 착상을 전개했다. 그런 성과가 불국의 국격을 높이고 정신문화 수출을 늘렸다.

국립과학연구센터(Centre Nationale de la Recherche Scientifique,

CNRS)라는 거대한 연구기관도 있다. 그 기관에 소속된 1만 4천여 명 이상의 학자들이 다른 부담 없이 연구에 전념한다. 한국학 전공자가 4명 있다가 근래 줄어들었다. 적절한 후보가 없기 때문이다. 안타까운 일이다. 소속 연구원 월급을 받을 따름이고 출근하지는 않는다. 출근할 건물도 없다. 부대비용은 아끼고 인건비만 지출해 투자 효율을 극대화한다. 월급은 일반대학 교수들과 동일하다. 대학 강의도 맡고 대학에서 보직도 할 수 있으나, 추가 보수는 없다.

연구조직이 있기는 하지만, 누구나 자기 연구를 한다. 공동연구를 싫어하고 개인연구를 선호하는 기질에 맞게 연구를 한다. 연구원은 상사관계가 없고 누구나 대등하다. 아무 구속도 없지만, 연말에는 무엇을 어떻게 연구했는지 자세하게 보고해야 한다. 연구 업적을 평가해 재임용이 결정되는데, 탈락하는 경우는 드물다.

그밖에도 여러 연구기관이 있으나 특별하게 소개할 것은 불국극동학원(École Française d'Éxtême Orient)이다. 이것은 동아시아를 연구하는 기관인데 소속 연구원들이 자기가 전공하는 나라에 가서 평생 살면서 연구해도 된다. 업적을 내는 것 외의 다른 임무는 없다. 그래서 지역 연구를 심도 있게 한다.

1995년에 한국지부를 개설하는 행사를 할 때 나는 사회를 맡아 많은 것을 알 수 있었다. 그때 확인한 바로는, 소속 연구원은 43명이고, 외국 상주자가 모두 39명이다. 상주하는 나라별로 정리해보자. 캄보디아 5, 타이 5, 월남 3, 인도 3, 중국 3, 일본 3, 인도네시아 2, 한국 1, 대만 1, 미얀마 1, 라오스 1, 싱가포르 1이다. 동아시아 전역에 고루 분포되어 있다. 한국에 한 사람 부셰(Daniel Bouchez)가 왔는데, 국립 과학연구센터 연구원과 겸직이고 본국에 할 일이 많아 오래 있지 못하고 돌아갔다. 후임자가 있는지 확인하지 못했다.

불국의 학문은 잘 되고 있는가? 앞으로 무엇을 어떻게 해야 하는 가? 이런 의문에 대답하는 자기 점검을 50인의 석학이 힘을 기울여 하고, 《연구의 장래가 무엇인가?》라는 제목을 붙인 책이 있다.(*Quel avenir pour la recherc he?*, Paris: Flammarion, 2003) 불국은 지금까지 한 것처 럼 기초학문에 힘쓰면서 탁월한 연구(recherche brillant)를 하고, 범속 한 연구(recherche médiocre)를 하지 말아야 한다고 했다. 미국의 풍조 를 따라가 범속한 논문을 양산하지 않아야 하고, 세계 학문 발전을 선 도하는 노력을 계속해서 해야 한다고 했다.

불국에는 탁월한 학자들이 있어 새로운 학문을 개척해왔다. 이것 이 그 나라의 능력일 뿐만 아니라, 인류의 자랑이다. 그 성과를 미국 에서 수입해 가공한 것을 다른 여러 나라에서 다시 수입하는 데 한국 도 한몫 끼고 있다.

우리는 언제까지나 수입학에 머무를 수 없다. 창조학으로 나아가 기 위해서 우리를 포함한 다른 모든 나라도 불국 학문과 같은 자세를 지니고 능력을 키워야 한다. 불국의 경우를 잘 알고, 우리에 맞는 제 도를 만들어야 한다. 지금처럼 모든 교수가 강의도 연구도 다 잘하라 고 하면 둘 다 잘하지 못한다.

1990년 12월부터 1991년 2월까지 파리7대학 한국학과에 초청받 아 가서 강의를 했다. 전원 한국인이거나 한국계 불국인인 박사과정 학생들을 위해서 매주 한 시간씩 박사 논문에 관한 개인지도를 한국 어로 했다. 석사과정 및 학사과정 학생들은 교실에 모아놓고 한국문 학 서설을 불어로 강의했다. 그런 내용으로 내가 쓴 글 불역을 교재로 삼아, 원문과 번역을 한 단락씩 재편집한 것을 복사해 배부했다. 나는 원문을 읽고, 학생들이 돌아가면서 불역을 읽게 하고, 보충 설명을 하고, 질문을 받으면서 강의를 진행했다. 질문이 나오면 대답하는 말을 한국어로 흑판에 적고, 한 마디 한 마디 불어로 옮기는 방법을 사용했다.

보충설명을 하면서 새로운 착상을 한 것이 있다. 흑판에 가로로 "homme"(남성)와 "femme"(여성)을 적고, 세로로 "haut"(상층)과 "bas"(하층)를 적고, 문자생활을 한 내력이 시대별로 변했다고 설명했다. 상층 남성이 한문을 사용하면서 중세전기가 시작되고, 상층 여성이 한글을 사용한 시대가 중세 후기이고, 하층 남성은 중세에서 근대로의 이행기에 한글 사용을 생활화하고, 하층 여성은 대부분 문맹자로 남아 있다가 근대에 이르러서 한글 교육을 받았다. 근대는 상하남녀 모든 사람이 한문을 버리고 한글만 사용해 평등을 이룩한 시대이다. 이 착상을 그 뒤에 국내에서도 요긴하게 활용하고,《한국문학통사》제4판에 넣었다.

2002년 5월에는《한국문학통사》불어판 출판기념회를 위해 불국에 가서, 파리 사회과학고등연구 대학원 한국학 과정 학생들을 위해 강연을 했다. 세계의 서사시는 구비서사시에서 시작되고 구비서사시를 가장 소중한 유산인 것을 알아야 한다고 하고, 한국문학에 좋은 본보기가 있다고 했다. 한국의 구비서사시에는 농민서사시인 서사민요, 무당서사시인 서사무가, 광대서사시인 판소리가 다 있다고 했다. 그 셋의 녹음을 들려주면서 흥미를 가지고 구체적인 이해를 하도록 했다.

2003년 10월에는 불국 파리 동양어대학(INALCO, Institut national

des langues et civilisations orientales)에 오라는 초청을 받았다. 이 학교
는 유럽 이외 지역의 93개 언어를 가르치는 대학이고, 그 가운데 한
국어도 있다. 한국문학에 대한 학술회의를 하니 한국 근대문학의 특
질에 대한 발표를 해달라고 했다. "Caractéristiques de la littérature
coréenne moderne"(《한국근대문학의 특질》)이라는 논문을 써가지고 가
서 발표했다.

유럽문학의 영향이 아시아에 미쳐올 때, 불국 상징주의 시의 율
격이 주는 충격에 대응해 동아시아 각국은 자기 나름의 근대시 율격
을 어떻게 만들었는가? 이런 문제를 제기하고 그 뒤를 잇는 논의를
하니, 불국 청중은 깊은 관심을 가지고 찬탄하는 말을 하기까지 했다.
발표 내용을 아주 간략하게 적어보자.

상징주의 시 수용은 천여 년 전에 중국에서 가져온 한시의 충격
을 받고 동아시아 각국이 민족어 시의 율격을 정립한 것과 깊은 관련
이 있다고 했다. 이에 관한 고찰을 월남·일본·한국 순서로 했다. 불
국에서 아는 나라에 관한 말을 먼저 하고 모르는 나라로 나아가며 비
교고찰을 하는 방법을 사용했다. 머나먼 미지의 나라 한국의 문학만
대뜸 이야기하면 무어가 무언지 모른다. 불어를 잘 하면 될 일이 아
니다.

월남은 자기네 말이 중국어와 상통하는 특징을 지녀, 글자 수가
한시처럼 고정되고 소리 높낮이의 규칙까지 지닌 國音詩(국음시)를
만들어냈다. 일본이나 한국어는 이럴 수 없었다. 한시 한 줄과 자국
시 한 줄이 일본에서는 음절수에서 같게, 한국은 정보량에서 같게 했
다. 일본의 和歌(와카)는 한시의 자수를 57577로 재조립하고, 한국의
향가나 시조는 민요의 율격을 다듬어 사용했다. 이런 전례가 불국 상

징주의 시를 받아들이는 방식으로 이어졌다.

불국의 식민지 통치를 받던 월남 사람들은 불어 교육이 강요된 탓에 번역을 통하지 않고 상징주의시 원문을 읽으면서 율격의 아름다움을 커다란 도전으로 받아들였다. 거기 맞서는 방법이 월남의 정형시를 재정비하고 새로운 형식을 추가하는 것이었다. 그래서 율격의 아름다움에서는 월남이 불국보다 뒤지지 않고 오히려 앞선다고 자부하고자 했다.

일본에서는 상징주의시를 보고 그것과 정보량이 대등한 시를 만들어야 한다고 판단했다. 정보량은 버리고 한시와 음절수가 대등한 시를 만든 전례를 되풀이해서는 근대시가 될 수 없어 이번에는 선택의 방향을 바꾸어야 했다. 일본 나름대로의 특수한 사정이 있어 율격의 규칙을 버린 자유시를 쓸 수밖에 없었다.

사정이 그래도 말을 바꾸었다. 자유시를 쓰는 것이 아시아를 벗어나 유럽으로 가는 이른바 脫亞入歐(탈아입구)의 지혜라고 해야 말발이 섰다. "근대시는 자유시이다"를 대전제로, "일본에서도 근대시를 이룩해야 한다"를 소전제로 하고, "그러므로 일본에서도 자유시 운동을 일으켜야 한다"는 결론을 내렸다.

상징주의 시를 번역을 통해 읽는 일본인들은 "근대시는 자유시이다"라는 대전제가 근대시의 선도자 불국 상징주의에 근거를 두었다고 믿고 의심하지 않았다. 상징주의 시를 번역으로 이해하는 한국의 시인들은 속는 줄 모르고 속았다. 일본에서처럼 자유시를 써야 뒤떨어지지 않는다고 여겼다. 민요 따위와는 더 멀어져야 한다고 했다.

한국에서 일본 방식으로 자유시를 쓴 것이 전부는 아니다. 자유시를 따른 듯이 보이는 시 가운데 뛰어난 것들은 민요에서 가져온

"전통적 율격을 새롭게 창조하는 것을 가장 중요한 과업으로 삼았다" (Ce qui était le plus important était de recréer de quelques manières nouvelles la métrique traditionelle). 핵심을 이루는 이 말은 불어로 어떻게 썼는지 보인다.

이에 관한 설명을 작품 예증을 들어 설명해야 하는 것이 아주 어려웠다. 김소월과 한용운 시 불역을 이용할 수밖에 없었는데, 원문의 실상을 알리기에는 많이 부족했다. 김영랑, 이상화, 이육사 등 다른 여러 시인의 작품도 보여주어야 하는데, 불역이 없어 뜻을 이루지 못했다. 내가 번역해서 보여주면 "시가 아닌 것을 시라고 한다"는 반응이나 얻을 수 있다.

할 말을 불어로 하는 것이 아주 어려워 고생을 했다. 어떤 고생을 했는지 한국어로 설명하면 고생의 실상이 드러나지 않는다. 말을 잘하면 고생을 했다는 것이 엄살로 보인다. 위에 적은 말에 불어로는 표현하지 못한 것들이 적지 않다.

불어를 더 잘 해서 고생을 줄여야 하지만, 불국 학생들이 한국어를 열심히 공부해 한국문학을 이해하는 것이 바른 길이다. 불국 상징주의 시를 원문으로 이해하고 연구하는 한국인은 아쉽지 않을 만큼 많아졌는데, 한국시 한국어 원문을 즐기는 사람이 불국에는 있는 것 같지 않다.

소설은 번역으로 읽어도 되지만 시는 원문만 진품이다. 불국에서는 한국의 시가 미지의 세계이다. K-pop을 듣고 열광을 해도 노랫말은 전달이 되지 않는다. 거기 가서 판소리를 부르면 봉사에게 단청 구경을 시키는 격이다. 한국의 시가 남다르거나 우수해서 그런 것은 아니다. 어느 나라, 어느 말로 지은 시라도 다르지 않다.

불시 특히 상징주의시를 공부하느라고 청춘을 바친 것이 억울하면서도 자랑스러워 그쪽에서도 분발하라고 권유한다. 불국의 한국학은 아직 미약하다. 일본학이나 월남학에 비해 많이 뒤떨어져 있다. 동양어대학에서는 한국어를 겨우 가르치고, 한국학과가 있는 대학7대학에서도 한국문학에 대한 이해는 제대로 하지 못하고 있다.

그 대학 동양학부에 중국·일본·월남·한국학과가 한 복도 안에 나란히 있는데, 한국학과가 가장 부실하다. 부실의 이유는 구태여 말하지 않고, 해결을 위한 적극적인 대책을 제시한다. 한국학을 중국·일본·월남학과의 비교를 통해 하면서 동아시아학으로 나아가고, 동아시아학을 불국을 비롯한 유럽학과 합쳐 세계학이게 하면 모두들 놀라 한국학이 대단한 줄 알 것이다.

이번의 발표에서 한국문학과 불문학의 관계를 중국과의 관계와 연결시키고, 월남·일본의 경우와 비교해서 논의한 것이 그런 방향으로 나아가자는 제안이다. 이 발표가 자극이 되어 한국문학 교육과 연구가 본궤도에 오르기를 간절하게 바란다. 한국학을 제대로 해야 동아시아학이, 세계학이 새로운 방향으로 나아가는 데 동참할 수 있다는 것을 알아차리기 바란다.

오 고 가 는 것 들

일본 후쿠오카에서 주는 아시아문화상을 받아 기념 강연을 하고, 사회자인 일본 여배우와 문답한 말을 먼저 든다.

"어릴 때 귀신을 무서워하지 않았나?"

"달걀귀신 어쩌고 하는 무서운 귀신이 많이 있더니 얼마 뒤에 없어졌다. 알고 보니, 모두 일본에서 온 귀신인데 한국 사람들이 기대한 것만큼 무서워하지 않자 다 일본으로 돌아갔다."

수십 년 전에 한국에 있다가 다시 온 미국인 교수와 문답한 말이다.

"Where is Korean time?"

"It went to America."

수십 년 전에 한국에는 약속이 제때 이루어지지 않는 '코리안 타임'이 있다고, 한국에 체재하는 미국 사람들이 조롱삼아 말했다. 이 말을 덩달아 하면서, 영어 마디나 한다고 뽐내는 한국인들이 자기 비하를 일삼았다.

그러다가 세상이 달라졌다. 지금은 한국이 시간을 가장 잘 지키는 나라가 되었다. 미국에서는 항공기가 제때 뜨는 일이 없을 정도로 정해진 시간을 어긴다. 한국에서 없어진 '코리안 타임'이 이름을 지어 준 사람들의 나라로 이민 갔다고 해야 앞뒤가 맞는다.

하나 보태자. 전에는 미국인 교수가 한국에 올 때 아내를 동반했는데, 지금은 형편이 넉넉하지 못해 그럴 수 없다고 했다. 한국인 교수는 미국에 갈 때 여유가 있어 아내와 함께 가니 세상이 많이 달라졌다고 그 교수가 내게 말했다.

어느 맥주집에서 상호를 'Gestapo'라고 내걸었다. 나치 시대 비밀경찰을 지칭하는 말로 엽기적인 호기심을 자극해 손님을 모으려고 했다. 독일대사관에서 알고 와서 독일을 창피스럽게 하지 말라고 협박에 가까운 간청을 해서 그만두어야 했다. 독일 것이 오다가 말았다.

'Paris Baguette'는 빵집 이름이다. 이런 이름을 내건 빵집이 생기자 창피한 생각이 들었다. '독일 빵집', '뉴욕 제과'라고 하더니 한 수 더 뜬다. 한국에서 만드는 빵에 남의 나라 말을 'Baguette'라는 것까지 갖다 붙여 그쪽과 관련을 가진 것처럼 사기를 치다니. 불국에서 자기네 이미지를 도용한 것을 문제 삼으려고 하다가, 널리 알리는 것을 다행으로 여기자고 결론을 내렸다는 소문이 들려왔다.

'Cié France'라는 여행사도 비슷한 이름을 내걸었는데 부도가 났다. 'Paris Baguette'는 같은 운명에 처하지 않은 것이 신통하다고 할 수 있다. 크게 성장해 시장 점유율 50%까지 확보하더니, 중국으로 건너가 거점을 확보하고, 미국을 비롯한 다른 여러 나라까지 뻗어나고, 마침내 파리까지 진출했다. 'Paris Baguette'라는 상호를 가진 한국 업체가 파리에서, 그곳에서 유래한 빵을 그곳보다 더 잘 만들어 팔려고 한다. 아무리 돌고 도는 세상이라도 이상하다고 하지 않을 수 없다.

"짜장면은 한국 것이 맛이 있다."

한국을 다녀간 중국인들은 한국 사람을 만나면 묻지도 않는데 이렇게 말한다. 이 말을 한국을 잘 안다는 증거로 내세운다.

중국에도 '炸醬麵'(자장면)이라는 것이 있다. 중국 것은 짜고 딱딱하고 맛이 없어 찾는 사람이 적다. 식사도 아니고 간식도 아닌 어정쩡한 것이다. 시험 삼아 시켜서 먹어보니, 짐작하고 있던 그대로 이것도 저것도 아니었다. 중국인들은 음식 종류를 너무 많이 늘여 허술한 것은 아주 허술한 증거를 보여준다.

산동에서 한국으로 건너온 중국 사람들이 보잘것없는 것을 한국인의 취향에 맞게 다시 만들어 한국 짜장면이 탄생했다. 뛰어난 조리사가 선발되어 온 것은 아니다. 먹고 살지 못해 건너온 농민들이 생계를 위해 다른 재주는 없는 탓에 음식 장사를 했다. 맛없는 것을 맛있게 바꾸어놓은 것은 한국인 고객 덕분이다.

청중의 수준이 높으면 실력 이상으로 노래를 잘 부르는 것과 같다. 이태리 밀라노가 오페라의 메카 자리를 내놓지 않는 것은 청중의 수준 덕분이다. 오페라 극장은 다른 여러 곳에서 더 잘 지었다. 출연진은 모두 데려갈 수 있다. 청중은 데려가지 못한다. 밀라노의 청중 덕분에, 명작 오페라는 밀라노에서 등극하고 위엄을 뽐내면서 다른 곳들로 순시를 하러 나간다.

이것은 짜장면의 경우와 다르기도 하고 같기도 하다. 대수롭지 않은 중국음식이 자기 고장을 떠나 한국에 와서 명품으로 등극한 것은 아주 다르다. 등극의 이유가 수준 높은 지지자들 덕분인 것은 완전

히 일치한다. 등극을 하고 통치 기반을 굳히고 영역을 넓이는 행적에
도 상통하는 것이 있다.

한국의 중국집은 요즈음 대부분 한국인이 경영하고 조리를 하면
서 짜장면을 기본 식단으로 한다. 한국 아이들은 짜장면을 무척 좋아
한다. 나도 짜장면을 들면서 어릴 적의 감격 섞인 추억을 되새긴다.
한국이 짜장면의 나라가 되었다. 짜장면은 기반이 아주 단단해 자손
만대까지 흔들림이 없을 것이다.

한국에서 짜장면 장사를 하던 중국인들은 대거 미국으로 가서 한
국계 손님을 상대로 하다가, 중국인이나 미국인도 고객으로 끌어들여
대인기이다. 중국 짜장면을 많은 음식의 하나로 파는 가게는 경쟁 상
대가 되지 않는다. 이제 짜장면이 중국에 진출해 군림할 차례이다. 錦
衣還鄕(금의환향)이라고 할 것인가, 中原制覇(중원제패)라고 할 것인가?

짜장면 이야기만 길게 하고 말면 중국이 못난 것처럼 보인다. 격
조 높은 사안을 들어 체통을 세워주어야 한다. 孔子(공자)의 사당에서
제사를 지낼 때 연주하는 文廟祭禮樂(문묘제례악)은 동아시아 유교문
화의 정상을 장식하는 유산이다. 짜장면 따위와는 하늘과 땅 이상의
차이가 있다.

문묘제례악은 동아시아문명의 제반 규범을 완성한 중국 송나라
에서 한국으로 가져왔다. 천 년 가까운 옛적 1116년(예종 11)의 일이
다. 그것을 조선왕조에서 잇고 세종 때에 재정비해《세종실록》,《악
학궤범》등의 문헌에 기록했다. 일제 강점기에도 침해를 막고 원형
그대로 전승하면서, 옛 모습을 그대로 지닌 성균관 문묘에서 해마다
연주한다.

2000년대 초에 최근덕 성균관장이 중국에 와 달라는 초청을 받았다. "54운동 이후에 폐지한 문묘제례악을 가까스로 되살려 다시 연주하니 제대로 하는지 보아주기 바란다"고 했다. 어느 정도 예상은 했지만, 가서 보니 엉망이었다. 곡조도, 동작도, 차림도 말이 아니었다. 八佾舞(팔일무)라는 춤을 추는 사람들이 청나라 군복을 입는 것이 특히 가관이었다.

　　사실대로 이야기를 하니 낭패를 보였다. 위로를 하면서 해결책을 일러주고 왔다고 한다. "염려하지 말고 한국에서 배워 가면 된다. 대만서도 배워 갔다."

　　일본에서 오고 간 것도 귀신만이 아니므로, 더 좋은 이야깃거리가 있어야 한다. 유행가는 일본에서 오고 일본으로 간 물건의 더 좋은 본보기이다. 일본에서 演歌(엔카)라고 하는 애수를 띤 자학적인 노래가 일제 강점기에 건너와 한국 유행가가 되었다. 식민지통치를 하는 권력을 배경으로 음반을 팔아 돈을 벌려고 하는 상인들이 내놓는 물건을 절망에 사로잡혀 비관하는 심정으로 받아들이고, 흉내를 내서 재생산했다. 치욕의 역사이고 불명예의 상처이므로, 청산하고 치유해야 하는 것이 당연하다.

　　그런데 왕평 작사, 전수린 작곡, 이애리수 노래 〈황성옛터〉가 나와, 마음을 흔들어놓았다.

　　　　황성 옛터에 밤이 되니
　　　　월색만 고요해,
　　　　폐허의 서러운 회포를

말하여주노라.

아 가엾다, 이내 몸은

그 무엇 찾으려,

끝없는 꿈의 거리를 헤매어 있노라.

박영호 작사, 손목인 작곡, 고복수 노래 〈짝사랑〉은 어떤가?

아 아, 으악새 슬피 우니 가을인가요.

지나친 그 세월이 나를 울립니다.

여울에 아롱 젖은 이지러진 조각달

강물도 출렁출렁 목이 멥니다.

이런 노래를 일본에서 왔다는 이유에서 나무라고 내쫓아 일본으로 되돌아가라고 할 수 있는가? 경직된 논리만 알고 앞뒤가 꼭 막힌 사람이 아니라면, 귀화인이 아주 훌륭한 한국인일 수 있는 것을 알아야 한다. 이런 노래는 한국인의 마음을 깊숙이 흔든다. 한탄을 하면서도 신명은 버리지 않는 심정을 절실하게 나타내 열광적인 인기를 모은다.

음악의 나라 한국은 유행가를 잘도 키워 일본 것들보다 월등한 우량아를 만들었다. 이미자, 나훈아, 조용필, 서태지 등 기량이 탁월한 인기가수가 이어져 나와 온 나라가 들뜨게 한다. 열린 음악회, 전국 노래자랑이 온 국민이 하나이게 한다. 유행가에다 팝송을 보태고, 공연예술의 전통을 계승해 재생산한 K-pop이 멀리까지 나가 세계를 뒤흔든다.

일본은 K-pop 이전의 고전을 더 좋아한다. 한국에 와서 자라난 유행가가 추방 명령을 받지 않고 원래의 고향인 일본으로 스스로 되돌아가 크게 활약한다. 일본에서만 계속 머문 친척들보다 활력이 넘치고 울림이 큰 노래로 일본인들 정신이 번쩍 들게 한다.

재일교포 가수 미소라 히바리(美空ひばり)가 혜성같이 나타나 전국을 뒤흔든 것은 그 활력, 그 울림이 놀랍기 때문이다. 일본인들이 최고의 찬사를 바치면서 열광한 것이 당연하다. 한창 시절에 세상을 떠나자 국상이 난 듯이 애도했다. 방송 드라마를 만들어 추억을 되살렸다. 여기서 히바리 노래를 한 곡 들어야 하겠는데 방법이 없다. 기술 좋은 독자는 인터넷에서 찾아 듣기 바란다.

히바리가 세상을 떠나 모두들 서운해 할 때 김연자(金蓮子, キム・ヨンジャ)가 일본으로 가서 뒤를 이었다. 김연자는 국내에서는 여러 인가가수의 하나였으나, 일본에서 미소라 히바리의 왕관을 물려받아 가수의 제왕으로 등극했다. 일본식 예명을 사용하지도 않고 자기 이름으로 활동하며 한복을 자주 입고 출연해, 가수의 제왕은 한국인이어야 한다는 것을 분명하게 한다.

불국에서 온 것이 불국으로 간 확실한 사례는 아모레퍼시픽(Amore Pacific) 회사의 화장품이다. 화장품 만들기에서는 불국이 종가이다. 불국제 화장품을 온 세계 여성들이 열렬하게 환영하면서 분수이상 비싸게 사다 쓴 내력이 오래 된다. 일본인들이 유사품을 만들어 곁다리 장사를 할 때, 한국에서는 국산품이 저질인 것을 한탄하지 않을 수 없었다. 불국제·일본제·국산 화장품 사용자들이 인도의 카스트 같은 위계를 이루었다.

臥薪嘗膽(와신상담), 切齒腐心(절치부심), 苦盡甘來(고진감래), 至誠感天(지성감천)… 어느 말이 적합할까? 아모레퍼시픽 회사는 피나는 노력을 해서 국산 화장품이 세계 정상의 자리를 차지할 수 있게 하는 비약을 이룩했다. 그 내력을 조금 자세하게 소개하지 않을 수 없다.

1932년에 가내 수공업을 시작하고, 1945년에 회사를 설립하고, 1960년대 중반에는 불국 화장품 회사와 기술 제휴를 하고 공장을 신축했다. 1962년에 '아모레'(amore, 이태리말로 '사랑')라는 이름도 예쁜 화장품을 만들어 국내에서만 팔지 않고 해외에 수출하기 시작했다. 갖은 고난을 겪고 온갖 노력을 다하면서 품질 향상에 힘쓴 결과 마침내 자신을 얻었다. 1967년부터 인삼을 활용하는 한방 미용법 연구에 착수해 1973년 한방화장품 '진생삼미'를 선보이고, 그것을 발전시켜 1997년에 '雪花秀'(Sulwhasoo, 설화수)를 내놓아 새 시대를 열었다.

이 세상에서 가장 고결한 숙녀 같은 雪花秀가 알아보는 사람들이 있어 높은 평가를 얻고, 국내외에서 고가로 팔려 화장품 업계를 석권하기 시작했다. 중국을 비롯한 여러 나라에서 선풍적인 인기를 얻고, 불국에 본격적인 진출을 했다. 1990년 불국에 지사를 설립했으나 실적이 미미하다가, 2000년대 들어서는 크게 성장하게 되었다. 불국의 경제 전문 일간지《레세코》(Les Echos, '메아리'라는 뜻) 2011년 1월 10일자에서 다음과 같은 보도를 했다.

La filiale française du géant coréen Amore Pacific, qui a lancé le premier jus de la créatrice de mode il y a treize ans, veut étendre la marque à des lignes de soins dès cette année. Et ce n'est pas sa seule ambition. ≪Nous étudions aussi pour le groupe des acquisitions en

France dans les parfums et la beauté≫, indique Catherine Dauphin, la directrice de cette filiale, qu'elle a lancée après avoir fait ses classes chez Parfums Christian Dior. De nouvelles marques dont la structure française aurait la gestion.

Amore Pacific veut y lancer sa marque phare, Sulwhasoo, basée sur la tradition et la pharmacopée coréenne et qui représente près de 30% de ses ventes. L'objectif du champion coréen est de doubler son chiffre d'affaires d'ici à 2015, à 4 milliards d'euros, en portant ses exportations à 23%.

불어 특유의 어법을 사용한 문장이라 직역을 하면 무슨 말인지 알기 어렵다. 요점을 간추려보자. 13년 전에 불국 지사를 설립한 아모 레퍼시픽이 새로운 도약을 준비하고 있다. 지사장인 카트린느 도팽이 라는 여성은 크리스티앙 디오르 회사에서 연수를 받은 경력이 있으 며, 불국의 여러 향수 및 화장품 회사에서는 어떻게 하고 있는지 연구 하면서 판매 전략을 세운다고 했다. 한국의 전통적인 약품에 근거를 두고 만든 기본 품목 '설화수'가 2015년부터는 갑절로 팔려 판매액이 4백만 유로에 이를 것을 목표로 한다고 했다.

한국의 《연합뉴스》는 2017년 9월 12일에 다음과 같은 보도를 했다.

김은경 기자 = 아모레퍼시픽의 대표 브랜드 설화수가 처음으로 유럽 시장에 진출했다고 12일 밝혔다.
설화수는 8일 프랑스 파리에 있는 백화점 '갤러리 라파예트'

(Galeries Lafayette)에 한국 브랜드로서는 유일하게 단독 매장을 오픈했다. '뷰티의 성지'로 불리기도 하는 갤러리 라파예트 본점은 프랑스 현지 고객뿐만 아니라 수많은 관광객으로 붐비는 관광 명소다. 프랑스 시장에서 K-뷰티 관심이 높아지고 있는 만큼 설화수는 이번 갤러리 라파예트 매장을 전 세계 관광객들에게 사랑받는 명소로 자리매김시키겠다는 계획이다. 설화수 갤러리 라파예트점은 단순히 제품 판매만을 위한 매장이 아니라 방문객들이 브랜드의 다양한 경험을 즐길 수 있도록 감각체험의 공간으로 구성된 것이 특징이다. 한국의 플래그십 스토어만이 제공하는 보자기 포장을 라파예트 매장에서도 진행한다. 한국적 감성이 담긴 특별한 서비스로 프랑스 고객을 공략하기 위해서다. 설화수는 갤러리 라파예트 백화점 오프라인 단독 매장과 더불어, 인터내셔널관과 해당 백화점 온라인몰에도 동시 입점했다.

아모레퍼시픽의 성공은 불국에서 가져온 기술을 인삼을 이용한 전통적인 의술과 결합시켜 차원 높게 발전시킨 것을 비결로 한다. 이 작업이 실험실 속에서만 이루어진 것이 아니다. 조선시대의 유산인 남존여비를 보기 좋게 박차고 보라는 듯이 나서는 한국 여성들이 남다른 취향을 적극적으로 발휘하면서 소비자의 주권을 십분 행사해 명품 제조에 동참했다.

한국 여성들의 남다른 취향은 셋이다. 화장을 극성스럽게 하고, 화장품의 품질을 귀신같이 알아보고, 좋고 싫은 것을 분명하게 나타낸다. 그 때문에 전 세계 어느 화장품 회사라도 자기네 생산품 품질에 대한 최초의 평가를 받으려고 한국에 온다. 능력과 열의가 세계 으뜸인 한국 여성 소비자들에 둘러싸여 '雪花秀'는 가장 고결한 숙녀로 머물러 있지 않고 여왕으로 추대 받아 등극했다. 청중의 수준 덕분에 명작이 탄생하는 원리가 가장 분명하게 확인되는 사례로 길이 기억할 만하다.

화장품 이야기로 이 글을 끝낼 수는 없다. 화장품에 대해서는 잘 몰라 들은풍월을 정리하고서 대단한 글을 썼다고 자부하면 웃긴다고 할 것이다. 내가 하고 있고, 잘 아는 학문에 관한 말도 해야 한다.

내 책에 《문학사는 어디로》라는 것이 있다. 별의별 자료를 다 사용해 장황하게 쓴 것을 간략하게 말해보자. 문학사를 쓰는 작업은 유럽에서 먼저 시작하고 특히 불국에서 좋은 본보기를 보였다. 우리는 많이 뒤떨어져 부끄럽게 생각하다가 뒤늦게 문학사를 쓰기 시작했으나 후진이 선진이 되는 비약을 이룩했다. 선진의 선례를 충분히 연구하고, 약효가 인삼 못지않은 전통철학을 활용해 그 결함을 시정하고 한계를 넘어서는 길을 찾았기 때문이다. 강의실에서, 강연장에서, 학회에서 열띤 토론을 해온 동학들이 사실상의 공저자로 참여해 커다란 과업을 이룰 수 있게 했다.

선진이라는 곳에서 하지 못한 과업을 성취해, 선진이 후진이게 하고 후진이 선진이게 한 성과를 셋으로 요약할 수 있다. 문사철이라고 약칭되는 문학·사학·철학이 하나임을 밝혀 문학사가 총체사로 나아갈 수 있게 했다. 공통적인 시대구분을 명확하면서도 포괄적인 방법으로 해서, 한국문학사(자국문학사)·동아시아문학사(문명권문학사)·세계문학사의 이해를 유기적으로 연결시켰다. 유럽문명권이 주도해온 근대학문을 넘어서서 다음 시대로 나아가는 새로운 학문을 제시했다.

이러한 성과를 불국에, 유럽에, 세계 전체에 알려야 학문의 역사가 달라질 수 있다. 학문 수출은 상품 수출보다 훨씬 어려워 아직 진전이 없다. 우리 쪽에서 번역서를 내놓는 것보다 먼 곳에 있는 학자들이 내 책을 읽고 깊이 이해해 자기네 말로 옮겨야 전달이 뿌리를 내리고 성장할 것인데, 그럴 수 있는 단계가 아니다.

아모레퍼시픽 회사 불국 지사장 같은 사람들이 내가 하는 학문에는 아직 없어 출현할 것을 기대한다. 공저자로 참여하는 동학들이 온 세계에 있으면 얼마나 좋을까? 천 리 길도 한 걸음부터라고 했다. 외국에서 유학 온 학생들을 잘 가르치는 것이 선결과제이다.

진실은 소문이 나지 않아도 전해져, 세상이 더 좋아지게 한다. 낙관적인 기대를 가지고 인류 전체를 위한 농사를 더욱 열심히 짓자. 곧 날이 저물 것을 염려하지 말고, 아직 시간이 남은 것을 축복으로 여기자.

방
언
찰

이
야
기

1995년 2월에 沖繩(오키나와)를 여행했다. 그 당시 일본 동경대학 객원교수로 있으면서 '한국문학사와 동아시아문학사'라는 강의를 하나 하는 것 외에 다른 일이 없어서, 책을 읽고 여행을 하면서 일본에 대한 공부에 힘썼다. 동경에서 비행기를 타고 가면서 알고 싶은 것이 많아 기대에 부풀었다.

그곳은 일본과 대만 사이에 있는 여러 섬이다. 총면적 4,642평방킬로미터이고 인구는 150만쯤 된다. 중심도시 那覇(나하)에 공항이 있다.

琉球(류큐)라고 하던 독립국을, 일본이 1609년에 침공해 附庸國(부용국)으로 삼고, 1879년에는 합병해 沖繩縣(오키나와켄)을 만들었다. 1945년에는 미군이 점령해 琉球政府(유구정부)를 만들어 통치하다가, 1972년 일본으로 귀속되어 다시 沖繩縣이 되었다.

이런 역사를 알고 琉球(류큐)와 沖繩(오키나와)라는 두 명칭을 가려서 쓸 필요가 있다. 琉球(류큐, 류추)는 한자어이므로 한자를 밖에

다 적었다. '류큐'는 일본음이고, '류추'는 현지음이다. '우치나아' (Uchinaa)라는 고유어 이름도 있어 '沖繩'이라고 표기한 것을 일본어로는 '오키나와'로 읽어 공식 명칭으로 사용한다. '琉球'는 유구한 내력을 가진 독립국을, '沖繩'는 일본의 일부임을 강조해 말하는 명칭이다. 나는 이 가운데 '琉球'를 사용하고 '유구'라는 우리 음으로 읽기로 한다.

나하에 도착해 도심지 호텔에서 여장을 풀고 시가지 구경을 나갔다. 나하는 인구 30만 정도 되는 도시인데, 삭막하다는 느낌이 들었다. 시가지 중간에 미군 기지가 있고 미군 물품 파는 가게가 이어진 것이 한국의 기지촌 동두천 같았다. 오키나와는 한국의 제주도와 비슷하다고 생각될 수 있으나, 많이 다르다. 제주도는 소득이 높고 물가가 비싼 곳인데, 오키나와는 소득이 낮고 물가가 싼 곳이다.

유구왕국은 1372년부터 명나라의 책봉을 받았다. 이것은 유구가 독립국임을 공인한 처사이다. 조선이나 일본은 그 사실을 그대로 받아들여, 유구와 국교를 맺는 별도의 절차가 필요하지 않았다. 명나라는 유구의 내정을 간섭하지 않았으며, 조공 무역을 통해서 유구에게 이익을 주었다. 유구는 명나라에 사신을 가장 빈번하게 파견하는 특권을 얻어 나라가 번영하는 기틀을 마련했다. 명나라의 물품을 가져다가 동남아시아 여러 나라에 팔고, 동남아시아 여러 나라의 특산을 명나라에 공급하는 중계무역을 해서 막대한 이익을 남겼다. 그 시절이 유구 역사의 황금시대였다.

유구 왕국에서 1458년에 만들어 왕궁에 건 종이 지금은 유구박물관에 전시되어 있다. 종 자체에는 이름이 없어 銘文에 있는 말을 따서 〈萬國津梁鐘〉(만국진량종)이라고 하는 그 종은 동아시아에서 유구가 차지하는 위치에 대한 인식을 잘 나타내준다. 서두에서 한 말을 들어보자. "琉球國者 南海勝地 而鐘三韓之秀 以大明爲輔車 以日域爲脣齒"(유구국이라는 곳은 남해의 승지이니, 삼한의 빼어남을 모으고, 대명으로 輔車를 삼고, 日域으로 脣齒를 삼는다)고 했다.

三韓(한국)·大明(중국)·日域(일본)과는 특별한 관계에 있다고 밝히면서, 한국을 가장 먼저 들었다. 중국의 책봉을 받는다는 말은 하지 않았다. 한국에서는 정신문화가 빼어난 것을 뭉쳐서 가져가고, 중국 및 일본과는 輔車(보거, 수레의 덧방나무와 바퀴), 脣齒(순치, 입술과 이)에다 견줄 수 있는 긴밀한 유대를 맺고 있다고 했다.

그 무렵 유구왕국은 한국의 조선왕조와 친밀한 관계를 가졌다. 《조선왕조실록》성종 10년(1479) 6월 22일조에 다음과 같은 기사가 있다.

유구 국왕 尙德(상덕)이 사신을 보내어 와서 빙례를 올렸다. 그 書契(서계)에서 일렀다. "삼가 생각하건대 천지가 개벽한 이래로 측은히 여기시고 자애로우심이 사해에 떨치며, 임금은 성스럽고 신하는 현명하여 유풍과 선정이 八荒(팔황)에 퍼지므로, 가까이 있는 자는 은혜에 흠뻑 젖어서 기뻐하고 멀리 있는 자는 풍화(風化)를 듣고 우러러 사모합니다. 成化(성화) 14년 여름 5월에 귀국의 서민이 표류해 저희 나라 남쪽 한 모퉁이에 이른 자가 7인이었습니다. 그곳 사람이 나라에 데리고 온 자는 3인이고, 그 나머지 4인은 병이 나서 머무르면서 기다린다고 했습니다. 일본국 博多(박다)의 상선이 저희 나라 연안에 닿았는데,

선주는 新四郎(신사랑) 左衛門四郎(좌위문사랑)입니다. 그 사람들에게
3인을 귀국으로 데리고 가서 돌려보내라고 명했더니, 3인이 함께 기뻐
하면서 돌아가게 해 줄 것을 원했습니다… 寡人(과인)이 바라는 바는
大藏經(대장경) 1부와 면주 목면 약간 필이며, 삼가 드리는 토산물은 別
幅(별폭)에 갖춥니다. 惶懼(황구)하고 瞻仰(첨앙)함을 금할 수 없으며,
늦더위가 아직 남았으니 보중하시기를 빌면서 이만 줄입니다…(토산품
목록 생략)

조선왕조를 칭송하면서 흠모한다는 말을 먼저 했다. 유구로 표류
한 사람들이 있어 일본 선편으로 돌려보낸다고 말을 이었다. 토산물
을 바치면서 대장경을 원한다고 했다. 그때 대장경을 주어 감사를 표
시하는 기념 전각을 세웠다. 한국에서 가져간 것이 그밖에도 더 있다.
한국에서 배워갔다는 도자기가 일본 것과 아주 다르다. 국왕의 궁전
을 본떠서 지은 것은 더욱 주목할 만하다.

제2차 세계대전 때 일본군이 군사기지로 삼은 首里(슈리) 王城(왕
성)을 미군이 폭격해 전소되었다. 1992년에 복원하면서 원래 모형으
로 삼았던 서울 창덕궁을 실측해 이용했다고 현장에서 틀어주는 영
상물에서 설명했다. 유구 국왕은 정전에 나와 앉아 신하들의 조회를
받는 것이 한국과 같고 일본과는 달랐다. 일본의 통치자는 겹겹의 밀
실에 은신하고, 모습을 드러내 조회를 받지 않았다.

이런 유구국이 일본의 침공을 받은 것은 우리와 연관이 있다. 일
본이 임진왜란을 일으키면서 원병을 청하니 유구가 응하지 않았다.
이에 대한 책임을 묻는다면서 1609년에 일본이 유구를 침공해 국왕

을 잡아가 항복을 받았다. 우리는 이겨낸 임진왜란의 여파가 유구를 비참하게 만들었다.

그 뒤에 유구는 명목상 독립국이고 실제로는 일본의 간섭을 받는 이른바 부용국이 되었다. 명목상 독립국을 남겨둔 것은 중국과의 책봉관계를 유지해 얻는 경제적인 이익을 일본이 가로채고자 했기 때문이다. 일본인 상인들은 유구에서 상권을 장악하고, 유구 상인들의 일본 출입은 금지했다.

오늘날 유구 역사가들은 역사를 실상대로 서술하는 자유를 누리지 못한다. 그래도 알릴 것은 알리기 위해 가능한 노력을 한다. 중국과의 책봉관계를 온전하게 지속하던 시기의 번영이 일본의 간섭을 받으면서 사라진 것을 아쉬워한다.

일본이 1879년에 유구를, 1910년에 조선을 합병한 것은 시차가 있지만 이어진 사건이다. 근대 일본의 침략을 받고 유구와 조선은 식민지가 되는 불운을 함께 겪었다. 두 나라 다 1945년에 제2차 세계대전이 끝날 때 일본의 지배에서 벗어나 미국의 통치를 받게 되어 또다시 공동운명체가 되었다. 우리는 1948년에 독립을 하고, 유구는 1972년에 다시 일본에 합병되었다.

미국은 유구를 일본에서 분리하고자 했다. 일본의 식민지 시대에는 없던 대학을 1950년에 세워 琉球大學(유구대학)이라고 했다. 1952년에는 유구정부를 만들어 간접적으로 통치했다. 미국은 유구를 미국 영향하의 독립국으로 만들려고 했으며, 유구인들은 완전한 독립을 원했다.

그런데 미국 군용기들이 유구 기지를 이용해 월남으로 출격하는 것은 저지하려는 운동이 일어나 사정이 달라졌다. 미국의 전투력을 줄이기 위해 유구를 일본으로 되돌려야 한다고, 미국 국내 및 세계 도처의 반전론자들이 외쳤다. 그 때문에 미국은 유구 독립계획을 포기하고 1972년에 유구를 일본에 넘겼다.

일본에게 복속되어 부용국이 된 시기에 유구의 주체성을 선양하고자 해서 《中山世鑑》(중산세감, 1650)·《中山世譜》(중산세보, 1701)·《球陽》(구양, 1745)이라는 이름의 국사서를 거듭 내놓았다. 서두에 민족의 유래와 건국의 내력에 관한 전승을 수록했다.

《中山世鑑》에서는 최초의 신 日神(일신)과 天帝(천제)가 천지를 창조했다고 했다. 《中山世譜》에서는 천지가 분화되고, 대홍수가 일어났으며, 홍수 후에 남녀가 생존해서 인류의 시조가 되었다고 했다. 天帝子(천제자) 세 아들이 등장해서, 장남은 국왕 天孫氏(천손씨), 차남은 安司(안사), 삼남은 백성, 장녀와 차녀는 神職(신직)을 맡았다고 했다. 국토 구분, 수렵과 농업 시작, 주거와 음식 마련에 관해 기술했다. 君眞物(긴마모노)라는 신이 출현해서, 나쁜 사람의 행실을 국왕에게 고했다고 했다.

天孫氏의 시대가 17,000년 이상 계속된 다음에 등장한 그 다음의 군주 英祖王(영조왕)은 어머니가 해가 품에 드는 꿈을 꾸고 임신했다고 했다. 새 왕조를 연 察度王(찰도왕)은 하늘에서 내려온 선녀를 아내로 삼은 나무꾼의 자식이라고 했다. 거기까지가 신화시대이다. 그 다음에 역사시대가 시작되어, 제1 尙氏왕조가 들어서서 유구 통일을 이룩해 명나라의 책봉을 받고, 萬國津梁鐘을 만들었다.

제2 尙氏(상씨)왕조가 그 뒤를 잇는 동안에 일본의 침공을 받고 부용국이 되었다. 그 시기에도 蔡溫(채온, 사이온, 1682-1761)이라는 학자 정치인은 일본의 간섭을 받고 있는 나라를 일으킬 수 있는 방법을, 세상을 구하는 근본이치를 바로잡는 과업과 함께 수행하고자 분투했다. 《圖治要傳》(도치요전)에서 "무릇 나라는 밖으로 두려워할 것이 없으면 반드시 안에서 근심이 생기고, 밖으로 두려워할 것이 있으면 반드시 안에는 근심이 없다"(夫國者 外旣無畏 內必生憂 外旣有畏 內必無憂)고 했다. 일본의 위협을 받고 있는 시련 덕분에 유구는 안으로는 근심이 없는 나라이기를 바라고, 백성을 존중해 상하가 단합하게 하는 이상적인 정치를 하는 방도를 제시했다.

《簑翁片言》(사옹편언)이라는 책은 제목이 "도롱이를 쓴 노인이 단편적으로 한 말"이라고 한 것이다. 도롱이를 썼다는 것은 초야에 묻혀 있다는 뜻도 있고, 능력을 감추고 있다는 뜻도 있다. 농민이면서 도사이고, 어리석은 것 같으면서 지혜로운 노인이 유학이나 불교에서 말하는 것 이상으로 크고 높은 깨달음을 얻었음을 알려주었다.

유구어는 일본에서는 일본어의 한 방언이라고 하지만 사실이 아니고, 독립된 언어이다. 일본어와 소통이 되지 않는다. 아직 사용되지만 없어질 위험이 있다. 유구어 출판물은 얼마나 있는지 서점을 뒤져보니 민요와 속담을 수집해 원문으로 적고 일본어로 풀이한 것이 고작이었다.

유구어문학의 대표적인 고전은 궁중무가집이다. '聞得大君'(기코에오키미)라고 일컬어지는 여성 國巫(국무)가 노래하는 나라의 무가가 오래전부터 있었는데, 《오모로사우시》(おもろさうし)라고 하는 노래책을 만들었다. 1532년부터 시작해 백 년 가까이 되는 기간 동안 모두 22권으로 편찬했다. 수록된 노래는 1,554편이고, 중복된 것을 빼면

1,248편이다.

구전되던 자료를 정리하고 정착시키면서 고유 문자가 없어 일본 문자 假名(가나)를 이용했으나, 일본문학과는 전혀 다른 유구의 민족 문학이다. 英祖나 察度를 민족의 영웅으로 칭송하고, 尙氏왕조의 당대 국왕을 받들었다. 민족의 자부심을 뽐내는 영웅이 옛적에만 있지 않고, 후대의 국왕이 그 일을 맡고 있다는 것이 한층 긴요한 일이라고 했다. 일본에 복속된 뒤에도 주체성을 선양하고자 하는 의지를 나타냈다.

유구인들은 독립을 열망하고 있다. 독립운동이 계속되고 있다. 독립국의 국호는 琉球共和國(유구공화국, Republic of the Ryukyus)이라고 하자고 한다. 유구공화국의 헌법 초안도 발표되었다. 언어에 관한 조항이 있어 유심히 살피니, 유구공화국은 유구어와 일본어를 이중의 공용어로 사용한다고 했다.(http://blog.naver.com/yufei21/60153568054를 치면 독립 유구공화국 국기와 화폐를 볼 수 있다. 화폐에 蔡溫의 초상화가 있다.)

유구에서 지방 여행을 하다가 박물관에 들러 '方言札'(방언찰)이라는 글자가 쓰여 있는 나무 패찰을 보고 큰 충격을 받았다. 1945년 이전 학생들이 일본어가 아닌 유구어를 말하면 이 패찰을 목에 걸었다고 설명되어 있었다. 더 알아본 바로는, 이 패찰을 목에 걸고 있는 수모에서 벗어나려면 다른 학생이 유구어를 사용하는 것을 발견하고 패찰을 그 학생 목에 옮겨 걸어야 했다고 한다. 그 패찰을 목에 걸고 있는 학생은 벌을 받았다.

방언찰은 영국이 웨일스에서 하던 짓을 본떠서 만들었다. 인터넷의《위키피디아》(*Wikipedia*)에서 다음과 같은 사실을 확인할 수 있다.

웨일스 표식 또는 웨일스 표찰이라는 것이 19세기나 20세기 초에 아동들이 웨일스어를 사용하지 못하게 하고, 사용하면 벌을 주는 데 이용되었다. 나무 막대기에 "WN"이라고 새긴 것을 학교에서 웨일스어를 사용하는 아동 목에 걸었다. 그것을 다른 아동이 웨일스어를 말하면 그 아이 목에 옮겨 걸도록 했다. 하루 일과가 끝날 때 그것이 목에 걸린 아동은 벌을 받았다.

패찰을 만들어 목에 걸게 하고, 벌을 주는 방식은 일본과 같다. 그런데 영국에서는 웨일스어를 독립된 언어로 인정하고 사용하지 못하게 했는데, 일본에서는 유구어를 方言이라고 했다. 方言을 사용하면 벌을 주는 것은 있을 수 없는 일이니, 유구인은 이중의 박해를 받았다. 웨일스어 사용자 목에 건 패찰에는 "WN"라고 하는 말만 쓰여 있어 무슨 뜻인지 알기 어려운데, 方言札이라는 것은 분명해서 더욱 창피스럽다.

인터넷《위키피디아 백과사전》의 〈웨일스어〉(Welsh language)와 유구 여러 언어(Rukuan languages)를 참고해 두 언어의 현황을 알아보자.

웨일스는 영국의 중심지 잉글랜드 서쪽에 바로 인접해 있는 곳이다. 독립국이었다가 1282년에 영국에 합병되었다. 2만 제곱미터쯤 되는 면적에 300만쯤 되는 사람들이 살고 있다. 영국은 웨일스를 통치하면서 웨일스어를 없애려고 끈덕지게 노력했으나 실패했다. 웨일스어는 탄압에 맞서서 싸워, 없어지지 않고 살아남았다. 영어가 세계를 휩쓸어 다른 언어는 살아남지 못하리라고 하는 비관론을 잠재우는 방파제 노릇을 웨일스어가 담당하고 있다. 우리말을 버리고 영어를 공용어로 하자는 주장을 비판하는 《영어를 공용어로 하자는 망상》 (2001)에서 이 사실을 중요한 논거의 하나로 삼았다.

탄압을 이겨내고 웨일스어가 살아난 경과를 보자. 1962년에 웨일 스어학회가 결성되어 웨일스어를 표준화하는 작업을 진행했다. 1967 년에 영어와 함께 웨일스어를 공용어로 하는 법이 제정되었다. 2011 년의 조사에 의하면, 웨일스인 19%(562,000인)가 웨일스어를 말할 수 있고, 15%(431,000인)는 웨일스어를 읽고 쓸 수도 있다고 했다.

1993년부터 2011년까지 웨일스어를 영어와 함께 공용어로 사용 하고 학교에서 가르치는 조치가 단계적으로 이루어져, 지금은 20%의 학생들이 웨일스어로 수업하는 학교에 다니고, 영어로 수업하는 학교 에 다니는 학생들도 웨일스어를 제2의 언어로 배운다고 한다. 웨일스 의 모든 대학에 웨일스어 전공이 있다고 한다. 웨일스어를 하는 사람 은 취업에서 유리하다고 한다.

세계 도처 웬만한 언어는 영어의 위세에 눌려 모두 없어지리라는 비관론이 있다. 우리말도 그 가운데 하나이니 지키려고 하지 말고 영 어를 공용어로 하자는 주장이 있어 《영어를 공용어로 하자는 망상》 에서 나무랐다. 영어가 세계를 휩쓸게 되리라는 전망이 허위임을 7백 년 이상 영어 사용을 강요당하고도 자기 언어를 지킨 웨일스인이 입 증한다.

유구어는 사정이 웨일스어보다 나쁘다. 탄압을 견디지 못하고 거 의 없어질 지경에 이르렀으며, 반격을 할 수 있는 힘이 모자란다. 일본인들은 유구어가 일본어의 방언이라고 하고, 독립된 언어로 인정하지 않는다. 표준화가 이루어지지 않고, 유구열도 여러 곳에서 차이가 많은 언어를 사용해 유구 여러 언어(Rukuan languages)라고 일컬어야 할 형편이다.

조사가 이루어지지 않아 유구어 사용자 수가 얼마나 되는지 알수 없다. 50대 이상의 일부가 유구어를 하고, 할아버지와 함께 사는 아이들만 유구어를 익힌다고 한다. 일본어와 유구어를 섞어 쓰는 사람들은 더 많다고 한다. 1960년에는 수리 지방의 말로 뉴스를 하는 방송이 시작되었다. 2006년에 沖繩縣에서 "섬 말의 날"(しまくとぅば の日)을 제정해 유구어를 이어나가려고 노력하고 있다. 유구어 학교 교육은 이루어지지 않고 있다.

영국이 웨일스에서 한 방식을 본떠서 만든 方言札을 이용해 일본은 유구인의 모국어를 거의 말살했다. 선생인 영국은 하지 못한 일을 제자인 일본은 해치웠다. 차이가 생긴 이유는 웨일스인이 유구인보다 더욱 완강하게 저항했거나 일본이 영국보다 더욱 악랄했기 때문일 것이다.

웨일스가 영국에게 복속되어 주권을 잃은 것은 7백여 년 전의 일이다. 그때부터 영국의 왕위 계승자 왕세자는 "Prince of Wales"(웨일스公)이라는 호칭을 사용하면서 웨일스 임금 노릇을 한다고 해왔다. 웨일스의 왕위를 없애지는 않고 이어온다고 하면서 민심을 달래려고 한 처사이다. 웨일스 사람들은 그 때문에 치를 떤다. 비판하고 풍자하는 시를 거듭 지었다. 이것이 웨일스인의 저항이 더욱 완강한 증거이다.

일본이 영국보다 더욱 악랄한 증거는 많이 있으나 하나만 든다. 제2차 세계대전이 막바지에 이르러 미군의 유구 상륙이 임박했을 때의 일이다. 유구를 점령하고 있던 일본군은 유구의 어린 학생들, 그것도 여학생들에게 미군이 상륙하면 참을 수 없는 모멸을 당할 터이니 자살을 하라고 했다. 이 말을 듣고 집단 자살을 한 시신이 도처에 있었다고 한다. 자살을 할 때에는 "天皇陛下 萬歲"(덴노헤이카 반자이)를 불렀을 것이다.

일본이 식민지 조선에서도 방언찰을 사용했는가? 이에 대해 아무 기록도, 조사한 자료도 없다. 일제 강점기에 초등학생이었던 분들에게 물어볼 수밖에 없었다.

1932년생이고, 1938-1943년 안동에서 초등학교에 다닌 김용직 교수가 기억을 더듬어 소중한 자료를 제공했다. 교사가 아침에 교사가 학생들에게 일정한 수의 딱지를 나누어주고, 조선말을 하는 학생이 있으면 가지고 있는 딱지를 빼앗으라고 했다. 저녁 때 교사가 조사해보고, 딱지를 많이 가진 학생은 상을 주고, 딱지를 적게 가진 학생은 벌을 주었다고 했다.

이 방법이 전국에서 널리 사용되었는지 확인하는 조사가 있어야 한다. 이 말을 듣고 불어학자 홍재성 교수는 불국에서도 불어가 아닌 다른 언어를 사용하는 학생들을 이 방법을 사용해 응징했다고 했다. 이에 관한 확인도 필요하다.

딱지를 사용하는 방법은 방언찰을 목에 거는 것보다 징벌의 정도가 덜 심하다. 딱지는 몸에 지니고 있어 목에 거는 패찰처럼 드러나지 않는다. 유구에서는 패찰을 사용한 일본이 왜 조선에서는 딱지를 선택했을까? 이 의문을 풀어야 한다. 조선 사람을 두렵게 여겨 지나친 억압은 하지 않았던가? 다른 이유가 있어야 한다.

일제는 우리말을 말살하고 일본어만 쓰게 한 것으로 알고 있다. 일본어를 쓰려면 배워야 하고 배우려면 학교를 다녀야 했다. 그런데도 초등학교 입학을 제한했다. 입학생을 엄선한다는 이유를 내세워 구두시험을 실시했다. 예측할 수 없는 질문을 하고 터무니없는 평가를 해서 지원자들을 낙방시켰다.

2000년 전후의 어느 때의 일이다. 서울대학교 인문대학 교수 휴게실에서 몇 살 연상인 교수 몇 분이 일생을 회고하면서 초등학교 입학시험에 합격해 교육을 받을 수 있게 된 것이 최대의 행운이었다는 말을 주고받는 것을 들었다. 당락을 예상할 수 없고, 능력 평가와는 무관한 초등학교 입학시험에 합격한 것은 행운이라는 말 이외의 다른 말로 설명할 수 없다고 했다. 초등학교에 입학한 덕분에 상급학교 진학하는 능력을 발휘해 마침내 교수가 되었다고 했다.

일제는 조선 사람은 모두 조선어를 버리고 일본어를 사용하도록 한 것은 아니다. 교육의 기회를 제한하니 일본어 사용자가 대폭 늘어나지 않았다. 1941년에 이르러서야 그 수가 전 인구의 16.61%에 이르렀다고 조선총독부 통계에 나타나 있다.

사정이 이렇기 때문에 조선어는 버리고 일본어만 사용하라고 할 수 없었다. 조선인이 내는 조선어 신문이나 잡지는 탄압을 일삼다가 없애고서, 조선총독부의 두 기관지 《每日申報》(매일신보)라는 신문, 《朝鮮》(조선)이라는 잡지는 조선어판을 계속 내고, 京城放送(경성방송)에서 일본어와 조선어를 같은 비중으로 사용했다. 친일연극은 조선어로 창작해 공연하게 했다.

조선인이 누구나 일본어를 사용하게 하려는 것은 아니었다. 조선인을 일본어 사용자와 조선어 사용자로 갈라놓고자 했다. 학교에 입학해 일본어를 공부하는 학생들은 학교에서는 물론 집에서는 일본어만 사용하도록 하고, 國語常用(국어상용)이라는 팻말을 대문에 붙여주었다. 소수의 일본어 상용자가 우월감을 가지고 조선어 밖에 모르는 다수 위에 군림하도록 했다.

영국은 웨일스인이 웨일스어를 버리고 영어만 사용해 영국인이되기를 바랐다. 일본도 유구인이 유구어를 버리고 일본어만 사용해 일본인이 되기를 바랐다. 그러나 조선인은 일본어만 사용해 일본인이되기를 바란 것은 아니다. 일본어를 상용하는 소수의 조선인이 우월감을 가지고 다수의 조선인 위에 군림하면서, 식민지 통치를 위한 하수인 노릇을 하기를 바랐다. 조선어는 무식꾼의 언어라고 평가가 절하되어야 그럴 수 있었다. 재래의 교육기관인 서당은 폐쇄하고, 학교교육은 극도로 제한해 대다수의 조선인이 무식꾼이게 해야 조선어는 무식꾼의 언어일 수 있었다.

불국이 아프리카의 마다가스카르에서 편 언어 정책을 살펴보면 일본이 조선에서 무엇을 하려고 했는지 선명하게 이해할 수 있다. 이에 관해《세계문학사의 전개》(2002)에서 서술한 내용을 손질해 옮긴다. 자료 출처에 관한 각주는 그쪽으로 미룬다.

마다가스카르의 말라가시어는 식민지 통치자의 책동을 물리치고 되살아나 국어의 위치를 확립한 언어의 좋은 본보기이다. 그럴 수 있었던 것은 식민지가 되기 전에 이미 국어를 마련한 유산이 있었기 때문이다. 18세기에 성립된 통일왕조에서 말라가시어로 국사를 편찬하기까지 했다. 19세기 초에는 아랍문자를 버리고 로마자를 사용하기 시작했다. 말라가시어를 교육의 언어로 사용해서 의학이나 자연과학까지 가르칠 수 있을 정도에 이르러, 국어의 위치를 확립할 수 있게 했다.

불국은 1895년부터 식민지통치를 하면서 마다가스카르의 민족어를 파괴하고 불어 사용을 이식하고자 했다. 불국 식민지로 삼은 다른 곳 가령 월남에서는 하지 못한 일을 마다가스카르에서는 강행한 것은 저항이 약해 성사 가능하다고 판단했기 때문일 것이다. 독립국이었던 시절에 이룩한 언어문화의 발전을 파괴하고, 재래의 학교는 폐쇄했다. 언어 통일 와해시키려고 국어가 아닌 한 방언을 서사어로 삼아, 학교에서는 가르치지 않고 무식꾼의 언어임을 보여주기나 했으며, 불어를 모르는 사람들에게 식민지 당국의 명령을 전하는 데나 썼다.

모든 사람이 불어를 쓰도록 한 것은 아니다. 불어를 잘 익혀 상용화는 특수층은 '불국 시민'으로 인정되어, 무지하고 미천한 '원주민' 동족들을 멸시하면서 통제하게 했다. 학교에서 말라가시어, 마다가스카르의 역사와 지리를 가르치지 못하게 했다. 식민지 당국이 세원 학교에서 '불국 시민'이 되기 위한 불어 교육을 받고, 불국의 제도에 의한 대학입학 자격시험에 합격하는 것을 최고의 목표로 삼도록 했다.

그런 상황에서도 저항이 계속되었다. 말라가시어로 창작을 하면서 민족문화를 지키는 라마난토아니아(Ramanantoania) 같은 작자가 나타나서 다음 시대를 준비했다. 라베아리벨로(Rabearivelo)는 불어 작품을 더 많이 썼기 때문에 비난받고 자결한 사람인데, 〈꿈만 같다〉(Saiky

nofy)라는 말라가시어 시에서 민족해방의 소망을 다음과 같이 노래
했다.

> 깔고 누울 짚조차도 없는 거지도,
> 옷이라고는 자기 살갗뿐인 먼지 구덩이 속의 포로도,
> 둥지를 잃은 새들도
> 모두 해방될 것이다.

마다가스카르가 독립한 뒤에 '불국 시민'의 불어를 버리고, '원주
민'의 말라가시어를 국어로 삼고, 말라가시어로 문학활동을 하게 된
것은 당연한 일이다. 불국 식민지가 되기 전에 이미 축적해놓고, 식민
지통치에 맞서서 지켜온 역량이 있어서 그럴 수 있었다. 불국의 통치
를 거치면서 말라가시어 글쓰기를 시작하고 문자문명에 참가해서 전
환이 가능했던 것은 결코 아니다.

일본은 조선어도 말라가시어처럼 무식꾼의 언어라고 평가를 절
하해 식민지 통치를 뜻한 대로 하려고 했다. 그러나 말라가시어도 조
선어도 무식꾼의 언어가 아니었다. 우열에 관한 논란을 벌일 필요가
없었다.

김소월,《진달래꽃》(1925); 한용운,《님의 침묵》(1926) 같은 시집
이 출판되어 조선어로 이루어지는 사고와 표현이 어느 수준인지 분
명하게 드러났다. 오랜 내력을 가진 문학의 유산을 찾아 체계적으로
정리하고 평가하는 작업이 어느 수준인지 조윤제,《朝鮮詩歌史綱》(조
선시가사강, 1937)에서 잘 보여주었다. 표준말을 사정하고, 맞춤법을 통

일하고, 사전을 편찬하는 작업을 줄기차게 진행했다.

사태가 이렇게 전개되자 조선어는 무식꾼의 언어라고 평가를 절하하는 것을 전제로 추진된 시책이 그대로 시행되지 못하고 궤도 수정이 불가피해졌다. 일본어를 하는 유식한 조선인이 조선말이나 하는 무식한 조선인 위에 군림하도록 하는 것이 유익하지 않고 가능하지도 않은 줄 알고, 조선인은 모두 일본어를 사용하는 일본인이 되게 하는 쪽으로 방향을 바꾸었다. 대외적인 침략전쟁을 시작하면서 조선인의 역량 동원이 절대적으로 요망되었다.

그런데 문제는 교육이었다. 일본어를 가르쳐 일본인을 만들려면 조선인에게 학교교육을 시켜야 했다. 식민지 통치의 자기모순 때문에, 국민학교라고 일컬은 초등학교 의무교육을 조선인에게도 실시하지 않을 수 없었다. 이 시책은 실시되지 못하고, 1945년에 일본은 패전하고 우리는 해방을 맞이했다.

일제 강점기에 학교를 다닌 분들은 말은 우리말을 해도 글을 읽고 쓰는 것은 일본어로 했다. 광복 후에 말은 하던 대로 했으나, 글을 읽고 쓰는 것은 일본에서 우리말로 바꾸는 데 적지 않은 시간이 필요했다. 이에 관한 연구는 누가 하지 않았으므로, 들은 말로 증거를 삼아야 한다.

은사 한 분은 일본어보다 우리말로 글을 쓰는 것이 더 편해지기까지 10년이 소요되었다고 했다. 가까이 지내는 선배는 우리말 글 읽고 쓰기를 가르치는 교수 노릇을 평생 했어도 노년이 되어 눈이 아프니 일본어 책만 읽힌다고 고백했다. 일본어 때문에 상처를 받지 않고 처음부터 우리말 교육을 받은 것이 얼마나 복된 일인지 은사나

선배들과 한자리에 앉아 이것저것 이야기를 할 때면 새삼스럽게 절 감한다.

나는 1939년에 태어나고 1946년에 초등학교에 입학했다. 일본어 교육은 받지 않고 처음부터 우리말 교육을 받은 첫 학년임을 언제나 자랑한다. 일본어는 나중에 공부해 잘 하지 못하는 것은 손해라고 할 수 있으나, 그렇지 않다. 외국어는 잘 하면 잘 할수록 열등의식이 더 커진다. 일본어를 잘 하기 때문에 일본에 대한 열등의식에서 벗어나지 못한다고 할 수 있다. 일본어뿐만 아니라 다른 어느 외국어도 마찬가지이다. 열등의식에서 벗어나려면 외국어를 여럿 해야 한다.

일본어를 하지 못하는 것이 한 이유가 되어 여러 외국어를 열심히 공부하게 되었다는 것도 말해야 한다. 몇 년 연상인 분들까지 일본어 번역으로 읽었다는 서양 책을 우리말 번역은 없으니 원문으로 읽어야 했다. 문학을 제대로 공부하자고 불문과에 입학하고, 영문과와 독문과 강의도 계속 수강했다.

일본에 가서 기회 있을 때마다 말했다. 나는 일본어를 배우지 않은 첫 학년이어서 서양에 대한 이해를 위해 일본책을 이용한 적 없다. 원문을 그대로 읽으면서 일본으로 가져올 때에는 제거하는 철학적 논란을 생생하게 체험했다.

일본어를 잘 하는 분들은 일본을 연구하려고 하지 않는데 일본어를 잘 하지 못하는 나는 겁 없이 나선다. 일본문학을 내 관점에서 다루어 동아시아문학론을 이룩하는 데 활용한다. 일본어가 모자라는 결함을 다른 여러 외국어로 보충해 일본을 멀리서 보고 비교해 분석할 수 있다.

나는 유구문학에 대해서도 힘자라는 대로 고찰하려고 했다.《동아시아구비서시의 양상과 변천》(1997)에서 유구에 구전되는 서사시를 살피고 《오모로사우시》를 자세하게 살폈다. 《동아시아문명론》(2010)에서는 유구문학의 전반적 특질을 밝혔다.

자기 고장의 산 이름을 따서 恩納岳(온나다케)라고 하는 필명을 사용한 18세기 전반기의 여류시인은 강력한 항거의 시를 썼다. 여성에게 가해지는 제약에 대해서 자유로운 사랑을 노래해서 맞서고, 유구인이 겪어야 하는 억압을 용납하지 않으려고 하는 애국적인 정열을 토로했다.

물결 소리도 멈추고,
바람 소리도 멈추고,
임금님의
모습을 뵙고 싶다.

나랏일을 걱정해야 할 처지에 있지 않아도 되는 여성이, 몇 마디 되지 않은 짧은 시에서 이렇게 노래한 것은 놀라운 일이다. 유구 국토 전체로 뻗어 있는 천지를 배경으로 해서 나라를 생각하고, 물결 소리와 바람 소리로 수난을 상징하면서 수난을 넘어서서 임금님의 얼굴을 우러르는 평화를 얻고 싶다고 했다.

《세계문학사의 전개》(2002)에서는 세계 전역의 문학을 다루어야 하므로 자리를 마련하기 어렵지만 웨일스문학에 대한 관심과 애정을 다음과 같이 나타냈다.

웨일스어의 장래는 어둡지 않다. 켈트어의 여러 갈래 가운데 웨일스어의 부활이 가장 낙관적이다. 자치만 누리는 상태에서도 1967년에 영어와 함께 웨일스어를 공용어로 하는 법이 제정되었다. 민족문화운동의 기수로 나선 작가들이 적극적인 활약을 해서 웨일스어문학은 소설, 희곡 등 여러 영역에서 살아 있으며, 시 창작이 더욱 활발하다. 민요에서 가져온 전통적 율격을 살리는 정형시를 민족어를 지키기 위한 정치적 투쟁의 도구로 삼는다. 오윈(Gerallt Lloyd Owen)은 〈명예롭지 못한 시〉(*Cerddi'r Cywilydd*)라는 시집에서, 7백 년 전에 빼앗은 웨일스의 왕위를 영국의 왕세자가 계승하는 행사를 통렬하게 비판했다.

유구 역사를 알아보다가 처지가 비슷한 웨일스에 대해서도 깊은 이해를 하고, 마다가스카르의 경우도 다룬 적 있다. 비교고찰을 확대해 식민지 지배의 폐해를 세계적인 범위에서 고발하는 연구를 할 필요가 있다. 한국의 경우도 당연히 포함시켜 다루어야 하는데, 식민지통치의 여파로 남북이 분단되어 남다른 폐해가 있어 특별한 고찰이 필요하다.

현지 일본 관광회사의 하루 관광에 참가해 이곳저곳을 돌아보다가 놀라운 것을 발견하고 큰 충격을 받았다. 유구 최남단에 제2차 세계대전 말기 미군의 상륙으로 전투가 벌어져 희생된 군인과 민간인 이름을 국적에 따라 분류해 새겨놓은 慰靈(위령) 기념물이 있다. 기억이 분명하지 않아 인터넷에서 검색해보니, 2017년 6월 현재 적힌 이름 숫자가 유구 149,456, 일본 77,425, 미국 14,009, 영국 82, 대만 34, 대한민국 380, 조선민주주의인민공화국 82이다.

대한민국과 조선민주주의인민공화국이 나누어져 있다. 남북이 분단되기 전에 끌려가 죽은 사람들 이름을 분단 후의 국호에 따라 나누어 적었다. 어떻게 나누었는가? 명단을 대한민국대사관과 조총련에 보내 자기편을 골라내라고 했다고 한다. 양쪽에서 모두 자기편이라고 골라내지 않은 사람들의 이름은 새길 장소가 없어 공중에 떠돈다. 위령의 대상도 되지 못하는 孤魂(고혼)이다.

대한민국 380과 조선민주주의인민공화국 82를 보태면 총원이 462명이다. 끌려간 인원은 모두 1만 내지 2만 정도 되리라고 하니, 대부분은 신원이 파악되지 않았거나 남북 어느 쪽 사람으로 분류되지 않아 이름이 새겨져 있지 않다. 위령의 대상도 되지 못하는 고혼이 1만 이상 되어 엄청나게 많다.

남북이 분단되기 전에 세상을 떠난 고인의 이름을 남북 양쪽 비석 가운데 어느 한 쪽에 새긴 것은 전혀 부당한 처사이고, 분단의 고통을 더 키우려는 술책이다. 남북 양쪽 당국자가 고인의 소속을 선별해달라는 요청을 거부하고 모든 사람 이름을 한자리에 새겨달라고 했어야 한다. 무슨 기준으로 선별했는가? 출신 지역인가? 연고자의 소속인가? 사상 성향에 관한 추측인가?

어느 것이든 전혀 납득할 수 없는 기준이다. 납득할 수 없는 기준으로 부당하기 이를 데 없는 처사를 해서, 일본의 술책에 말려들었다. 남북 분단을 1945년 이전까지 소급시키고, 무소속의 고혼이 아주 많도록 한 것이 일본의 술책이다. 패전을 하고서도 가해를 멈추지 않는 일본에, 분단의식이 골수에 박힌 남북 양쪽의 당국자가 협조했다. 그래서 민족의 비극과 분단의 아픔을 더 키운 것을 용서할 수 없다.

경과가 잘못 되었다고 분개하고 규탄하면 할 일을 다 하는 것이 아니다. 쉴 곳을 찾지 못하고 원통하게 떠도는 혼령을 가슴 아프게 생각해 나는 慰靈文(위령문)을 짓는다.

　나라 잃은 백성이 되어 식민지 통치자의 채찍 아래에서 모진 고초를 겪다가, 싸움터에 내몰려 처참하게 목숨을 잃은 혼령들이시여! 이제는 조국이 하나도 아니고 둘이나 된다고 하는데, 그 어느 쪽 소속인지 확인되지 않는다는 이유에서 아직도 허공에 떠돌고 있는 혼령들이시여! 아버지·어머니 같은 육친들이시여!

　이곳 유구 전투에서 목숨을 잃은 모든 이들이, 적과 동지를 가리지 않고, 어느 편인지 묻지 않고, 유구인도 일본인도 대만인도, 미국인도 영국인도, 황인도 백인도 흑인도 모두 나란히 누워 다정한 이웃이 되어 영원한 안식을 함께 취하고 있는데, 오직 당신들만은 아직도 내려와 쉬지 못하고 높은 데서 울부짖고 있나이다.

　나는 당신들과 함께 통곡하면서, 통곡하지 않을 수 없는 사연을 모르고 있는 사람들에게 전하고자 합니다. 인류의 역사가 시작된 이래로 당신들보다 더 불행한 희생자가 있었던가요? 남북분단의 고통을 당신들만큼 뼈저리게 말하는 증인이 있는가요? 조국이 하나가 되어 그대들도 휴식할 곳을 얻을 날이 빨리 오기를 간절하게 염원하면서, 남북 어디서도 모르고 있는 기막힌 사연을 알리나이다.

중
심
이

없
어
야

'遊京三日平生京辭'(유경삼일평생경사)라는 말이 있다. "서울 가서 사흘 놀고 평생 서울말을 쓴다"는 뜻이다. 내가 어린 시절을 보낸 경북 영양 같은 외진 고장에는 '遊京'했다는 분이 드물게 있어 각별하게 존경하고, 조금은 낯선 말투로 전하는 서울 이야기를 경청하는 풍속이 있었다.

대구에서 고등학교를 다닐 때 선생님 한 분이 서울 갔다 왔다고 하면서 말끝마다 서울을 칭찬했다. 서울 학생들은 모두 모범생이므로 힘써 따르고 배워 촌스러움에서 벗어나야 한다고 했다. 서울에서 온 위풍당당한 교장 선생님은 大邱(대구)를 글자 그대로 "대:구"라고 길게 말해, 짧은 발음은 틀렸다고 여기도록 했다.

대학 입시를 치르려고 가서 서울역에 내릴 때 신문 따위를 내밀면서 사라고 하는 불량배에게 시달리는 통과의례를 호되게 치러야 했다. 입학시험장에 가니 서울 학생들이 작당해 시시덕거리면서 겁을 주었다. 입학한 뒤에 그 녀석들은 하나도 보이지 않았다. 겨우 안착을 했는데, 동급생 여학생이 대구를 "시굴"이라고 하는 말을 듣고 질렸다.

서울에서 10년 공부를 하면서 형편이 어려워 東家食西家宿(동가식서가숙)하는 신세이면서도, 불문학 학사, 국문학 학사, 국문학 석사를 하고, 국문학 박사과정에 입학했다. 그러는 동안에 서울의 허상이 무너졌다. 서울 학생들을 만만하게 여기게 되고, 서울이 대단치 않은 곳임을 알게 되었다. 나도 서울 사람이 되었기 때문에 그랬을 수 있다.

좋은 시절이어서 석사만으로 대구 계명대학 전임강사가 되었다. 불문학과 국문학을 둘 다 공부한 학력에 가산점이 붙은 것을 부인할 수 없었으나, 허세는 저리 가라고 하고 자세를 가다듬었다. 대구로의 귀환이 행운이라고 여기고 뿌리를 찾아 열심히 공부하겠다고 다짐했다. 고향 마을과 그 인근 지역에서 길쌈하면서 부르는 서사민요를 채록해 서울에 계속 머물렀더라면 시도하기 어려웠을 책을 써서 계명대학 출판부에서 냈다.

그때의 각성을 두고 한 말이 있다. "공부를 하려고 고향을 떠났는데, 공부란 다름이 아니라 고향에 돌아가기 위한 멀고 험한 길이라는 것을 알았다."《우리 문학과의 만남》이라는 책 〈민요의 고향에서 만난 사람들〉에다 적은 문구이다. 귀향에서 깨달음을 얻어 공부에서 학문으로 나아갔다.

계명대학에 간 지 얼마 되지 않은 1968년 여름 가까이 되었을 때였다. "학장이 내일 기차를 타고 서울 간다"는 말이 떠돌았다. 학장이 돌아다니면서 역에 나오지 말라고 했다. 선배 교수들에게 어떻게 해야 하는가 물으니, 그래도 나가야 했다. 이튿날, 동대구역이 생기기 전이어서 대구역에 나가 거의 전 교수가 모인 데 나도 끼어 학장이 잘 다녀오시라고 손을 흔들었다.

학장은 영문학을 공부한 기독교인이고, 선교사가 세운 대학을 이어받았다. 미국을 왕래하면서 원조를 받아 대학을 운영했다. 도서관에 학생을 위한 책만 사라고 하면서 "교수는 공부가 모자라면 미국에 가야지, 왜 여기서 공부를 하려고 하는가?"라고 했다. 그 당시에는 하늘의 별 따기 같은 행운을 얻어 미국 가는 사람은 최고의 선민이었다. 미국 유학을 하고 박사학위를 받은 사람이면 누구든지, 우러러 받들어 교수로 초빙하고 대학의 자랑으로 삼았다.

그분은 세상의 중심이 서울이 아니고 그 너머의 미국임을 알려주는 것을 교육의 사명으로 삼았다. 어느 날 나를 불러 과분한 혜택을 베풀겠다고 했다. "조선생은 우리 대학에서 큰일을 해야 하는데 미국에서 공부하지 않은 것이 결함이다." 서두를 이렇게 꺼내더니, 미국에 일년 가서 공부하도록 할 터이니 준비하라고 했다. 이에 대해 나는 즉시 대답했다. "미국 갈 생각이 없습니다." 무슨 이유인가 묻자, 대뜸 "국산품의 우수성을 입증해야 할 책임이 있기 때문입니다"라고 말했다. 그 뒤 오늘날까지 외국에 배우러 간 적은 없고 가르치러 가기만 했다.

국산품의 우수성을 입증하는 것이 내 학문의 내용이고 목표이다. 이 일을 국내에서 하면서 수입학을 창조학으로 바꾸어놓으려고 했을 뿐만 아니라, 유럽문명권 중심주의를 넘어서서 다시 정립한 문학의 일반이론을 세계 여러 곳에 가서 전했다. 중국·일본·불국에서는 상당 기간 머물면서 강의를 하고, 16개국에 가서 모두 48회의 학술발표를 했다.

洪大容(홍대용)이 이미 말했다. 중심과 주변, 內外(내외)의 구분은 상대적이다. 누구나 자기를 중심이라고 하고 다른 쪽은 주변이라고 하는 할 수 있어 서로 대등하다. 중심이라고 하는 쪽에 휘둘리지 말고, 자기 발견에서 새로운 보편적 원리를 찾으면 인류의 지혜를 키울수 있다. 중심을 없애는 것이 각성의 출발점이다.

　지금까지의 논의는 서론이고, 본론은 그림에 관해 말하는 것이다. 나는 고등학교 때 그림을 그리면서 화가가 되려고 하다가 부모님의 만류로 뜻을 이루지 못하고 문학을 대안으로 삼았다. 문학에서 창작을 하다가 평론으로 관심을 옮기고, 다시 연구로 방향을 바꾸고, 불문학을 접고 국문학을 전공해 교수 노릇을 했다. 정년퇴임하고 그림사랑을 되살렸다.

　국문학 교수를 하는 동안에도 그림을 잊지 못해 더러 그리고, 보는 것을 일삼으면서 많이 돌아다녔다. 외국에 갈 기회가 있으면 미술관을 찾아 그림 구경을 하는 일을 빼놓지 않았다. 그림을 터놓고 다시사랑한 다음에는 구경에도 더욱 열정을 쏟는다.

　그림을 그리는 것은 눈앞에 있는 대상을 화폭에 옮겨놓아, 자연과 소통하는 행위이다. 나는 이렇게 말한다. 그런데 문화의 중심이라는 곳에서 받아들인 선입견이 시야를 가리고 대상을 교체하도록 하는 차질이 자주 있었다. 그래서 자연과의 소통이 이미 있는 그림과의소통으로 바뀐다. 이런 잘못을 시정하려면 힘든 투쟁이 필요했다.

　유럽에서는 오랫동안 종교적인 전승에 따라 신이나 마귀, 천사나요정을 그리는 데 힘쓰고, 산수자연은 어두컴컴한 배경으로 밀어냈다. 산수자연을 전면에 내놓고 밝게 그린 동아시아 회화는 인류의 시야를 맑게 하는 공적이 있다. 중국 남쪽에서 이룩한 南宗山水畵(남종산수화)가 그 모범을 보여 감탄을 자아내고 높이 평가된다. 그런데 이것을 중심부의 권위를 입증하는 전범이라고 여기고 따르면서 觀念山

水(관념산수)를 그리는 폐해가 근래까지 이어졌다.

관념산수화의 으뜸은 江山無盡圖(강산무진도)이다. 奇怪險峻(기괴험준)한 강산이 끝없이 이어진 모습을 긴 두루마리 그림에다 그려 彼岸夢幻(피안몽환)인 듯이 바라보며 넋을 잃게 하는 그림이다. 그린 강산이 많을수록 두루마리가 길수록 감탄이 늘어나게 하는 과장법을 남용했다. 중국에서 일찍부터 즐겨 그려 전하는 작품이 많은 가운데 승려 화가 弘仁의 작품을 압권으로 친다. 物我一體(물아일체가) 대단한 경지라고 하다가, 강산은 무한하고 인생은 유한하다는 쪽으로 기울어져, 사람은 보잘것없는 존재이니 조심하고 겸손해야 한다는 것을 말해주는 극단에 이른 작품이다.

이런 강산무진도를 李寅文(이인문)이 따라 그렸다. 같은 그림을 그리고 같은 경치를 되풀이해 독창성이 없다고 나무라고 말 것은 아니다. 중국 산수를 본뜨고 우리 산수는 외면했다고 비판하는 것만으로는 모자란다. 강산은 무한하고 인생은 유한하다는 이분법이 더 큰 문제이다. 老莊(노장) 사상이 道敎(도교)라는 종교가 되어, 유한한 인생에서 벗어나 무한을 추구해야 한다고 하게 된 관념이 나타나 있어 청산의 대상이 되지 않을 수 없다.

鄭敾(정선)이 眞景山水(진경산수) 그리기를 선도한 것은 대단한 용단이고 획기적인 전환이다. 정선은 자기가 나고 자란 곳인 서울이 도시임을 자랑하지 않고, 인왕산이나 남산이 솟아 있고 한강이 흐르는 산수의 고장임을 알아차리고 화풍 혁신의 출발점을 마련했다. 멀리 나가 더 큰 발견을 하고, 金剛全圖(금강전도)에서 진경산수화가 어디까지 나아가는가 말해주었다.

이 대목에 金剛全圖 도판을 제시하는 것이 당연한데 생략한다.

세상이 좋아져 인터넷을 두드리면 아주 선명한 도판을 얼마든지 볼 수 있기 때문이다. 외국 그림에 관해 고찰할 때에도 이 점이 달라지지 않는다. 생소하게 여겨지는 화가라도 인터넷에서 그림을 쉽게 찾을 수 있으므로 안심하고 글을 쓴다.

정선의 그림을 자세하게 보고 깊이 소통해보자. 두루마리 그림은 없고 모두 적당한 크기이다. 낯설지 않은 산수가 가까이 있어 사람과 어울리는 벗이다. 조금 비뚤어지고 모습이 단정하지 않으며 잘못 그린 것 같아 긴장할 이유가 없다고 말해준다. 도사 같은 차림을 할 필요가 없고, 유식한 말을 하지 않아도 된다. 늘 가는 길을 가고, 자주 오르던 산을 오르는 것 같다. 금강산 일만이천 봉도 한눈에 보이면서 다정한 표정을 짓고 있다.

〈萬瀑洞〉(만폭동)을 보자. 산은 산대로, 바위는 바위대로, 나무는 나무대로, 물은 물대로, 사람은 사람대로 자기 흥취를 누리고 있다. 바람은 바람대로, 소리는 소리대로 자기 흥취를 누리고 있다는 말을 보탤 수 있다. 형체도 움직임도 각각이어서 어느 한 방향으로 모여지는 것이 없으며, 어느 한쪽에서 바라본 것도 아니다. 그 모든 것이 산중의 경치이고, 존재의 양상이고, 이치의 근본이다. 보는 사람의 식견만큼 깨달음이 심화되므로 江山無盡을 찾아 나설 필요가 없고, 어설픈 해설을 하는 것은 더욱 금물이다.

奇怪險峻(기괴험준)한 彼岸夢幻(피안몽환)에서 벗어나 閑美淸適(한미청적)한 此岸日常(차안일상)을 그렸다고 하면, 너무 관념적인 설명이다. 物我一體라는 말도 방해가 될 정도로 산수와 사람 사이에 간격이 없다. "산 절로 수 절로 산수간에 나도 절로"라는 것도 그리 적당하지 않다. "절로"라는 것을 의식하지 않고, 산수를 찾아 은거하겠다는 생각도 없기 때문이다. 산수가 일상적인 삶 자체이다. 산수가 일상적인 삶 자체인 것은 너무나도 평범한 사실인데, 관념의 벽을 깨야 드러나므로 대발견이 되었다.

정선이 중국 그림을 한국 그림으로 고쳐놓았다고 하면 평가가 낮아진다. 타락한 산수화를 진정한 산수화로 바꾸어놓은 것을 알고 평가해야 한다. 타락을 초래한 관념이 중심의 권위를 높인 것을 관념을 관념으로 타파하거나 중심을 바꾸는 방법을 사용하지 않고, 일상적인 삶 자체인 산수를 직접 그려 중심이 사라지게 했다.

유럽에서는 인상파 화가들이 오랜 관념을 타파하고 시야를 회복했다. 야외로 나가 햇빛을 받고 있는 산수자연을 직접 사생하는 혁명으로 그림을 살렸다. 그 주동자 모네(Claude Monet)가 해안 바위에 부딪치는 파도를 터뜨린 그림에서 생명이 약동한다. 들판에서는 바람이 살랑살랑 불면서 풀 향기를 실어 오는 것 같다. 그러다가 건초 더미에 집착해 빗나가기 시작했다. 세느강이나 정원 연못이 주위의 초목과 함께 흔들리는 모습을 거듭 그리면서 색채를 처바르는 붓놀림에 도취되어 추상화로 나아가는 길을 열었다. 산을 물체 덩어리로 만든 세잔느(Paul Cézanne)를 거쳐 야수파와 입체파가 나타나더니, 자연과 결별하고 추상화를 그리는 것이 일대 유행이 되었다.

인상파 이후의 유럽 미술은 중심부의 신사조라고 숭앙되어 세계 도처에서 역기능의 바람을 일으켰다. 자기 나라 그림을 버리고, 눈앞의 자연이라도 남의 안경을 통해 보아야 그릴 수 있게 되더니, 자연과의 결별을 이식하는 데 몰두하는 풍조가 나타났다. 서울 가보지도 않고 '遊京三日平生京辭'를 재탕하고, 다시 삼탕하는 판국이다.

내가 재직하다가 정년퇴임한 서울대학은 冠嶽山(관악산) 연봉을 뒤에 두르고 있는 것이 자랑스럽다. 그런데 어느 해 미술대학 졸업 미전을 가보니 관악산은 그림자조차 없었다. 산수는 모두 추방하고, 어떤 풍경도 그리지 않으면서, 괴이한 형체나 색채로 전시장을 가득 메워 숨 막히게 했다. 山紫水明(산자수명)한 배움의 터전을 파리나 뉴욕 뒷골목 악취 풍기는 시궁창으로 만들지 못해 안달이었다.

《인상파와 북방》(*Impressionism and the North*)이라는 책이 지금 내 앞에 있다. 2003년에 스웨덴 스톡홀름과 덴마크 코펜하겐 두 나라 국립 미술관에서 합동 전시회를 하고, 양쪽 필진이 글을 써서 많은 도판과 함께 낸 책이다. 인상파 미술이 북유럽에 유입된 내력을 고찰했다. 이 책을 읽고 불국의 인상파 덕분에 북유럽 각국에 그림다운 그림이 나타난 줄 알았다.

노르웨이에 가서 여러 미술관을 구경하고 감추어져 있던 진실을 알았다. 노르웨이에는 인상파의 영향을 받기 전에 다알(Johan Christian Dahl, 1788-1857)이라는 위대한 화가가 있었다. 인터넷에서 이름을 쳐 그림을 한참 구경한 다음 이 글을 계속 읽기 바란다. 다알의 그림은 노르웨이의 웅대한 자연이 베토벤 교향곡처럼 울려 퍼지게 한다고 하는 것이 가장 알맞은 말이다. 스웨덴이나 덴마크에는 다 알만한 화가는 없어 중심부와 가까운 것을 자랑으로 삼느라고 위에서 든 책을 냈다고 생각된다.

다알은 낭만주의 화가라고 함께 일컬어지는 동시대 불국의 들라크루아(Eugène Delacroix, 1798-1863)처럼 과장된 수법의 인물화로 보는 이를 압도하려고 하지 않고, 산이며 계곡이며 나무가 친근하게 다가와 말을 건네도록 했다. 쿠르베(Gustave Courbet, 1816-1877)와 가까운 사실주의 화풍을 보여주면서, 사람이 잘 난 체하지 말고 자연을 보고 경탄해야 정신이 고양된다고 일깨워준다. 모네가 생명이 약동하는 자연의 모습을 그린 작업을 훨씬 먼저 지속적으로 하면서, 회화를 정신 문화의 최상위에 올려놓았다. 불국의 어느 누구보다 높은 경지의 대단한 화가가 노르웨이에 있는 줄 알아차린 것이 현지에 가서야 얻은 대발견이다.

노르웨이 화가는 뭉크(Edvard Munch, 1863-1944)가 더 잘 알려져 온 세상을 떠들썩하게 한다. 노르웨이 수도 오슬로에 뭉크미술관이 있고, 더 크게 짓는 공사가 진행 중이다. 뭉크는 독특한 세계를 이루었다고 하지만, 파리를 진원지로 하고 불어닥친 인상파 이후 새로운 미술의 바람을 맞아 삐딱하게 기울어졌다. 노르웨이의 자연을 외면해야 뒤떨어지지 않는다고 여기고, 대강 엉성하게 그리면서 황칠을 하는 것을 장기로 삼았다. 불안하고 불쾌한 느낌을 주는 허무주의를 등록상표로 삼았다.

뭉크를 내세우면 노르웨이는 중심을 바라보면서 따르는 주변부가 된다. 경치가 세계에서 으뜸이고, 국민소득이 8만 불이나 되며 최고의 복지를 자랑하는 나라, 유럽연합에도 가입하지 않고 자주성을 드높이는 고고한 성역이 사이비 추종자로 취급된다. 다알의 전통을 이어 그림은 자연과의 소통이어야 한다고 선언하는 거장이 나타나, 중심 추종의 폐해를 시정하고 인류 문명을 위기에서 구해야 한다.

오늘날의 미술을 보면 세상이 온통 미쳐 인류 문명이 위기에 이르렀다. 파리에서 비롯한 미술 파괴의 허무주의를 극대화하면서 미국이 주도권을 장악한 결과이다. 뉴욕 구겐하임(Guggenheim) 미술관을 소굴로 하는 삼고 있는 야릇한 풍조가 원근을 가리지 않고 출몰하고 지구 끝까지 휩쓸어, 그림을 죽이고 자연과의 소통이 불가능하게 한다.

미국은 거대국가의 체면에 맞지 않게 문학의 전통이 부실한 탓에 문학사 부정론을 제기해 패권 확장을 위한 술책으로 삼는다고《문학사는 어디로》라는 책을 써서 자세하게 밝혀 논했다. 미술도 이와 다르지 않다. 미국 미술이 나라의 위세에 비해 너무 허약해 생긴 열등의식을 해체주의의 파괴 행위로 바꾸어 세계를 공략하는 초특급의 무기로 삼는다. 이것 또한 문화제국주의의 비열한 작전이라고 하지 않을 수 없는데, 그런 줄 모르고 모두들 당한다.

유럽 열강이 제국주의의 주역일 때에는 문명의 전통을 자랑하면서 논리를 갖춘 학문을 하고 그림도 자못 진지하게 그려, 전 세계 피해자들이 정신을 차리고 대응할 수 있었다. 미국이 패권을 장악한 다음에는 사태가 더욱 악화되었다. 역사는 종말에 이르렀으니 거대담론은 걷어치우자고 하고 비판적인 논의가 가능하지 않게 하는 마취 작전을 편다. 그 양상과 폐해가 미술에서 극심하게 나타난다.

미친 짓이 천하를 휩쓸어 성하게 남아 있는 곳이 없다. 지역의 특색이나 작가의 개성이고 방해가 되는 것은 다 없애는 거대한 쓰나미가 넘실거린다. 구경하는 사람들이 우롱당하고 모욕을 받으면서도 이해하지 못하는 것은 자기 무식 탓이라고 자책하게 한다. 국정 운영자들이 뒤떨어졌다는 규탄을 받지 않으려고 없는 돈을 기울여 미술관을 야단스럽게 지어 도깨비놀음이 마음대로 벌어지도록 한다.

이에 대해 어디서 제동을 걸어 미술을 되살리고 세계사의 위기를 해결할 것인가? 중국에 기대를 걸고 북경에 갔다가, '遊京三日平生京

辭'하는 정도에 그치지 않고, 남의 장단에 춤을 추고 거름 지고 장에 가는 짓을 국가 주도로 거대하게 하는 것을 보니 질식할 지경이었다. 유럽이면서 유럽연합에는 들어가지 않은 고고한 나라, 전연 오염되지 않은 별세계 노르웨이로 기대를 옮길 수 있는가? 내 혼자만의 시도가 너무 힘겨워 어디든지 동지를 찾아야 한다.

내가 학문에서 한 일을 그림에서도 이루려면 시간과 노력이 아주 많이 필요해 성과를 거두기 어려운 것이 안타깝다. 지금 할 수 있는 일은 얼마 되지 않는다. 그림 300점을 그려 《山山水水》(산산수수)라는 화집을 출판하고, 홈페이지 '조동일을 만납시다'의 '그림구경'에 올려 누구나 볼 수 있게 했다. 그 뒤에 다시 그린 그림은 전시회를 열어 보여주고자 한다.

2018년 6월 13일부터 서울 인사동 조형갤러리에서 여는 '老巨樹傳'(노거수전)이라는 그림 전시회에서 자연과의 소통을 새롭게 하는 작은 시도를 한다. 그림을 바로잡아야 한다는 주장을 조금 펴기나 한다. 내 노력이 불씨가 되어 천지개벽이 일어나기를 바라도 되는가?

전시회를 위해서 쓴 〈老巨樹展序〉를 아래에 적는다. 이 글을 도록에 수록하고 써서 전시장에 붙여놓기도 하려고 하다가 축소한 〈老巨樹讚〉(노거수찬)으로 대신하기로 했다. 이 글은 여기에서만 볼 수 있다.

나무는 자연이면서 생명이다. 하늘·산·물과 어울리는 자연이면서, 조충·짐승·사람과 그리 다르지 않은 생명이다. 자연과 생명이 둘이면서 하나임을 말해주는 접합점이 나무이다. 나무를 그리면 자연이 생명이고 생명이 자연임을 확인할 수 있다. 존재의 핵심, 이치의 궁극에 이른다.

나무는 모두 같으면서 종류마다 개체마다 개체의 부분마다 각기 다르다. 一卽多(일즉다)이면서 多卽一(다즉일)이어서, 조화로운 변화를 아름다움으로 삼는 조형감각의 극치를 보여준다. 계절에 따라, 연륜과 함께 모습을 바꾸어, 공간과 시간의 맞물림을 깨닫게 한다. 森羅萬象(삼라만상)을 다 보지 않고도 알 수 있게 하는 曼陀羅(만다라)가 나무이다.

나무는 생명이어서 生老病死(생노병사)를 겪는다. 삶이 괴로움임을 알려주고, 괴로움이 즐거움임을 말해준다. 삶의 즐거움만 추구하다가 좌절하는 사람들에게, 老病死(노병사)에 대처하는 지혜를 가르쳐준다. 나무를 스승으로 삼고 가까이 다가가 오래 공부하면 깨달음을 얻을 수 있다. 釋迦(석가)가 보리수 아래에서 득도해 보리수의 가르침을 전한 전례를 우리도 따를 수 있다.

나무는 죽음이 가까울수록 더욱 위대해진다. 우람한 모습을 자랑하는 老巨樹가 나무 가운데 으뜸이다. 젊음이나 뽐내다 마는 조충·짐승·사람이 병들고 죽으면 악취가 나지만, 고목은 오랜 세월과 함께 속이 파이고 겉이 갈라지고 가지가 꺾인 모습을 격조 높은 아름다움으로 삼고, 썩으면서도 기이한 향기를 낸다. 존재의 핵심, 이치의 궁극을 깨달아 지혜로 삼기 때문이다.

여기서 미술사를 바꾸어놓는 시발점을 탐색한다. 나무를 사람 그림의 흐릿한 배경으로나 삼고 멀리 밀어내는 화풍이 일세를 풍미하는 잘못을 제어하고자 한다. 사람 그림이라야 그림이라는 편견을 나무 그림으로 시정해, 잃어버린 자연을 되찾고 원초적인 생명에 동참하는 길을 발견한다. 사람이 어떻게 살아야 하는지, 마음을 비우고 나무에게 묻는 그림을 그린다.

老巨樹의 지혜를 본받을 수 있는 방법을 찾는다. 아무도 없고 새 한 마리도 날지 않아 안팎이 열려 있는 그림을 누구나 내 고향이라고 여기고 쉽게 들어갈 수 있게 한다. 나무 가까이 다가가 나무와 하나가 되면, 宿世(숙세)의 소망인 大悟覺醒(대오각성)이 어떤 경지인지 짐작은 할 수 있으리라.

저자 조동일

서울대학에서 불문학과 국문학을 공부하고 문학박사를 받아, 계명대학·영남대학·한국학대학원·서울대학 교수였다가, 지금은 서울대학 명예교수이고, 대한민국학술원 회원이다. 파리7대학, 일본 동경대학, 중국 여러 대학에서 강의했다.『한국문학통사』(축약 불역 출간, 축약 영역 출간중),『동아시아문학사비교론』(일역 출간),『하나이면서 여럿인 동아시아문학』(일역 출간),『세계문학사의 전개』(일역 중),『동아시아문명론』(일역·중역·월남어역 출간) 등 저서가 많이 있다.

해외여행 비교문화

2018년 4월 10일 초판 1쇄 펴냄

지은이 조동일
펴낸이 김흥국
펴낸곳 보고사

책임편집 황효은
표지디자인 손정자

등록 1990년 12월 13일 제6-0429호
주소 경기도 파주시 회동길 337-15 보고사 2층
전화 031-955-9797(대표), 02-922-5120~1(편집), 02-922-2246(영업)
팩스 02-922-6990
메일 kanapub3@naver.com/bogosabooks@naver.com
http://www.bogosabooks.co.kr

ISBN 979-11-5516-785-4   03300
ⓒ조동일, 2018

정가 15,000원